守望者
The Catcher

阅读 你的生活

Crowns in Conflict

The Triumph and the Tragedy
of
European Monarchy
1910-1918

坠落的王冠

欧洲君主制的黄昏
1910−1918

（Theo Aronson）

[英] 西奥·阿伦森　著

王秀莉　译

中国人民大学出版社
·北京·

献给斯特拉（STELLA）和科利·
希尔（COLLIE HILL）
纪念拉里马德（La Rimade）

前言

　　本书不是一部关于第一次世界大战的历史书，也不是对1910—1918年欧洲的政治、经济和社会的调查研究。本书是对欧洲君主制最后一段兴盛期的最后几年的研究，尤其是对卷入了1914—1918年战争的十二位君主的研究。整本书聚焦于这些君主的个人命运；与其说这是一本历史书，不如说是一本传记。

　　有关罗曼诺夫、哈布斯堡和霍亨索伦等王朝的覆灭，之前均有研究，而将所有危机四伏的君主汇集到一本书中，甚至包含了保加利亚、黑山、罗马尼亚和塞尔维亚等小国的不太知名但同样有趣的君主们，这还是第一次。这是从君主的立场来看那八年重要岁月的故事。故事中的人物是相互关联的，是彼此有亲戚关系的国际化的"兄弟会"成员，而不是各自独立的单一国家的君主。本书不仅叙述了他们独特的世界的消亡，而且叙述了整个欧洲大陆的君主秩序和王朝秩序的消逝，再现了君主制欧洲的辉煌日落和戏剧性解体。

　　在本书的写作过程中，我得到了大量帮助。在此感谢伊丽莎白王太后（Queen Elizabeth The Queen Mother）[1]，她非常友好地与我分享了她对罗马尼亚的玛丽王后的印象；感谢已故的阿斯隆伯爵夫人爱丽丝公主（Princess Alice，Countess of Athlone），她分享了关于书中描绘的许多人物的回忆，特别是关于德皇威廉二世（Kaiser Wilhelm II）与比利时的国王阿尔贝一世（King Albert I of the Belgians）和王后伊丽莎白（Queen Elisabeth of the Belgians）。

我还必须感谢许多向我提供信息和帮助的人，不拘信息多少、帮助大小。这些人包括（按姓氏首字母顺序排列）：阿拉斯泰尔·艾尔德爵士（Sir Alastair Aird）；德国国家档案馆锡格马林根分部的贝克尔博士（Dr Becker）；位于维也纳的家族、法律及国家档案馆的霍斯特·布雷特内-梅斯勒博士（Dr Horst Brettner-Messler）；戈登·布鲁克-谢泼德先生（Gordon Brook-Shepherd）；位于罗马的现代与当代历史图书馆的馆长弗兰切斯卡·迪·切萨雷博士（Dr Francesca Di Cesare）；皇家战争博物馆的 S. 克卢先生（S. Clout）；温莎城堡王室档案处的弗朗西丝·戴蒙德小姐（Frances Dimond）；温莎城堡的图书馆馆员奥利弗·埃弗里特先生（Oliver Everett）；伊姆加德·弗莱特太太（Irmgard Flett）；S. R. 福伊斯特博士（Dr S. R. Foister）；位于达姆施塔特的黑森州国家档案馆的 E. G. 弗朗茨博士（Dr E. G. Franz）；安杰拉·格里菲思（Angela Griffiths）；多琳·琼斯（Doreen Jones）和马尔科姆·琼斯（Malcolm Jones）；位于柏林的国家机密档案馆的馆长莱特克曼博士（Dr Letkemann）；

---

[1] 伊丽莎白王太后（1900—2002），为英国国王乔治六世（George VI）的配偶，女王伊丽莎白二世（Elizabeth II）的母亲。——译者注

本书脚注均为译者注，以下不再一一说明。

朗福德伯爵夫人（Countess of Longford）；位于伦敦的意大利文化研究所的图书馆员安东尼奥·斯帕洛内先生（Antonio Spallone）；诺曼·斯通教授（Norman Stone）；罗伊·斯特朗爵士（Sir Roy Strong）；布鲁塞尔王宫的档案管理员埃米尔·范德沃德先生（Emile Vandewoude）；R. I. B. 韦伯斯特先生（R. I. B. Webster）；彼得·威尔逊先生（Peter Wilson）。

布赖恩·罗伯茨（Brian Roberts）一如既往地为我提供了宝贵的建议、鼓励和帮助。

感谢大英图书馆、科林代尔的报纸图书馆、巴斯参考图书馆、布里斯托尔参考图书馆以及帝国战争博物馆印刷书籍部的工作人员。对于 S. 班克太太（S. Banc）和弗洛姆图书馆的工作人员始终如一的耐心和效率深表感谢。

我必须感谢女王陛下恩准我引用、转载王室档案中有版权的资料。虽然本书参考文献中列出了所有的参考书籍，但在此要特别感谢以下书籍及其作者：戈登·布鲁克-谢泼德的《最后的哈布斯堡》（*The Last Habsburg*）、斯蒂芬·康斯坦特（Stephen Constant）的《老狐狸斐迪南：保加利亚的沙皇》（*Foxy Ferdinand：Tsar of Bulgaria*）和罗伯特·卡茨（Robert Katz）的《萨伏依家族的衰落》（*The Fall of the House of Savoy*）。

目录

序幕

君主们的盛会

1910 年 5 月 20 日，国王爱德华七世（King Edward Ⅶ）的葬礼盛况空前，其中最壮观的莫过于著名的"国王队列"了。这支队伍中不仅有国王和皇帝，还有各国的王储、大公和亲王，他们跟随缓慢行驶的灵车，穿过伦敦的街道。

《泰晤士报》（*The Times*）称，英国首都从未见过任何比这"更辉煌、更庄严、更令人印象深刻"的事情。五十多名皇室成员骑马穿过人群拥挤的街道，其中包括九位君主、五位君主继承人、四十位皇室殿下、王室殿下和其他有殿下头衔之人[①]。他们三人一排，头顶羽饰飘扬，身上勋章闪耀，金色穗带流光溢彩，饰物装点叮当

[①] 此处原文是"forty imperial, royal and serene highnesses"，imperial highness 是对皇帝、沙皇的子女等的称呼，royal highness 用于国王、女王的子女等，serene highness 用于亲王或王子（prince）的子女等，主政、拥有实权的 prince 或单纯因为出身的 prince，他们的子女都可以被称作 serene highness。

作响，正如《泰晤士报》热情四溢的形容，这些"披金挂红、穿蓝着绿的幻影般的身姿"行在明媚的春光中。在他们身后，是十二辆深红色和金色的国务车，车上乘坐的是多如群星的王后、公主、王妃。

这是君主制至高无上的荣耀时刻。以前从未有如此多的皇室成员聚集在同一个地方。曾经被维多利亚女王（Queen Victoria）称作"皇家帮"（Royal Mob）的人都出动了。共和政体的特使们，无论他们代表的国家多么强大，都被坚决地排在了队伍的最后。

对从威斯敏斯特宫到帕丁顿车站沿路的人群来说，这些皇室人物中，有些是一眼就能认出来的。在英国新任国王乔治五世（George Ⅴ）身边的，是骑马同行的德皇威廉二世。他的特征——打过蜡的小胡子、坚毅的目光、咄咄逼人的气势、有残疾的左臂——及其经常让欧洲的外交官们脊背发凉的好战言论，都是人们所熟悉的。在他们后面，年迈的希腊国王乔治一世（King George Ⅰ of the Hellenes）居中，两侧是两位年轻的君主：挪威国王哈康七世（King Haakon Ⅶ of Norway）和西班牙国王阿方索十三世（King Alfonso ⅩⅢ of Spain）。保加利亚沙皇斐迪南一世（Tsar Ferdinand Ⅰ of Bulgaria）和年轻的葡萄牙国王曼努埃尔二世（King Manoel Ⅱ of Portugal）之间，是丹麦国王弗雷德里克七世（King Frederick Ⅶ of Denmark）。最后一排，左侧是奥匈帝国的继承人，右侧是奥斯曼帝国的继承人，居中的是欧洲大陆最新登基的君主，比利时国王阿尔贝一世。

在随后诸多的王室和皇室的殿下中，不时可以看到一些特别引人注目的人物：俄罗斯大公；一位来自日本或中国的王子；头戴毡帽的是埃及赫迪夫（Khedive）①的兄弟；一群戴着扁圆帽的是来自巴尔干的亲王；一位穿着醒目的意大利公爵；一位蜜色皮肤的暹罗王子和一位橄榄色皮肤的波斯王子；扎猩红色腰带的巴伐利亚王储；奥地利大公；荷兰女王的配偶亲王；黑山的达尼洛王子（Prince Danilo of Montenegro）②。令英国主人们不喜的是，达尼洛王子带着一个极其迷人的年轻女子来到伦敦，称其为他缺席的妻子的女侍从。据说，当听到疲倦不堪的官员们表示十分不确定能否在拥挤的首都为这名女子找到一个房间时，达尼洛王子仍然镇定自若。

在随后的十二辆国务车中，乘坐着至少七位王后。与她们在一起的还有各种各样的公主、王妃、王室的女公爵、公爵夫人，以及英国新任君主乔治国王和玛丽王后（Queen Mary）的年幼的子女。

看着这些皇室成员辚辚而过，谁会对君主制的兴盛蓬勃存有怀疑呢？事实上，没有什么能比这支招摇的队伍更能象征20世纪初欧洲君主制的非凡发展了。而且，除了别具异国情调的东方王子们之外，这些皇室成员大多是有亲戚关系的。已故的爱德华七世被称为"欧洲的舅舅"：如果欧洲哪个国家的国王和王后不叫他舅舅或叔叔，那他们一定是他的表亲或姻亲，可能隔了数个辈分。几乎欧洲大陆的每个宫廷都夸耀自己至少有一名成员是爱德华七世的科堡

---

① 赫迪夫，或译作赫底威，是对公元1805—1953年统治埃及和苏丹的穆罕默德·阿里（Muharomad Ali）王朝统治者的称呼。赫迪夫大致相当于总督，埃及虽然在事实上是独立的，但从理论上说是从属于奥斯曼帝国的，所以其统治者的头衔是比较低的。

② 达尼洛王子是黑山国王尼古拉的长子。

（Coburg）家族①一脉的亲戚。

所以，爱德华七世盛大的葬礼既是一个家庭场合，也是一个公共仪式。正如已故国王的一名侍从武官所说："既是一次家庭聚会，也是国王这个行当的一次集合。"它标志着——或者说看起来标志着——欧洲统治者家族漫长历史的顶点。

这支著名的"国王队列"还说明了一些别的事情。它切实证明了君主制理念的顽强。谁会想到，在法国大革命威胁要扫除整个君权概念的一个多世纪后，欧洲这些戴着王冠的头颅仍然如此高昂？一些王座垮台，另一些被动摇，但君主制的理念延续了下来。它不仅经受住了法国大革命和随后发生的革命，还承受住了 19 世纪自由主义、民主主义、社会主义和激进主义思想的冲击。

这是如何实现的呢？还掌控政权的几个家族拥有令人瞠目的复原能力，且已经接受了这个时代的自由主义主旋律。这些家族似乎与自由主义有一个心照不宣的约定。由于新兴的中产阶级令自己相

---

① 科堡家族是源于德国科堡地区的一个家族，不断扩张形成了萨克森-科堡-哥达公国（Saxe-Coburg and Gotha），这个扩张过程也是一个家族合并的过程，所以该家族一般也称为萨克森-科堡-哥达家族。比利时、保加利亚、葡萄牙、英国等多国的君主都是这一家族的后裔。爱德华七世是英国萨克森-科堡-哥达王朝的第一位君主，他的母亲即维多利亚女王，属于汉诺威王朝，他的父亲阿尔伯特亲王（Prince Albert）出身于萨克森-科堡-哥达；维多利亚女王的母亲是比利时的公主，也属于科堡家族，因此维多利亚女王和阿尔伯特亲王是表姐弟。

信统治家族已经皈依了自由主义，所以各个王朝的统治者通过实现自由主义的一些目标而遏制住了自由主义。臣民要求制定宪法，他们就会批准。有呼声要求扩大选举权，他们表示同意。正如一位历史学家所说，19世纪的君主"善于在不严重危及他们的传统地位、气质和观点的条件下，有选择地吸收、适应和消化新的思想和做法"[1]。君主们对自保的艺术的应用比其他任何人都更加娴熟。

一位愤愤不平的英国政治家曾抱怨，君主们"将自己作为君主制的一种象征卖给了民主制"。

事实上，君主制不仅安然渡过了19世纪的政治风暴，而且威望大增。王位非但没有减少，反而增多了。19世纪下半叶和20世纪初，有六七个新王位被建立。甚至到1905年挪威宣布脱离瑞典独立时，人们似乎还无法想象新的国家元首会不是国王。欧洲戴着王冠的首脑们不失时机地将一位丹麦王子提升到这个"革命的"宝座上，他就是哈康七世。

到1910年，君主的数量达到历史最高峰。即便不计算德意志帝国所包含的那些王国和公国，欧洲也有二十个在位的君主。除了法国和瑞士，其他所有国家都是由君主统治的（甚至法国在过去一百年中也曾四次复辟君主制）。

君主的统治可能不再是神赋予的权力，但作为世袭的君主，无论是像俄国那样的集权独裁者，还是像英国那样几乎没有权力的立宪制君主，他们的威望和地位几乎一如从前。一个经过加冕仪式和受膏仪式的君主仍然被普遍认为是神秘的、不可动摇的、有神灵指引的人。

无论权力如何，君主仍然是欧洲等级政治制度中闪亮的中心人物。当政的君主是最高的国家形象。他是国家的人格化身，是传承延续的象征，是永恒的标志，是所有忠心所向的磁铁，是国家过去历史和现在身份的体现。法律的通过、制度的颁布、条约的签署和宣战的公告，都是以君主的名义进行的。他的肖像不仅出现在所有公共办公场所和许多私人住宅中，而且出现在钞票、硬币和邮票上。君主的形象神圣至极，传说在俄罗斯帝国的某些地区，邮局官员在盖邮戳时小心翼翼，唯恐把邮戳盖到沙皇的头像上。

盛大的国家仪式旨在突出、提升君主形象。国王、皇帝和沙皇的公开露面都经过精心设计，势必成为焦点。无论这些君主作为个人是聪明还是愚蠢，软弱还是强大，令人印象深刻还是微不足道，仪式的矩阵确保他们看起来都半点不输给神话中的半神。一套漂亮的军装制服，几个英俊的侍从武官，再加一排谄媚鞠躬的官员，便能为最平平无奇的皇室人物增添光彩。

君主是国家军队的总司令，这些"士兵之王"可以获得非凡的忠诚和崇拜。他们总是在检阅军队，观看演习，参加阅兵。士兵们总是被视为君主自己的人马，这也是许多士兵对自己的看法。奥匈帝国的弗兰茨·约瑟夫皇帝（Emperor Franz Joseph of Austria-Hungary）总是把奥匈帝国的军队称为"我的军队"，而身着优雅军装制服的军官们在走路时往往会把头向前探，肩膀下垂，模仿这位含胸圆肩的年老皇帝。

"军官们，不要以为我听命于那些猪猡政客！不，我只听命于君主。"[2]一位英国将军如此声称，充满戏剧效果，虽然并不符合实际情况。

君主既是国家元首，也是社会之首。在 20 世纪初，当政的君主仍然位于社会金字塔的顶端，位于一个似乎固定不变的阶级结构的顶端。在贵族阶层、实权勋贵以及日益壮大且越来越渴望模仿和认同上层社会的资产阶级的支持下，君主制似乎坚不可摧。君主是唯一能够合法授予头衔和荣誉的人，他精明地利用这一权力来收买任何可能的反对派。在欧洲大陆，特别是在德国，正在崛起的中产阶级被大量授予勋位和勋章。黑鹰勋章、红鹰勋章、普鲁士王室勋章、霍亨索伦家族勋章，林林总总，数不胜数。

一位对此感到困惑的美国外交官指出："这些勋章又被分为许多等级。例如，一个人可以拥有一等、二等、三等或四等红鹰勋章，有些勋章还会配以桂冠、剑或星星等标志，作为等级划分的依据，这使得勋章的授予标准变得更为复杂。甚至连在一个家族中服务了很长时间的家仆也能得到勋章……"[3]

君主们自己对勋章的痴迷程度也不低。德皇威廉二世曾经形容保加利亚的斐迪南沙皇"像圣诞树一样挂满了装饰品"，他说出这话着实是很有勇气的，因为他如同饭锅笑话茶壶，只看到了别人的黑而看不见自己的黑。爱德华七世国王如果发现勋章戴错了或军装制服选错了，就会恼火好几个小时。

对这些君主来说，几乎没有什么事情能比有机会穿上一套没穿过的军装更开心的了。每次国事访问，他们都有机会穿上去拜访的主人国家某个军团的制服。在游艇于芬兰海岸抛锚进行非正式聚会之前，兴奋的威廉二世给俄国沙皇尼古拉二世（Tsar Nicholas II of

Russia）发电报，问："我们的会面需要什么样的服装？"无论俄国沙皇建议的制服有多古怪，德皇的侍从们都能在他闪亮的红木衣柜中找出一套来。

不过，确保君主制在国家生活中的核心地位的，不仅仅是政治和社会结构。君主所居住的城市和宫殿也强调了这一事实。这些君主制国家的首都均在19世纪蓬勃壮观地发展，是传统主义的丰碑。在首都，银行看起来像佛罗伦萨的宫殿，博物馆像希腊神庙，火车站像哥特式大教堂。每个公共建筑，无论其风格如何，都让人想起往昔的辉煌。而这些宏伟的城市的焦点，是宫殿。宫殿主宰了整个首都，其地位胜过大教堂，胜过议会。宫殿通常需要通过游行专用通道和凯旋拱门才能到达，还有巨大的广场和浮夸的雕像与之平分秋色，大部分都是以华丽的文艺复兴风格建造的，理所当然地辉煌壮丽，令人过目不忘。

如果人们觉得需要更多颂扬，民间还会对君主的美德和力量献上额外的致敬。每一个广场上都赫然醒目地立着戴着精致头盔、骑在前蹄高扬的骏马上的君主的雕像。在柏林的胜利大道上，威廉二世立了三十二座过去的统治者的雕像，以纪念他所出身的霍亨索伦（Hohenzollern）家族。在罗马，有一座看起来像一个巨大的婚礼蛋糕的白色大理石纪念雕塑，其功能是纪念意大利国王维克托·伊曼纽尔二世（King Victor Emmanuel Ⅱ of Italy）的丰功伟绩。在伦敦，人们已经制定了在白金汉宫外竖立维多利亚女王胜利纪念碑的计划。

　　在由法尔兹、内斯特或安杰利①绘制的肖像画中，这些君主被描绘成权力的化身。他们骄傲而威严十足地站在红色天鹅绒帷幕的背景前，身着镶有貂皮毛边的长袍，一只手握着权杖，另一只手握着剑柄，而旁边的镀金桌子上放着他们地位的最高象征——一顶镶有宝石的华丽王冠。这些肖像画和在路易十四（King Louis ⅩⅣ）统治的大世纪时期绘制的肖像画没有什么区别。

　　在君主的宫殿里，所有事物的设计都旨在令人敬畏。据弗雷德里克·汉密尔顿勋爵（Lord Frederic Hamilton）记载，欧洲的宫廷"以其所有的金碧辉煌、排场盛况"，强调君主与君权神授的时代的直接联系。国厅之壮丽程度几乎是压倒性的。威廉二世在柏林的宫殿令他屏住气息，"王座室是世界上最奢华的王座室之一……"

　　俄国的宫殿甚至更加奢华。圣彼得堡的冬宫，包括其整列的国厅在内，大理石、斑岩和孔雀石熠熠生辉，黄金、玻璃和水晶闪闪发光，构成了一种无与伦比的皇家环境，其辉煌几乎透着野蛮的恣意。然而，俄国皇太后却感叹，她无法用语言来描述爱德华七世对白金汉宫所做的装潢之美。她对她的儿子尼古拉二世说："看到这些华丽的东西，让人流口水。"

　　在这种奢华的环境中，礼仪正式到了一定程度。每个人的行动都要遵守严格的先后顺序；一切事务都按照长期以来形成的惯例操

---

　　①　法尔兹即卢克·法尔兹（Luke Fildes，1843—1927），英国画家，为爱德华七世、乔治五世等绘制过肖像画。内斯特即路德维希·内斯特（Ludwig Noster，1859—1910），德国画家，为威廉二世绘制过多幅肖像画。安杰利即海因里希·冯·安杰利（Heinrich von Angeli，1840—1925），奥地利画家，为维多利亚女王、弗兰茨·约瑟夫皇帝、威廉二世的母亲、黑森大公一家等多国皇室成员绘制过肖像画。

作执行。在三个大陆帝国——德国、俄国和奥匈帝国的宫廷里，礼仪尤其严格。这令身处其中的人们有一种不真实的感觉。威廉二世的宫廷里随处可见穿戴着腓特烈大帝（Frederick the Great）时代的假发、有褶边装饰的衣物和过膝马裤的侍从。四个身穿猩红色长裤和绣金上衣、头戴白色缠头巾的体型壮硕的黑人在沙皇尼古拉二世的门口站岗。"他们不是士兵，"皇后的朋友安娜·维鲁波娃（Anna Vyrubova）解释说，"除了开门、关门或突然悄无声息地进入一个房间示意沙皇陛下或皇后陛下即将驾临，他们没有任何作用。"

要想受邀参加弗兰茨·约瑟夫皇帝在维也纳的宫殿里举行的"宫中舞会"（不要与门槛较低的"宫廷舞会"搞混），就必须能证明自己拥有"十六分血统"，即能够证明自己的祖先可以追溯到八个男性贵族和八个女性贵族。这就难怪霍夫堡皇宫的舞会沉闷至极了。

这些君主把自己看作高人一等的种族，对这一点几乎不用感到惊奇。即使是较为开明的爱德华七世也敏锐地意识到了令国王与其他凡人迥异的神秘感。当德国皇储抗议在英国王宫中被迫接受食人族群岛国王①卡拉卡瓦（Kalakaua）优先于自己时，爱德华七世给出了一个完全合理的解释。他说："这个畜生如果不是国王，那就是个普通的黑鬼。但如果他不是国王，他在这里做什么呢？"

事实上，皇室的、王室的、大公国的和其他最尊贵的殿下的数量之多，使优先权问题变得无比复杂（都不必说还有既是皇室又是王室的殿下们了）。在这个问题上，最敏感的是君主们自己。威廉

---

① 即夏威夷国王。

二世曾经因为建议当时还是威尔士亲王（Prince of Wales）的伯蒂舅舅（Uncle Bertie）① 在私下和公开场合都把他当作皇帝来对待，而惹来了外祖母维多利亚女王的唇枪舌剑。在爱德华七世的葬礼之后，年轻的西班牙国王阿方索十三世对被安排在年长的德皇威廉二世后面提出了正式抗议，理由是他是在 1886 年出生时就继承王位的，而威廉二世是在两年后继位的。人们耐心地对他解释，德皇能排在第一排，是因为与已故国王的亲密关系，而不是他的资历。

更加激烈的是保加利亚的斐迪南沙皇和奥地利的弗兰茨·斐迪南大公（Archduke Franz Ferdinand of Austria）之间的争执，当时他们正搭乘东方快车穿过欧洲，赶赴伦敦参加爱德华七世的葬礼。两人都想让自己的私人车厢排在对方前面，大公让人把他的车厢直接挂在了机车之后，取得了胜利。但斐迪南沙皇报复了回去——大公需要穿过沙皇的车厢才能到达餐车，而沙皇拒绝让他通行。结果，大公不得不等到火车停靠在某个站点后下车，从月台上匆匆赶往餐车，吃完饭后，等到火车停靠在另一个站点时再回到自己的车厢。

最棘手的问题是王室婚姻。为了维持优越血统的假象，各个王室之间互相通婚。不门当户对被认为是不折不扣的弥天大罪。一个相貌平常至极的公主，如果是在其他环境中，也许会认为自己能找到一个丈夫就已经是幸事，但她作为公主，最后往往会当上一国的王后。因此与王室黄金围栏外的人结婚就是在自寻灾难。

俄国沙皇尼古拉二世的弟弟米哈伊尔大公（Grand Duke

---

① 即爱德华七世，他的全名是阿尔伯特·爱德华（Albert Edward），伯蒂是对阿尔伯特的昵称。

Michael）所娶的妻子是一个莫斯科律师的女儿，且离过两次婚，大公的母亲皇太后宣布这"在各方面都是如此令人震惊，几乎要了我的命了"。她指示说，这桩婚姻必须保持"绝对秘密"。当奥匈帝国王位的继承人弗兰茨·斐迪南大公娶了区区一位普通的女伯爵时，他的逾矩行为甚至撼动了精心构建的哈布斯堡君主制的基础。他们的结合必须是摩根式的，他的妻子必须礼让最不重要的女大公和大公夫人，而他的孩子则被剥夺了作为王室成员的所有权利。而且，对这些事情，弗兰茨·斐迪南大公必须庄严宣誓。

这些严厉的禁令也不仅仅局限于地位显赫的王室家族。萨克森-魏玛的一位可怜的公主得知自己作为王室成员不能嫁给一个犹太银行家后，立即开枪自杀了。

这些君主无论是在自己的领地内活动还是对他们的君主朋友们进行国事访问，同样都有与众不同、飞扬跋扈、显赫高贵的光环围绕着他们。他们在壮观的车队的环绕下，沿着林荫大道驰骋；他们乘着装潢精美至极的游艇，在波罗的海或地中海上巡游；他们坐着熠熠生辉的汽车，去赴私人约会。不过，重中之重是，他们乘坐火车旅行。20世纪初，王室火车旅行迎来了高潮。从里斯本到圣彼得堡，从伦敦到君士坦丁堡，火车轨道上的"宫殿"载着欧洲的王室成员参加洗礼、婚礼、葬礼、家族聚会、私人访问和公共庆典。红毯永远铺展着，盆栽的棕榈树始终摆放着，随时恭候下一位国王、王储或太后的到来。

　　英王乔治五世的私人车厢装潢华丽，陈设繁多，不逊于桑德林汉姆府①的任何一间客厅。德皇威廉二世的深蓝色和象牙色车厢中以冰蓝色缎子为装饰。保加利亚沙皇的私人火车上有以绿色天鹅绒装饰墙壁的客厅车厢和以绿松石色丝绸挂饰装点的卧室，因而有"真正的旅行者亲密接触的宝石"之称。而最豪华的，可能当属俄国沙皇尼古拉二世的火车。它由一连串的蓝色豪华皇家大车厢组成，车身两侧均有金色的双头鹰纹章，这列火车无所不包——起居室、卧室、书房、餐厅、配备所有现代便利设施的厨房——确保皇室成员在穿越俄罗斯帝国广袤的国土时能享受到舒适。为了迷惑任何潜在的刺客，沙皇每次出行时都会安排两辆相同的火车。不出其他意外的话，这便将沙皇被革命者炸成碎片的机会减少了一半。

　　各国首脑进行的最重要的火车旅行是他们的相互访问。欧洲各国君主之间的公开会议和私下会晤通常都被视为重大事件。谁能怀疑，这些头戴王冠的表兄弟进行炫耀性的国事访问交流或在欧洲大陆的某个水疗中心的非正式会谈不是正在创造历史呢？这些戴着羽毛装饰、挂满勋章的君主当然是在解决具有国际意义的问题吧？这些戴着鹭鸶羽帽饰，围着羽毛长围巾，身形轮廓如球胸鸽般前凸后翘的女王、王后、公主、王妃当然是在计划进一步扩大王朝的规模吧？那些规模巨大的家族聚会，无论是在游艇上还是在乡村宫殿里，怎么可能不是具有重大意义的场合呢？

　　已故的爱德华七世当然被认为是一位至高无上的君主外交家。通过对欧洲几乎所有首都的国事访问，他令人们觉得：他是一股政

----

　　①　桑德林汉姆府是英国王室拥有的产业，位于诺福克郡，占地 8 000 公顷。乔治五世曾说这里是他最爱的地方。目前英国王室每年圣诞节都在此度过。

治力量；他通过他的权威气质和精明头脑操纵着欧洲的事务。他的
外甥德皇威廉二世对此没有丝毫怀疑。对一些人来说，爱德华七世
可能会被称为"和平缔造者"，但对威廉二世来说，他是"包围
师"：一个意图让德国被敌国环绕的魔鬼阴谋家。正因如此，当德
皇和新任英国国王（"包围师"的儿子，乔治五世）站在爱德华七
世的棺材前紧握双手时，他们的姿态被视为——至少被德皇自己视
为——具有深刻的国际意义。

即使是最微不足道的事件也会产生深远的影响。1909 年，保
加利亚的斐迪南沙皇带着一份价值不菲的军备合同来到柏林进行国
事访问，他打算把这份合同交给德国的克虏伯公司。但是，在波茨
坦新宫举行的招待斐迪南的宴会上，当斐迪南从一扇窗子探身向外
观望时，他肥胖的屁股被主人——兴致高涨的德国皇帝——狠狠拍
了一下。威廉二世拒绝为这一玩笑之举道歉，斐迪南气冲冲地离开
了宫殿。那份重要的军备合同也随他而去，被交给了克虏伯公司的
竞争对手，法国的施耐德-克鲁索公司。

在这一时期，国家主义的发展进一步提高了欧洲君主的地位。
在整个 19 世纪下半叶，随着欧洲的族群一个又一个被联合成国家
集团，人们开始认为自己的第一身份是德国人、意大利人或罗马尼
亚人，国家自豪感也变得越来越强烈。还有谁能比国家君主更好地
象征这些越来越强烈的国家身份呢？君主的军装制服如此华丽，他
们的举止如此自信，他们被隆重而恭敬的气氛环绕，可比所有穿着

长大衣的总统震撼人心得多。君主不仅是国家的代表，而且是国家的人格化身。直至 1915 年，弗兰茨·约瑟夫皇帝都还在说"意大利国王向我宣战"，而不是说意大利向奥匈帝国宣战。

莫名其妙地，这些国家君主作为国家的人格化身，似乎反映了国家的特征。除了剑拔弩张的威廉二世，还有谁能领导强势好斗、咄咄逼人的德意志第二帝国？除了温文尔雅的弗兰茨·约瑟夫，还有谁能领导老龄化、官僚化的奥匈帝国？即使是优柔寡断的沙皇尼古拉二世，也在某种程度上契合了松散而神秘的神圣俄罗斯。

如果说这些君主已经发展成为国家主义的象征，那么，他们也同样能发展成为国家主义的自然继承者——帝国主义——的象征。20 世纪初，帝国主义进入黄金时代。这是一个世界强权大国的时代，是欧洲文明传播的时代，是种族优势理论腾飞的时代，是渴望土地的幻想家的时代，是被夸大的国家自豪感的时代。大国在扩张、贸易、殖民，建立势力范围，缔造帝国。强硬的现实主义与激昂的浪漫主义携手并进。

在此之前，这些君主一直是欧洲尺度上的君主，现在他们是世界尺度上的君主。他们意识到自己统治着广袤的沙漠、丛林或草原，统治着高不见顶的大山或深不可测的内海，统治着数以百万计的阿拉伯人、非洲人和印度人。这是一个追求夸张的帝国头衔和夸张的帝国姿态的时代。英国的乔治五世是一位国王-皇帝，掌管着全世界四分之一的土地和四分之一的人口。1911 年，在他的印度帝国的首都德里举行的一场大型觐见仪式上，乔治五世站在一个金顶大帐下，接受他的印度臣民的朝拜。一位传记作者写道："这场盛大的仪式有数百万人参与，其中许多人对他充满爱戴之情，几乎把他当作神来颂扬，最终使他永远地确信了自己位置的威严……"[4]

　　沙皇尼古拉二世，"所有俄罗斯人的独裁者"，统治着1亿3千万人，其帝国疆土广袤，当夜幕降临在帝国西部边界时，东边海岸的天已破晓。沙皇并不满足于此，他幻想着自己的国家成为"第三罗马"——一个继承了罗马帝国和拜占庭帝国的巨大的俄罗斯帝国，从巴尔干半岛延伸到太平洋，囊括蒙古、中国，甚至印度。另一位君主鼓励沙皇说："俄国未来的伟大任务，便是开垦亚洲大陆。"

　　德皇威廉二世作为"至高无上者"，以世界政治和其帝国要"占据有光的位置"的决心为主题，发表了振聋发聩的演讲。著名的柏林至巴格达铁路将波罗的海的冰水与波斯湾的温暖水域连接起来，是一项典型的帝国主义事业。意大利国王维克托·伊曼纽尔三世（King Victor Emmanuel Ⅲ of Italy）和西班牙国王阿方索十三世在北非建立了新帝国。雄心勃勃的比利时国王利奥波德二世（King Leopold Ⅱ of the Belgians）不仅获得了庞大的刚果帝国，还将该帝国纳为自己私人所有。他计划以此为起点，在尼罗河上站稳脚跟，并向北进入埃及，将科堡家族确立为当今的法老。不止一位东欧君主被君士坦丁堡的穹顶和尖塔吸引，想象自己在圣索菲亚大教堂加冕为拜占庭的新皇帝。

　　难怪大多数臣民会将这些张扬的皇室人物视为一个不同的种族。对普通人来说，君主制沐浴在神秘主义和浪漫主义的光辉中。君主们更像是神话中的生物，而不是人。甚至他们的家族中流行的疾病——哈布斯堡家族（Habsburgs）的抑郁症、维特尔斯巴赫家族（Wittelsbachs）的疯症、科堡家族的血友病——也往往被传得十分荒诞，神秘重重。许多西班牙农民相信这样一个可怕的谣言：由于阿方索十三世的儿子患有血友病，所以国王每天都要牺牲一名年轻士兵，用其热血来维持自己继承人的生命。即使是相对务实的英国王室也有一位王子——乔治五世国王的小儿子①——远离公众视线。

　　君主的死亡往往是非常戏剧性的。一些人被无政府主义者的炸弹炸成碎片；另一些人被刺客的子弹杀死；还有一些人被革命者处刑斩首。暴力死亡被认为是一种职业危险。从某种意义来说，被暗杀的君主成了君主制事业的殉道者。

♛

　　君主被认为几乎不亚于神，这有什么奇怪的？王座和祭坛之间的分界线已经变得越来越模糊了，这有什么奇怪的？许多人相信君主是被神特别任命来统治他们的；所有人都知道，君主的地位仅次于上帝。在德国，威廉二世曾称自己为"全能的神的工具"。在俄国，当皇家火车隆隆驶过时，农民会跪倒在田野里，他们坚信沙皇比人民更接近上帝，相信他每周都会去一次天堂与万能的上帝讨论要务。东非部落的人被一场剧烈的地震从睡梦中惊醒，他们只能想象，这意味着英国国王的死亡。对一些人来说，在爱德华七世葬礼的前一天晚上，哈雷彗星闪烁着金光划过天空，似乎是一个具有超自然意义的预兆。

　　这些独特的皇室家族是一个超乎凡人的种族，难道会有人怀疑这一点吗？看到这支爱德华七世的葬礼上的自信满满的"国王队

———————————

　　①　乔治五世的小儿子约翰王子（Prince John）患有癫痫，且智力发育迟缓（现代观点认为可能是患有自闭症），爱德华八世（Edward Ⅷ）曾经形容这个弟弟"更像个动物"。约翰王子在十三岁时夭折。

列"穿过世界上最伟大的大都市的街道，谁能想象到他们的未来会
没有保障？

在几十万敬畏万分的围观者中，有多少人会猜到，这片君主的
光辉，并非标志着君主制的正午，而是象征着君主制的黄昏呢？

不用十年，君主制就将全部——或几乎全部——被扫除。再也
不可能有这么多的国王和皇帝聚集在一起了。这些看似不可动摇的
君主中最重要的君主即将被推翻；从第一次世界大战及其革命性后
果中幸存下来的那些君主不过是傀儡而已。在 1910—1918 年的军
事、政治和社会动荡中，君主将被证明既没有力量，也无关紧要。

而且，随着君主们一起消失的，是整个传统生活方式。过去几
百年中他们用来吸引世界目光的所有庆典、所有盛况、所有排场，
都将消失。战后一位外交官写道："但我不能不感到遗憾的是，这
个平淡无奇、色彩单调的 20 世纪会失去如此强烈的风景元素，会
永久地切断与中世纪的骑士精神和浪漫主义传统联系在一起的纽
带，会失去与这些传统相关的耀眼的色彩、绚丽壮观的表演，以及
它们所激发的与消失的过去相延续的感觉。"[5]

比这些重要得多的东西也将消失。中欧的整个君主和王朝秩
序，以及建立在其上的文明，即将解体。第一次世界大战标志着一
种社会秩序的消失，它构成了历史上一个时代的最后一章。

那场大决战标志着欧洲君主制的终结。

第一部分

『旧世界的日暮』

第一章

至高无上者

随着英王爱德华七世的去世，他的外甥德皇威廉二世终于可以称得上是欧洲最重要的君主了。自信稳重、仪表堂堂的舅舅在世时，威廉二世总觉得自己的光芒被稍微掩盖了；现在，他有信心已经不存在和他接近的对手了。虽然英国的新王乔治五世统治的帝国可能比他的大，俄国沙皇尼古拉二世可能拥有更多的个人权力，奥匈帝国的皇帝弗兰茨·约瑟夫的在位时间几乎是他的三倍，但没有人能够否认：德意志第二帝国是欧洲大陆上最强大的国家，其皇帝是最引人注目的君主。

1910 年，威廉二世五十一岁，做德国皇帝已经二十二年了。在这二十多年中，他已经成为世界上最众所周知的人物之一。他的官方画像和照片泛滥如洪水，淹没了文明世界，在这些画像和照片中，他看起来正是"士兵之王"的典型代表。威廉二世身着从他的四百套军装制服中挑选出来的一套，双眼炯炯有神，下巴突出，身姿挺拔，胸前的勋章闪烁着光芒，这些画像和照片塑造出一个既有英雄气概又令人生畏的形象。怪不得有位法国将军曾将德国驻巴黎大使馆墙上的德皇画像描述为"战争宣言"。

他在公开场合中，咄咄逼人的气势也几乎未减半分。他不穿军装的时候是很罕见的。他的讲话铿锵有力，态度坚定果决。他握手就像铁钳一样有力。他走路时迈着一种精力充沛的阔步。他最高兴的时候莫过于坐在一匹高大的白色骏马的马背上，向人群的欢呼声致意。他是一个不知疲倦的演说家，常用响亮而刺耳的声音让坚忍的听众听上几个小时他自认为是上帝赐予他的雄辩术。一个大胆的朋友曾斗胆提出："如果陛下对这一天赋的使用再节约一点，效果反而会好上百倍。"[1]

这建议来得太晚了。威廉二世从 1888 年继承了父亲仁慈温和的腓特烈三世（Frederick Ⅲ）的皇位时起，就一直在让世界接受他好战风格的演说。

他的以自我为中心是众所周知的。据说，他想成为每场婚礼上的新娘和每场葬礼上的尸体。他总是提到"我的军队"或"我的堡垒"；他从不放过任何机会来吸引人关注"我的英勇无畏"和"我的不屈不挠"。德国各地的公民留言簿和军团用《圣经》上都印有他浮夸的题词。其中一条写道，皇帝的意志是最高的法律；在新建成的柏林驻军教堂的《圣经》中，他写道——没有引号——汝将行在我命令你走的一切道路上，威廉·帝王·君王①。

———————————

① 此处原文为 Wilhelm Imperator Rex，Imperator 是古罗马时代的最高统治者，军队最高统帅，是皇帝 emperor 一词的词源，Rex 是古语里对君主的称呼。这个句子模仿了上帝的说话语气，威廉二世认为自己堪比上帝。

他始终坚信自己与上帝存在某种特殊的关系。他永远在呼吁他的天国盟友在这项计划或那个工程中给予他支持。他以一个暴发户皇帝的趾高气扬（德意志帝国是在 1871 年宣布成立的，距此时不到四十年），坚持认为他的统治是神授的权力；他的权杖是由万王之王交给他的。的确，有的时候，很难决定谁排在第一位：上帝还是德皇。

在他的想象中，他的才华是出类拔萃的。几乎没有什么事情是他学不会的。他认为自己是诗人、小说家、画家、雕塑家、建筑师、船舶设计师、运动员、战略家、外交家。他替皇后挑选帽子，并每年办一次展览展示这些帽子，以便所有人都能欣赏到他卓越的品位。他向听众保证，与霍亨索伦世系的祖先腓特烈大帝一样，他也是一个有创造力的作曲家。

为了强调自己的男子气概，威廉二世会不择手段，不管以多么残酷的方式。他会将许多戒指上的宝石转到手心方向，以保证他那已经如铁钳般有力的握手能够令对方更加痛苦。他会让随从承受粗俗的恶作剧和惩罚性的身体锻炼。他的谈话可能是残酷的戏弄，也可能是强烈的贬低。他对犹太人或社会主义者的谴责往往十分激烈。

威廉二世是一个天生的表演者。在他的积极鼓励下，柏林被改造成了欧洲最令人印象深刻的首都之一：这个城市有庞然高耸的大门、耀武扬威的雕像和辽阔宽广的广场。他的宫殿——柏林的旧宫和波茨坦的新宫——壮观宏伟；他的宫廷是欧洲大陆上最奢华的。一位陶醉于此的客人写道："房间的装饰非常漂亮。彩绘天花板被高浮雕的华丽镀金方格结构环绕，具有威尼斯式的效果，让人想起总督府的一些房间……墙壁上悬挂着的丝绸帷幔，装饰着的名画，加上屋内华丽的古董家具，使这些房间摆脱了大多数宫殿无灵魂、无个性的外观……"[2]

在这些铺张的背景中，威廉二世表现得就像一场永不停息的盛会中的主角。他的英国表妹爱丽丝公主，即后来的阿斯隆伯爵夫人回忆说："他所做的一切都尽最大可能地不可一世，强烈到压倒一切。"他的皇后总是衣着过分考究华丽，六个儿子身形魁梧，在皇后和其中一两个儿子的陪伴下，他周旋在舞会、招待会、游行和国事访问等万花筒般的活动中。他为每个场合都准备一套服装。在《飞行的荷兰人》（*The Flying Dutchman*）①的演出晚会上，他穿上了海军大元帅的制服。在耶路撒冷入城仪式时，他披上了一件印有十字军十字架的白色斗篷。在帝国议会的开幕式上，他身披深红色的斗篷，头戴金色的鹰冠头盔。有一次，他去参加一个文物博物馆的开幕式时要把自己打扮成罗马将军的样子，好不容易才被人劝住。

他热衷于旅行。正因为如此，他被称为"旅行皇帝"。他每年有一半以上的时间是在柏林以外的地方度过的；事实上，有的仆人怀疑他一年中是否有一百天在家里。他的豪华游艇名为"霍亨索伦"（*Hohenzollern*）号，白金两色，悬挂着三角形的皇家信号旗，上面写着一句傲慢的"上帝与我们同在"（Gott Mit Uns），一直在波罗的海或北海巡游；他的专列是蓝色和象牙色两色，不停在欧洲大陆上纵横驰骋。他去君士坦丁堡拜访阿卜杜勒·哈米德二世苏丹（Sultan Abdul Hamid Ⅱ）；他骑马穿过专门拓宽的雅法门进入耶路

---

① 《飞行的荷兰人》是德国作曲家理查德·瓦格纳（Richard Wagner）的一部作品，以北欧流传的鬼船传说为基础创作。

撒冷；他在大马士革的萨拉丁（Saladin）① 墓旁发表毫无技巧的演讲。欧洲国家的首都，很少有他没率领辉煌的阵列打马走过的。

如此爱炫耀的个性，使得他周围有许多献媚和奉承的人，这是可以预料的。他生活在被崇拜的光环中。他的圈子和他本人一样，都是矫揉造作且戏剧化的。军官们把自己看成全心全意效忠军团的中世纪骑士，而不是国家的受薪公仆；将军们俯身亲吻他的手；政客们用赞美之词将他征服。

威廉二世与妻子的关系，称得上是当时德国人所认为的典范。奥古丝塔·维多利亚皇后（Kaiserin Augusta Victoria）被家人们称为多娜（Dona），是石勒苏益格-荷尔斯泰因-森讷堡-奥古斯滕堡的公主［俾斯麦（Bismarck）称她为"荷尔斯泰因的奶牛"］，1881 年嫁给威廉，当时他们都是二十二岁。从那时起，她就以完美主妇而闻名，把自己的兴趣局限在厨房、育儿室、病房和教堂。她为丈夫生了七个孩子——六个男孩，一个女孩；1910 年时，他们的长子——保守而轻率的威廉皇储已经二十八岁。皇后的公开行为也无可指摘。她身形丰满，身着奢华礼服，是一个举止得宜、有威严的皇室配偶。

威廉二世有众多表亲堂亲，其中之一，便是未来的罗马尼亚王后玛丽（Queen Marie of Romania）②。她在第一次世界大战前的这些年里客居柏林，情不自禁地被这位充满戏剧性的德皇打动。他曾

---

① 萨拉丁（1137—1193），埃及和叙利亚的苏丹，埃及阿尤布王朝的创建者。他领导伊斯兰信徒对抗十字军东征，重夺耶路撒冷，是埃及和伊斯兰世界的英雄。

② 威廉二世的母亲是英国维多利亚女王的长女维多利亚公主（Victoria, Princess Royal），玛丽的父亲是维多利亚女王的第二个儿子阿尔弗雷德王子，萨克森-科堡-哥达公爵（Alfred, Duke of Saxe-Coburg-Gotha），威廉二世和玛丽是表兄妹。

邀请她共同参加一些公共建筑的官方开幕式。"我很庆幸，"她写
道，"这让我有机会见到了——我甚至可以说是感受到了——仪式
中的威廉皇帝身上所具有的那种普鲁士的荣耀，现场氛围与他深深
契合，并体现了真正的德国成就，而他在其中，气势自然扩展……

"实现了！我感到，这确实是威廉皇帝的德国，是根据他的品
位和他所追求的理想而塑造出来的东西。这座巨大的建筑代表着成
功：它庞大，坚固，有些浮夸，有些过于华丽，也太新了，却是一
种成就，强大，大胆，带有一丝侵略性，实际上几乎是一种挑
衅……

"有些人很幸运，有些时候偶尔会触摸到自己的理想，即使只
是转瞬即逝的瞬间。在那一刻，我从骨子里感受到了威廉皇帝的自
豪感，正因为如此，我才能够和他共享喜悦。在那个时刻，威廉皇
帝是成功的，以他独有的特殊而壮观的方式。"

这就是表面上的情况。但是，如果去细看威廉二世巴洛克式壮
丽的自我呈现的背后，情况就大不相同了。事实上，君主制的幻想
与现实之间的对比和冲突，在德皇威廉二世本人身上的体现是最明
显不过的了。

细看的话就会发现，德皇的头发已经灰白，他下巴下垂，腰腹
膨胀，身材矮小，并不符合大众想象中的战争领主形象。他出生时
难产，左臂因而天生畸形，比右臂短小，不能使用，他总是小心翼
翼地让左臂保持弯曲，以尽量让它的短小不那么明显。为了让自己

看起来更高大，他会坐在垫子上。如果被狠狠地凝视，他往往会转移开自己那以犀利闻名的目光。在休息时，他的脸上带着一种敏感的、几乎是缺乏自信的表情。因为在自信和辉煌的表面下很浅层的地方，其实就潜伏着深深的自卑感。

他并不像他装出来的那样好战或反动。尽管威廉二世很傲慢，但他并没有任何真正的恶意。他的一个儿子后来承认，为了避免显得"软弱"，父亲总是表现出一种与真实本性完全不同的热情强硬。威廉二世是个张牙舞爪的黩武主义者，却不是一名战士。他喜欢军事演习胜过实际战斗；喜欢说嗜血的话胜过做嗜血的行为。温斯顿·丘吉尔（Winston Churchill）评论说，他想成为一个拿破仑（Napoleon），而不想经历拿破仑打过的那些仗。他希望不战而胜。

他尽管表面上精力充沛，实则很懒惰；尽管自称意志坚定，实则涣散而任性；尽管表现得很有男子气概，实则很紧张，容易激动、情绪化。任何危机，无论是个人的还是政治上的，都会使他陷入盲目恐慌或神经衰弱的状态。

他经常被奢侈、浪漫、多愁善感的气氛包围，但这种气氛并不像表面上那样纯洁。1907 年，他的数名随侍人员被公开谴责为同性恋，他最亲密的密友奥伊伦堡的菲利普伯爵（Count Philipp von Eulenburg）①（在他的圈子里，威廉二世总是被称为"小甜心"）因同性恋罪行而受到审判。在这一丑闻的高潮，五十六岁的军事内阁首脑许尔森-黑泽勒将军（General Hülsen-Haeseler）穿着芭蕾舞女演员的短裙独舞一曲为皇帝和客人们助兴，舞后晕倒并死去，这使得丑闻更加陷入泥沼。

---

① 此处作者的表述不太准确，菲利普是奥伊伦堡亲王，同时是桑德尔斯伯爵。

威廉二世与妻子的关系也不像外人看到的那样。随着岁月流逝，多娜自己的个性不断发展强大。到现在，她不仅认为她有责任保护他免受他自己频繁的不检点行为的影响，而且还鼓励他，给他建议，增强他经常摇摆不定的决心。

值得称赞的是，威廉二世有时也会意识到自己的缺点。他曾恳求海军部长说："不要让我坚持我的旁注。"他指的是他在官方文件的空白处写下的好战评论。他还对一位长期饱受他蹂躏的首相说："我就是我，我不能改变。"

威廉二世也不像他有时的言谈表现出来的那样愚蠢。他的思维很活跃，记忆力很好，智力高于平均水平。他对信息有一种永不满足的渴望。有时候，他还会散发出独特魅力。不止一位客人被他生动风趣的谈话和热情举止迷住。

事实是，威廉二世在很大程度上是他所处时代和环境的产物。他长大成人的过程，正是俾斯麦以"铁与血"的方式打造德意志帝国的那段激动人心的岁月；他的好斗和专制主义大部分是对父亲腓特烈皇储温和的政治表现和母亲维多利亚皇储妃毫不遮掩的自由主义的直接反应。在许多方面，威廉二世已经成为德意志第二帝国的缩影——充满挑衅，有强大推进力，对自身权力自知，自负浮夸且极端敏感。

英王爱德华七世对这个外甥的评价是"历史上最辉煌的失败者"，这么说没有什么大问题。

威廉二世尽管在公开场合发表了激烈的独裁主义言论，但他是一位立宪制君主。到 1910 年时，欧洲的所有君主都是立宪制君主。立宪制是皇室对这个时代的自由主义的回应。到此时，每个欧洲国家表面上都有了民主国家的外部标志：选举权、政党、民选议会和代议制政府。从理论上说，君主现在要效忠于宪法，而不是上帝。

然而，这些立宪制君主与其政府的权力分配是差别很大的。在英国这样的国家，议会是主权机构，乔治五世几乎没有权力。在比利时这样的国家，阿尔贝国王会出席部长级会议。在不太成熟的巴尔干国家，罗马尼亚的卡罗尔（Carol）或保加利亚的斐迪南等君主行使着相当大的个人控制权。而在德国、俄国和奥匈帝国这三个大陆帝国中，统治者——威廉二世、尼古拉二世和弗兰茨·约瑟夫——都有能力行使独裁权力。

在三个皇帝中，威廉二世是地位界定最不明确的。德意志第二帝国的宪法极其复杂，是专制主义和民主制度的一种尴尬杂糅。正如埃米尔·路德维希（Emil Ludwig）所形容的，是"一个矛盾的组织"。

德皇拥有最高的行政权力，通过一个首相来管理国家，首相不仅由皇帝任命和罢免，而且只对皇帝负责。正如一位分析家所描述的："皇帝认为自己处于一个土地所有者的地位，可以完全自由地选择一名执行官来为他管理产业……执行官的工作是将产业管理得让大家普遍满意，不过有些人的意见（尤其是所有者的意见）比其他人的意见更有资格得到考虑。"[3]

德意志第二帝国有两个国民议会。联邦议会（Bundesrat）由构成联邦的每个州的代表组成。帝国议会（Reichstag）是两个国民议会中更重要的一个，其代表由男性国民普选产生。对德皇权力唯一实际的限制是帝国议会有权拒绝批准某些开支。德皇可以通过首相任命或罢免大臣，提出立法建议，召集和解散议会。虽然德皇不能总是忽视这些公众意见的代表，但精明的首相通常可以让三个保守党派相互制衡；如果做不到，他们可以继续投票反对他，但他通常可以无视他们的投票。正如一位心怀不满的议员所描述的，帝国议会是"专制主义的遮羞布"。

但是，尽管威廉二世身处潜在权力极大的地位，却并没有真正利用它。他太懒散，太反复无常，太不坚定，无法成为一个独裁者。他很满足于把国家的日常管理交给官员。他在内心深处能意识到他的行动不可能真的无视首相、大臣、总参谋部或公众舆论。

西奥多·罗斯福（Theodore Roosevelt）指出："当德国下定决心朝某个方向发展时，（德皇）只能通过抢着带头朝那个方向发展来保持对国家事务的领导地位。他在心底深处明白这一点，他也知道，即使是他拥有的这种所剩无几的权力，大多数其他君主也都没有。但是，尽管潜意识中明白这样的真实情况，他依然莫名其妙地相信每个君主都代表着自己的国家，就像两三个世纪前的君主那样代表国家。"

在德国国内，地平线上最危险的乌云也许是社会主义的发展。此时，社会民主党（Social Democratic Party）已经成为帝国议会中的主要反对派团体。社会民主党人深谙马克思（Marx）、恩格斯（Engels）和拉萨尔（Lassalle）的学说，是共和主义者，因此具有反君主主义的性质。甚至威廉二世也不能忽视他们正在稳步提高其议会地位的事实：在1912年的选举中，社会民主党成为德国最大的单一政党，获得的投票数超过总票数的三分之一。

即便如此，共和社会主义也不是君主制真正的威胁。无论如何，现在还不是。大多数德国社会民主党人没有他们的领导人那么革命，而最初由俾斯麦推出的有些家长式专制的福利国家很容易消除无产阶级的敌意。德国的就业率很高，工人工资丰厚。此外，对权威的尊重在德国人的性格中根深蒂固，而他们的军事思维模式——以及这种模式对不容置疑的服从的强调——也是十分强有力的。因而，无论是通过宪法还是革命手段，令德皇失去皇位的可能性看起来都很小。

尽管德国的确潜藏着欧洲最极端的一些激进分子，但它首先仍然是一个军国主义国家，受控于三个强大的集团——嚣张的军队、富有的工业家和被称为"容克"（Junkers）的旧式保守地主贵族。他们共同支持重要的爱国主义运动，如泛德联盟（Pan German League）和海军联盟（Navy League）。面对这些声势日益壮大的国家主义，左翼力量几乎没有机会发出自己的声音。此外，更强大繁荣的帝国未来，这种吸引力，几乎没有德国工人能够抵制。

至于威廉二世，他对其皇位安全如果有任何担忧的话，也都被掩盖在一贯的虚张声势中了：帝国议会是一个"疯人院"，议员们是"蠢羊"，所有煽动者都应该被关起来。他曾宣称："令德意志帝国成为一个牢固整体的，是士兵和军队，而不是议会的多数和决定。我信任军队。"

"如果有一天柏林城反抗它的君主，"他在另一则声明中说，"卫队将用刺刀报复人民对皇帝的不服从。"

无论在国内的宪法地位有多大的局限性，大多数欧洲大陆君主都认为，当涉及外交政策时，他们不仅有充分的资格，而且完全有权拥有最后的发言权。很多事情——他们作为国家元首的地位、他们的王室地位、他们的家族关系、他们的国际主义——都赋予了他们发言的权力。"只要是内政问题，我就必须向人民的意愿低头，"希腊国王康斯坦丁（King Constantine of the Hellenes）称，"但在外交事务中，我必须决定什么该做什么不该做，因为我觉得自己在上帝面前负有责任。"[4]

为什么上帝在外交政策中要比在国内政策中承担更多责任，这一点我们不清楚，但德皇威廉二世能充分理解康斯坦丁国王的态度。尽管威廉二世很乐于想象他在政府的许多部门中都是专家，但外交事务才是他特别擅长的领域。他曾宣称"我必须做我自己的俾斯麦"，但他丝毫不具备被他罢免的俾斯麦的外交技巧，奉行的是一种被他用夸张的说法描述为"全速向前"的外交政策。他到底要前进向何方，人们并不确定；而且更重要的是，他总是以惊人的频率突然改变路线。

威廉二世是个人外交的忠实信徒。无论是在私人信件或私下谈话中，还是在公开场合咆哮式的演讲或毫无保留的报纸采访中，他都非常乐于去表现这种信念。他很少思考外交政策的细微差别；他以英雄主义的、几乎是中世纪的眼光看待外交。他的言谈中频频出现"带刺的拳头""出鞘的剑""闪亮的盔甲"等说法。外交事务给了他无尽的机会去发表那些浪漫主义和好战思想相混杂的宏伟构想，而这正是他所喜欢的。在一次十分离谱的演讲中，他敦促即将拿起武器去对付"黄祸"的士兵，要让"德国"这个名字在中国令人恐惧，就像"匈奴"这个名字曾在欧洲令人闻风丧胆一样。

如果觉得文字表现力不足，或者说，需要更多的修饰，他就会设计出巨大的寓言画。在画中，复仇的天使手执燃烧的剑，鼓励丰满漂亮、戴着头盔、眼神如火的妇人们去为国家英勇献身。

外交政策是君主的事，而非外交官的事，对这一点他毫不怀疑。他坚信，欧洲的和平最好由当政的君主们来掌握。当一位德国大使向他保证，要预测某个结果，需要有预知能力才行时，威廉二世丝毫不觉得尴尬。他惊呼："有这样的天赋！君主们经常有这种天赋，政治家很少有，外交家从来没有！"他总是高估王朝家族关系影响权力政治的能力，他给皇室亲戚们写了无数封信——圣彼得堡的尼基（Nicky）、伦敦的乔吉（Georgie）、雅典的索菲（Sophie）、索非亚的斐迪（Ferdy）、布加勒斯特的米西（Missy）①——主动传授他们并没有询问的建议。他们中的许多人即使愿意也无法将他的建议付诸实施，然而他并不为此烦恼。

在外交方面的所有事务都是威廉二世准备要插手的；世界上所有地区都要受他的戏剧性干预；对所有话题他都准备发表自己的观点。他非常喜欢当机立断，突然改变主意，发表未经深思熟虑的声明，他可以在一瞬间毁掉用几周时间精心制定的外交政策。"其他的君主都是多么安生啊！"一位饱受其苦的政治家叹道。所以，不足为奇，威廉二世是大臣们的失望之源，他们经常在较有争议的文件上标注"不要放在皇帝面前"。

---

① 此处依次指俄国沙皇尼古拉二世、英国国王乔治五世、希腊国王康斯坦丁一世的王后索菲公主（她是威廉二世的妹妹，此时康斯坦丁还未继位，她还是王储妃）、保加利亚沙皇斐迪南、罗马尼亚的玛丽王后（此时还是王储妃）。德国和俄国皇室之间有过多次通婚，威廉二世和尼古拉二世有着很复杂的亲戚关系，威廉二世可以算是尼古拉二世的表哥，也可以算是尼古拉二世的表叔，这种多重亲戚且差辈的现象并不是特例，在很多家族中都存在。

　　自然而然，威廉二世觉得有必要施展他所认为的外交天赋。此时，第二帝国正处于一个危险的孤立状态。因为在威廉二世统治期间，欧洲的权力平衡发生了重大变化。

　　俾斯麦经常自夸的一点便是，他通过一系列明智的联盟，维持了德意志帝国的安全与和平近二十年。为了维持欧洲大陆现状，防止出现他所谓的"敌国联盟的噩梦"，最重要的是，为了避免在两条战线上作战，俾斯麦使德国与俄国、奥地利和意大利等君主国结盟，把德国的传统敌人——共和制的法国——晾在一边。如果有一件事是肯定的，那就是法国在为1870年被德国打败报仇之前绝不会罢休。

　　但威廉二世发现这一切都在变化。在1890年罢免了俾斯麦后，他和俾斯麦的继任者卡普里维（Caprivi）决定，德国不能再与俄国和奥地利两方同时结盟。这两个国家在巴尔干地区始终处于对立状态，与这两个国家同时结盟并不是真正务实的政治。德国必须在它们之间做出选择。很自然，德国选择了奥地利。与俄国联盟作为俾斯麦外交政策中一块有些不稳定的基石，如今已经终结。由此，俄国不得不到其他地方去寻找朋友。

　　因此，俄国把目光投向了法国。集权独裁的俄国和共和制的法国联盟，从表面上看，似乎不太可能，但这两个国家有一个非常强大的共同因素：对威廉二世的德国的恐惧。因此，在1893年，它们之间签署盟约。俾斯麦的心腹大患成为现实：德国现在面临着在双线作战的可能性。

　　为了抵御这一威胁，威廉二世开始把目光投向英国。威廉二世对他母亲的祖国的态度一直是矛盾的，更确切地说是爱恨交加的。他钦佩英国，又嫉妒它；他被英国吸引，又惧怕它。他以他独有的热情批评英国，但他的批评从来都不怎么对。尽管威廉二世似乎经常不遗余力地与英国为敌，但他似乎也经常在考虑两个伟大的条顿①国家之间的联盟。"没有我们的允许，没有一只老鼠能在欧洲活动。"他曾一度如此幻想英德联盟达成后的情形。

　　然而，英国只要一表示也对某种更紧密的合作感兴趣，德国就退缩了。德皇和他的大臣们都无法对英国的姿态做出回应。在1898—1902年，英国曾数次接近德国，但每次都被拒绝。德国认为英国需要德国多于德国需要英国，所以希望英国能提供一些更具体的东西，而不仅仅是一纸协约。英国的每一次前进都遭到了德国的回避。

　　于是，英国转向了其他地方。在爱德华七世的积极促成下，英国与其他好几个大陆国家达成了一系列协约。爱德华七世于1903年对巴黎进行了著名的国事访问，为英国和法国之间的"友好协约"铺平了道路。1907年，他与外甥女婿西班牙的阿方索十三世②会面，促成了两国之间的协议。1908年，他又去访问了另一个外甥女婿尼古拉二世③，为前一年签署的英俄公约最终盖印。事实上，三国协约，即英国与法国和俄国的松散联盟，被普遍认为是"爱德

① 条顿是日耳曼民族的一个分支，是现代德国人的祖先。条顿通常被用来代指日耳曼。英国特别是英格兰地区的主要民族盎格鲁-撒克逊人亦是日耳曼民族的后裔。
② 阿方索十三世的王后是巴滕贝格的维多利亚·尤金妮亚（Victoria Eugenie of Battenberg），她的母亲英国的比阿特丽斯公主（Princess Beatrice）是爱德华七世的妹妹。
③ 尼古拉二世的皇后是黑森-达姆施塔特的阿利克斯公主，婚后改为俄国名亚历山德拉·费奥多罗芙娜，她的母亲英国的爱丽丝公主是爱德华七世的妹妹。另外，爱德华七世的妻子亚历山德拉王后与尼古拉二世的母亲玛丽亚·费奥多罗芙娜皇太后是亲姐妹，她们都是丹麦的公主，从这层关系来说，尼古拉二世也是爱德华七世因婚姻关系的外甥，爱德华七世是尼古拉二世的姨父。

华国王政策的胜利"。

这种说法可能被夸大了，但肯定会被威廉二世当真。在这个外甥的想象中，英国国王的主要目的是令德意志第二帝国孤立地陷于有敌意的欧洲中。德国的这种相对孤立只能归咎于自己，但这是威廉二世拒绝承认的事情。而且，事实上，作为欧洲大陆上最强大的国家，德国已经变得太过自信，太过好战，且非常自私。在尼采（Nietzsche）和特赖奇克（Treitschke）的熏陶下，德国人觉得自己比"小种族"优越。政治家和外交家们的行为也包含着十足的对邻国的侮辱和不信任，这一点和德皇相比毫不逊色。结果，当其他三个欧洲大国——英国、法国和俄国——逐渐积极靠拢时，德国只剩下衰败的奥匈帝国和二流的意大利可以为友了。

1910年，欧洲的大国已经分成了两个对立的阵营。一方是英国、法国和俄国的三国协约；另一方是德国、奥匈帝国和意大利的三国联盟。

对第一次世界大战前的欧洲，温斯顿·丘吉尔曾经以甜言蜜语描述如下："由各种各样的君主统治着的国家和帝国，皆在全方位地、威风凛凛地崛起，卧享通过长期和平积累的财富。一切都被安置固定在一个巨大的悬臂上，似乎很安全。两个强大的欧洲组织正面对峙，均身着盛装，光彩熠熠，配饰叮咚作响，目光却很平静……旧世界的日暮余晖看似无限美好。"

尽管不像丘吉尔所说的那样美好或平静，但旧世界确实被锁定在一个联盟体系中。威廉二世努力想要解开这个僵化的体系，他曾一度试图恢复与俄国的联盟，而且从未停止过与英国的勾搭，但无论怎么做，他都发现自己面临着俾斯麦一直竭力避免的事情：敌国联盟的噩梦。

第二章

立宪制国王

要说与喜爱炫耀的德国皇帝威廉二世差异最大的君主，几乎没人比得上他的邻居比利时国王阿尔贝一世。欧洲的君主们普遍较为浮夸，但阿尔贝国王可以算是其中的怪胎。

阿尔贝出生于 1875 年，1909 年三十四岁时，他的伯父利奥波德二世国王去世，王位由他继承。他身材异常高大，身形健硕，但走起路来蹒跚拖沓，视力不佳，头发凌乱，与其说他是国王，倒不如说他更像是一个心不在焉的教授。他穿着军装制服的样子看起来很不舒服，穿着平民服饰也显得有些邋遢。据说，他恍惚出神的气质令他看起来像是一个想着建造什么东西的人。天生内向害羞的他没有天资去应对使命中需要引人注目的部分。他在人群中感到尴尬，与陌生人说话时舌头打结，既不能发表激动人心的演讲，也不能进行有趣的闲聊。他很少笑。如果笑，也是苦笑，自嘲的笑。他自己也很尴尬，无法让别人放松。他专注入迷的表情会被厚厚的眼镜片放大，往往使对方变得比他更不善言辞。过度的尊重会令他不适。他十分好性子地对一个不停鞠躬的宫廷园丁说："朋友，我只是一个像你一样的人。"

阿尔贝国王不仅对追求人气没有什么兴趣或天赋，而且他还倾向于以某种嘲讽的态度看待它。有一次，一名侍从武官开心地谈及蜂拥来围观新国王的人群的规模。阿尔贝不露声色地评论说，如果他被押上断头台，也会来这么多人的。

在远离公众审视的目光的地方，阿尔贝国王表现出了更多的优点。他的同情心，他的智慧，他的尽职尽责，他安静的力量，他的领导能力，在书房或议事厅里比在演讲台上或游行中要突出得多。他沉闷的举止和迟疑的言语掩盖了精明的头脑。大臣们很快就会知道，阿尔贝国王不是傻瓜。

作为国王，阿尔贝面临着一项艰巨的任务。他的王位继承自伯父利奥波德二世，利奥波德二世没有做过任何能为科堡王朝的统治赢得人心的事情。事实上，利奥波德二世在非洲中部的放肆、贪婪、心狠手辣和无情剥削，让他获得了"刚果屠夫"的称号，遭受到全世界的指责。到了老年，这位专制的君主依然沉迷于国家的扩张和王朝的富强，从未想过要赢得臣民的心。如果君主制要在威胁到国家的各种压力下幸存下来，就得靠阿尔贝国王重新建立起王室的人气和威望。

幸运的是，尽管阿尔贝的外表和举止并不令人振奋，但他已经赢得了一定程度的民众崇拜。在作为继承人的这几年里〔老国王利奥波德二世唯一的儿子已经先他而去世，阿尔贝的父亲勤勉的佛兰德斯伯爵（Count of Flanders）也于 1905 年去世〕，阿尔贝以其朴

素的品位和慈善活动给比利时国民留下了深刻印象。他们不仅赞成
他的娱乐活动——在佛兰德斯平坦的道路上骑自行车，攀登阿登山
区嶙峋的悬崖，也认可他致力于社会改革的认真态度。

　　但最触动世人的，也许是他在私生活中的庄重守礼。1900 年，
二十五岁的阿尔贝与二十三岁的伊丽莎白公主成婚，她是巴伐利亚
公爵查理·特奥多尔（Charles Theodore，Duke in Bavaria）的女儿
［巴伐利亚公爵（Duke of Bavaria）是执政家族分支的头衔］，是离
经叛道的维特尔斯巴赫家族的成员①。这位热情洋溢、活泼可爱的
年轻女性令阿尔贝、王朝和国家都收获了一个具有特殊品质的
人才。

　　夫妻二人非常般配。他严肃的方面，她外向开朗；他自我怀疑
的地方，她自信确定；他愤世嫉俗和悲观的地方，她充满信任和热
情。他性格中所缺乏的，她都能提供。伊丽莎白不露声色却富有谋
略，为他铺平道路，帮助他将复杂的个性充分展现出来。

　　在利奥波德二世统治的最后几年里，阿尔贝夫妇填补着国王和
人民之间不断扩张的鸿沟。1901—1906 年，他们的三个孩子相继
出生，两个男孩和一个女孩，他们的人气也日渐提高。利奥波德二
世的私生活十分堕落（在临终前，老国王还娶了一个情妇，他在这
个女子十六岁时夺走其初夜），有这样的反面案例在前，阿尔贝的

---

　　①　维特尔斯巴赫家族从 1180 年开始统治巴伐利亚，其分支很多，内斗严重，长
期内战，执政者更迭混乱。1506 年，巴伐利亚确定了长子继承制，执政者的头衔为巴
伐利亚公爵，而维特尔斯巴赫家族的其他分支也都得到了公爵头衔，但称号是 Duke in
Bavaria。Duke of Bavaria 仅有一个，而 Duke in Bavaria 有很多个。后来虽然有所变更，
但 Duke in Bavaria 的头衔大体传承了下来，不过此时巴伐利亚的执政者不是公爵，而是
国王。

家庭生活的体面便让人耳目一新了。这对父母对三个孩子的坦然关心也令人感动。

然而，为阿尔贝赢得最多尊重的，是他无可挑剔的符合宪法精神的行为。利奥波德二世经常拿宪法开玩笑，有时还规避宪法规定的限制，而阿尔贝的行为总是无可指摘。"我是一个立——宪——制——国王"，他经常以其缓慢的强调方式提醒大臣们。

在天主教党（Catholic Party）与其自由主义和社会主义对手之间的斗争中，他严格保持中立。那些因为阿尔贝表面上的漫不经心而认为他会成为保守派手中的工具的人被证明是错误的，那些因为他对弱势群体的同情而想象他将成为一个社会主义国王的人同样被证明是错误的。阿尔贝宽容，适应能力强，积极进步，在资本和劳动者之间小心翼翼地引导着方向。

一个大臣证实："在部长级会议上，他发挥了首领的影响力。这种影响不是通过表达一些决定性和独裁性的意见强加给别人的，而是通过他的话语巧妙暗示出来的。他说得有点慢，好像在寻找一种更精确的表达形式，并通过一些辅助性手势来强调。"[1]

尽管有宪法的限制，阿尔贝也比其他一些立宪制君主的影响力大。出席部长级会议时，他至少可以发表自己的意见。但他也更加脆弱。这是因为，首先，比利时有强烈的共和主义元素。其次，比利时的人口是由两个相互敌对的群体组成的——弗拉芒人和讲法语的瓦隆人。对抗日益发展的共和主义威胁，并确保君主仍然是团结弗拉芒人和瓦隆人的主要象征，这项重任几乎完全要由阿尔贝国王一个人承担。

在阿尔贝统治初期，共和主义和弗拉芒人的运动都激烈化了。

大约十五年前①，选举权扩大，这使社会主义者大为受益。现在，他们通过罢工和示威游行的方式，迫切要求进行普选。与社会主义的传播相伴的，是共和主义的传播。在阿尔贝国王登基前夕出版的一份令人不寒而栗的社会主义宣言宣称："在社会主义和君主制之间，不可能有和解，当比利时准备迎接阿尔贝一世时，所有工人的胸膛都会发出希望与蔑视之情相混杂的大声疾呼：社会主义共和国万岁！"

　　阿尔贝国王需要竭尽其所有技巧来将共和主义的信条与社会主义的信条拆解开。

　　弗拉芒人和瓦隆人之间的斗争，是讲弗拉芒语、主要是农民的西北部人口与讲法语、工业化程度较高的东南部人口之间的斗争，二者引起了阿尔贝国王的同等关注。19 世纪末，由一群弗拉芒人作家发起的复活并捍卫弗拉芒语的运动，到此时已经变成了一场政治十字军运动。这场本来只限于佛兰德斯地区的运动现在已经扩展到整个国家：讲弗拉芒语的人决心要获得平等的语言权利。

　　阿尔贝国王同情弗拉芒人的斗争，全力支持语言改革。他鼓励弗拉芒文化的发展，他在向弗拉芒人群讲话时使用弗拉芒语（他讲得很流利），他是第一个用两种语言宣誓就职的比利时君主。在一次又一次的演讲中，他恳求比利时人民培养团结的感情，而不是分裂的感情。

　　这一点说起来容易做起来难。弗拉芒人中的一大部分人仍然心怀不满。到此时，这种不满情绪仍困扰着比利时。

---

　　①　比利时于 1893 年进行选举权改革。1830 年比利时独立，规定只有年满二十五周岁且每年缴纳税款的男性才有选举权，1893 年改革后，所有年满二十五周岁的男性都有选举权。

比利时的伊丽莎白王后尽管能成为理想的妻子和母亲，但乍一看，她并不是一个理想的王后。阿尔贝国王看似不适合担任国王，她看似也同样不适合她的重要任务。她既没有美貌，也没有天生的威仪。像德国皇后或英国的玛丽王后那样平静、优雅、威严的气质，她几乎完全没有。在早年，她甚至连穿着都不是特别得体。但是，如果与她非凡的人格力量相比较，这些缺点就不重要了。

她有一张机敏的脸，鼻子很尖，眼睛很亮，笑容很耀眼。她个子不高，身材苗条，有一种敏捷如小鸟的特质和无穷的能量。与丈夫不同，她很享受她的公共职责。她为自己越来越受欢迎而感到高兴，并对赞美和掌声做出了热烈的回应。她的举止，无论在公开场合还是在私下，都是轻松而自信的；只有在与自命不凡的人、傲慢的人、自负且爱炫耀的人在一起时，她才会不那么迷人。对于空洞的仪式、过度的礼节和所谓的"社交"行为，她没有什么耐心。在伊丽莎白王后以发自内心的活力与一些诗人、音乐家或社会工作者畅所欲言时，一排排华而不实的权贵往往会被拦在门外。她的兴趣很广泛，并对这些兴趣投入了持续的热情和真正的智慧。她对所接触的每一件事都有一种专业精神，完全没有王室流行的浅薄涉猎的作风。

阿尔贝国王对其臣民的健康和福祉十分关注，王后也全身心地投入关注。还是王储妃之时，她便亲赴工人阶级居住的地区，了解工资、福利和生活条件等问题，当时所获得的知识现在被应用于实际。她成立了各种信托基金、协会和社团，以帮助病人和贫困之人。

夏尔·迪于德瓦勒（Charles d'Ydewalle）写道，要形容这对王室夫妻，用波希米亚比布尔乔亚（资产阶级）更合适。"他们是波希米亚人，因为他们没有偏见，完全不势利，因为他们的独特地位，对冒险的热爱，对危险、礼仪和批评的漠不关心。他们没有被限制在传统的布尔乔亚式生活概念的范围内。"

然而，在需要的情况下，他们也可以表现出王者作风。国事访问、舞会、招待会和宴会都是精心策划的活动——总是可以依赖伊丽莎白王后为这些场合带来一丝戏剧性。每年5月，她都会在布鲁塞尔郊区莱肯的典雅宫殿中举行一次园会。由于比利时很少有不下雨的日子，因此国事招待一般会在已故的利奥波德二世引以为豪的那些大音乐厅举行。王后穿着白色或淡蓝色的衣服，穿过充满异国情调、散发着浓郁香气的玻璃长廊，她的轻松和活泼令所有人都铭记在心。

一年一度的国家舞会是另一桩永远不会被忘记的事件。美国大使布兰德·惠特洛克（Brand Whitlock）一直记得"跳舞的人在璀璨的吊灯下起舞，珠宝生辉，雪白的肩膀也熠熠发光，引导队的军官身上有金色蕾丝装饰——他们的裤子是樱桃红色的；还有胸前挂满勋章的老将军们；国王突然驾临，穿着黑色晚礼服……"

不过，更有代表性的，是一个曾经受到阿尔贝国王接见的人提供的小逸事。由于国王从不知道如何结束觐见，他们两人只能不停紧张地交谈，当这位客人抬头看向国王脑后的一面镜子时，看到了在门口窥视的王后的身影。她正疯狂地示意丈夫让客人告退。

"你必须得走了，"国王突然开口说，然后为了缓和这个粗暴的吩咐，又说，"但不要忘记你的手帕。"

客人一团迷惑，低头看到旁边桌子上有一块镶着蕾丝边的布，一个声音突然从门口响起。

"那是我的手帕。"王后说。[2]

在几年后，这位笨拙的君主会证明自己是个英雄，而这位神采奕奕的王后在人们心中的地位会不亚于圣人，这一切有谁能想到呢?

阿尔贝和伊丽莎白接待的第一位重要的皇室客人是德皇威廉二世。1910 年 10 月，威廉二世对布鲁塞尔进行了一次国事访问，以便出席在此举办的世界博览会。

和已故的舅舅爱德华七世一样，威廉二世最喜欢的事情莫过于一次全面的国事访问。利奥波德二世曾经对布鲁塞尔进行过重新规划和美化，这里甚至赢得了"小巴黎"的美名，正好为威廉二世所喜爱的那些游行、队列活动提供了完美的环境。建筑物上飘扬着的德国国旗使人欣喜激动，人群中充满了谄媚的热情，演讲时也有适当的欢呼。威廉二世对比利时艺术和建筑的辉煌赞不绝口，并对比利时的商业和工业企业大加赞赏。

威廉二世急于赢得比利时人的好感，频繁强调将比利时和德国的皇室家族联系在一起的纽带。阿尔贝国王的家族萨克森-科堡家族起源于德国;伊丽莎白王后是巴伐利亚人;阿尔贝国王的母亲佛兰德斯伯爵夫人是霍亨索伦家族的一位公主。阿尔贝国王的血管中流淌着霍亨索伦家族骄傲而独裁的血液，却如此关注其臣民的意见和愿望，这一点在威廉二世看来几乎是无法理解的。

有一天，他问阿尔贝："为什么要承诺那么多的会面，而且是接见不重要的人？你制定了你的政策——他们就该遵守。"

"我的国家和我，我们一起制定我们的政策。"阿尔贝解释说。

威廉二世反驳道："但是，我们霍亨索伦家族是上帝的行政官。"

这种强烈的情绪对平息阿尔贝已经相当大的恐惧没有什么作用。自登基以来，比利时国王对强大邻国的侵略态度的忧虑越来越强。他充分认识到，如果未来大国之间发生战争，他的国家将会多么脆弱。

比利时夹在法国和德国这两个不共戴天的敌人之间，是通常被称为欧洲"要冲"的地方，或者换成更可怕的说法，是"战场"。1831年，比利时王国刚刚成立几年，国家的独立——和中立——得到了大国的保证。这种中立还能被期待维持多久，是一个未知数。

随着欧洲各国越来越被各自的联盟和彼此的同情桎梏，处于战略地位的比利时似乎不太可能继续保持不受影响。人们认为，比利时只是在等待时机，直到看出哪个大国集团在未来的斗争中胜面更大。法国怀疑比利时与德国秘密结盟，而德国则怀疑它与法国秘密结盟。当时是秘密外交盛行的黄金时代，各国使节在金碧辉煌的大臣官邸中的推杯换盏间达成口头协议，在皇家游艇随波浪倾斜的舱房里拟定秘密条款，在一些雅致的水疗中心的菩提树下进行非正式讨论——很少有人会相信阿尔贝国王没有缔结一些秘密联盟。

比利时决心保持中立，这是一清二楚的，但欧洲更多的马基雅弗利式的政治家和外交家拒绝相信这一点。对阿尔贝国王来说，中立是一种积极的东西，是值得珍惜、保护和捍卫的东西，而不是可以用来交换的。比利时与相互敌对的势力集团中的任何一方的任何接触，无论是多么试探性的，都会给另一方提供破坏这种中立的充分借口。毫无疑问，与协约国——英国和法国——达成协议将使比利时受益匪浅，这也是阿尔贝国王自己本性所倾向的，但他仍然顽固地、一丝不苟地保持着中立。

同样毫无疑问，阿尔贝最恐惧的，便是夸夸其谈的威廉二世。阿尔贝对德国尊重比利时中立的意图持怀疑态度，因此从执政之初，他就开始敦促加强比利时的军队和防御。现在，在德皇的国事访问过程中，阿尔贝得到机会表达了他的忧虑。在欢迎词中，比利时国王向他的皇家客人保证，他对德皇的和平意愿充满信心。对这一直白暗示，威廉二世做出了满是溢美之词却没有承诺的回应。

但在离开比利时之前，威廉二世因为访问的成功而兴高采烈，向比利时外交部的范德埃尔斯特男爵（Baron van der Elst）保证，比利时完全无须恐惧德国。"你们没有抱怨我们的理由，"他豪爽地说道，"我对你们的国王很有好感，他母亲出身我们家族。我不允许任何人伤害他。我完全理解贵国国情。"[3]

第三章

国王皇帝

"一个好孩子",这是德皇威廉二世向西奥多·罗斯福描述英王乔治五世时的说法。当时德皇五十一岁,英王四十四岁。尽管总是要考虑到德皇高人一等的倾向,但这位新任英国国王真的还是有些孩子气的。他已故的父亲爱德华七世信心十足,温文尔雅,见多识广,与之相比,乔治五世显得缺乏自信,胸无城府,思想褊狭。他甚至没有父亲那种令人敬畏的体型。乔治五世身材矮小、瘦削,一双坦率的蓝眼睛,修剪整齐的胡须和唇髭,让他看起来表里如一——一个既诚实又朴实的人,喜好简单,兴趣有限。他在公共场合的态度是不苟言笑的;他的谈吐是直言不讳的。

这位新国王的受教育程度异乎寻常地低。有位传记作者尽管对他心怀更多偏爱,但也承认,乔治五世在四十四岁登基时,还没有达到"普通公立学校的男孩在离校年龄时的正常教育水准"[1]。他写字的速度慢得令人感觉煎熬，他不会流利地说任何一门外语。他不懂哲学或抽象思维，对艺术、科学甚至政治都漠不关心，他对乡村的兴趣和保守的观点与诺福克乡绅相同，他成年后的大部分时间都在这些乡绅中间度过。射击和集邮是他的主要娱乐活动。

然而，乔治五世并不愚蠢。他在皇家海军中度过青年时代，因而得了"水手国王"的称号，这段经历向他灌输了很多宝贵的特质：自律，有条理，始终如一。此外，他还有自己的常识财富。对于一个君主来说，可靠且有尊严比聪明、有创意更重要，这一点现在也是如此。乔治五世可能缺乏想象力和学识，但他性格坚强，思维有条理，品性自洽。直至生命的最后一刻，他都保留着一个海军军官坚定不移的责任感。

乔治五世有些粗暴的水手般的行事作风也来自海军。私下里，乔治五世以他洪亮的嗓音、爽朗的笑声、戏谑的语气和辛辣的措辞而闻名。他脾气暴躁，所掌握的骂人用的词语多得惊人。然而所有这些海军风格的咆哮掩盖着的是他富有同情心的本性和一颗善良的心。乔治五世是一个心怀善意的人，天生的羞怯使他看起来很唐突，但实际上并不是如此。

他的私生活极其体面。1893 年，他与泰克的玛丽公主成婚，二人的婚姻非常成功。虽然这场婚姻中，利益结合多过爱情，但这对夫妇深深地关心对方，并非常适合对方。两人都很矜持，有些不善言辞，热爱家庭生活，并对资产阶级的道德和勤劳的美德拥有信念。玛丽王后可能比丈夫更好学，更有文化意识，更有社会启蒙意识，但她早已使自己的品位和个性适应了丈夫。在乔治五世登基的那一年，这对夫妇已经有六个孩子——五个男孩和一个女孩，其中最大的十五岁，最小的四岁。这也有助于英国王位散发出一种令人放心的家庭氛围。

乔治五世的宫廷也具有同样的体面。爱德华七世时期的那种有些狂放不羁的气氛——深夜的牌局、白手起家的男人们、弥漫飘荡的雪茄烟气、情妇们——已经被一种几乎是中产阶级的端庄得体取代。"乔治国王的家庭氛围和淳朴生活是迷人的，"爱德华七世统治时期的智囊伊舍勋爵（Lord Esher）写道，"他允许人们在晚餐后留下闲坐，无论他自己是否出席。没有浮华虚荣……房子里没有一张牌。"

乔治五世最喜欢的家仍然是约克小屋——这是他作为王位继承人时居住的地方，是属于桑德林汉姆庄园的一栋狭小而毫不起眼的房子；他最喜欢的度过晚上的方式是在家里与王后一起吃饭。他的日子几乎按照一种海军的精确性来安排。乔治五世守时，有条不紊，谨小慎微，当处于固定程序的约束或被熟悉的面孔包围时，他是最快乐的。与爱德华七世时期宫廷的浮躁奢华相比，这一切都非常健康，非常平和，非常正确。

但一切依然是很壮观威严的。乔治五世的兴趣品位可能很简朴，但作为一个国王，他充分意识到他必须保持某种标准的皇家风范。正如政治分析家沃尔特·白芝浩（Walter Bagehot）曾言："没有王室是有理由的，拥有一个华丽的王室也是有理由的，但拥有一个卑微的王室是没有理由的。"对于这一点，乔治五世理解得非常透彻。的确，欧洲的任何首都——圣彼得堡野蛮式的宏伟，柏林炫耀性的军国主义，维也纳或马德里老派的壮丽——都无法与英国宫廷充满自信的威严相提并论。

乔治五世在欧洲大陆的一个亲戚曾经写道："没有什么能够与英国国王的宫廷和家庭生活媲美，它在每一个细节上都完美到无可挑剔，这是一种没有浮夸的、沉稳的奢华，一种平和的、贵族式的轻松富足，没有任何炫耀之处。一切都在无声地运行，仿佛运转之轮被完美地上了油；一切都很和谐，没有多余的空隙，没有虚假的气息。从大厅里接待你的彬彬有礼又十分英俊、仪容整洁的侍者，到走廊里走在你前面为你引路的极为庄重而又热情的男仆，一切都让人赏心悦目，满足了人们对一丝不苟的追求……"[2]

即便乔治国王穿着有点老式的衣服，但看起来从来都是一尘不染的，玛丽王后穿着同样有点老式的衣服，看起来也从来都是威严无比的。虽然玛丽王后并不比丈夫高（两人都是 5 英尺 6 英寸①高），但她挺拔的仪态和高耸的帽子给人造成了一种高度的错觉。几乎完全是由于丈夫的保守品位，玛丽王后坚持采用她结婚初期时流行的比较奢华的风格。国王的一位秘书说，即使以他外行的眼光也能看出，王后为 1914 年造访时尚之都巴黎而特别挑选的那件衣服已经无可救药地过时了。

但这并不重要。王后不需要时尚，就像国王不需要有学识一样。看到玛丽王后穿着她那件极富个性的锦缎礼服，闪耀着钻石的光芒，就能"理解皇家一词的含义"[3]。玛丽王后可能是拘谨的，可能不善言辞，甚至可能有点沉闷，但她每一分每一秒看起来都是王后。

因此，尽管他们在私人住宅约克小屋和可以算是半私人住宅的巴尔莫勒尔城堡中的生活是相对朴素的，但他们在官方住宅白金汉宫和温莎城堡中的生活则是隆重至极的。这对夫妇的一举一动都处于一个由私人秘书、男侍从、礼宾员、侍从武官、女侍从和成百上千的仆人组成的高度讲究礼节的世界里。乔治国王和玛丽王后逐渐

___

① 约 1.68 米。1 英尺约合 0.3 米，1 英寸约合 2.54 厘米。

克服了他们天生的羞涩、在公共场合的紧张和对安静的乡土生活的偏爱，有尊严、有格调地履行着他们的职责。在所有重要的公共场合，他们都是格外显眼且可靠无误的威严的象征。

　　作为世界上有史以来最伟大的帝国的"国王皇帝"，乔治五世年复一年地不断证明自己有能力坐在被他的祖母维多利亚女王称作"最伟大的职位"的位置上。

乔治五世与他已故的父亲爱德华七世最根本的一个不同之处是对欧洲大陆的态度。爱德华七世是个彻头彻尾的欧洲人，而乔治五世则是一个完完全全的英国人。新国王对欧洲大陆的政治、文化或生活方式几乎没有什么兴趣；他厌恶外国人。他本就不幸孤僻，法语和德语水平的糟糕使他更加孤僻。

　　1913 年乔治五世出访柏林时，一位驻柏林的英国总领事惊讶地写道："乔治陛下一点德语都不会，他的法语也很糟糕，这真令人难以相信。"[4]

　　但乔治五世并不在意。他的所有关注点都在大不列颠本土和大英帝国身上。他在海军服役的岁月，以及随后在英国各领地、殖民地和属地的旅行，使他对国家的帝国影响力的认识比对国家在欧洲的角色的认识更加深刻。他觉得自己能够更容易地认同生活在本土外的英国人，而不是他父亲所喜爱的那些欧洲大陆人。乔治五世首先将自己视作英国的国王。

　　而具有讽刺意味的是，他在位期间，他所出身的科堡家族达到了辉煌的顶峰——他的亲戚几乎坐上了欧洲的每一个王位。在他的亲表兄弟姐妹中，便有德国的皇帝、俄国的沙皇和皇后、挪威国王、西班牙王后，以及瑞典、罗马尼亚和希腊的王储妃。希腊和丹麦的国王是他的舅舅，他们的继承人是他的表兄弟。俄国的皇太后是他的姨妈。挪威的王后是他的妹妹。比利时、葡萄牙和保加利亚的国王都是他的表亲。他还有很多堂亲表亲已经或将要与奥地利、意大利和南斯拉夫的统治家族联姻。组成德意志帝国的王国、侯国和公国的统治者也都与他的亲戚密不可分。即便不是他的亲戚，也是玛丽王后的亲戚。他甚至与最异乎寻常的王朝波拿巴家族也有亲戚关系。

尽管乔治五世不喜欢旅行，缺乏外交天赋，不信任外国食物，不懂外语，不喜欢追随父亲在欧洲大陆的脚步，但他也确实明白他有宪法规定的义务，需要进行一些国事访问。但是，当外交部部长爱德华·格雷爵士（Sir Edward Grey）建议国王先访问巴黎时，他拒绝让步。他坚持，由于法国"只是一个共和国"，它必须排在欧洲大陆上三个重要的君主国之后，即在奥匈帝国、德国和俄国之后。

尽管乔治五世公开表明了投身于大英帝国事务的决心，却越来越多地被卷入了欧洲政治。到他1910年登基时，英国已经最终放弃了19世纪时坚持的"光荣孤立"的立场，在爱德华七世的支持下，与法国和俄国达成了协约。无论乔治五世是否喜欢，他的国家现在已经完全彻底地投身欧洲了。

第一个受到乔治五世接见的君主，不可避免地是德皇威廉二世。乔治五世邀请德皇参加立在白金汉宫外献给他们祖母/外祖母维多利亚女王的纪念碑的揭幕仪式，仪式于 1911 年 5 月的第二周举行。

在所有的大陆君主中，亲表哥威廉二世是与乔治五世关系最密切的人。爱德华七世和亚历山德拉王后（Queen Alexandra）都非常不喜欢威廉二世：爱德华七世是因为他认为外甥是一个自命不凡、喜欢夸夸其谈、喜欢搞恶作剧的自大狂；亚历山德拉王后则是因为她讨厌所有的普鲁士人。尽管乔治五世早年倾向于附和父母的看法，但随着时间的推移——以及他自己登基——他变得能更宽容地对待德皇的急脾气了。

在德皇看来，他的心腹大患，阅历丰富的伯蒂舅舅，已经被他想象中的更顺从的乔治表弟取代，所以他大大松了一口气。"他是一个彻头彻尾的英国人，讨厌所有的外国人，"德皇曾出于好意对西奥多·罗斯福解释说，"但我并不介意，只要他讨厌德国人的程度不超过对其他外国人的讨厌。"

此时，在感谢乔治表弟邀请他参加维多利亚女王纪念碑揭幕仪式的信中，德皇的态度恭维至极。他写道："你无法想象，这么快就能再次见到你并共度愉快的时光，我是多么欣喜若狂。"他发誓，他永远不会忘记在维多利亚女王临终前的病床边度过的日子，也不会忘记她是在他的怀抱中死去的。

"那些神圣的时刻将我的心牢牢地铆在了你的家和家人上，我骄傲地感到自己是其中一员。而在最后的时刻里，我把她——英国伟大的缔造者——神圣的身体抱在怀里，在我的脑海里，她的国家及人民与我之间建立了一种不可改变的特殊联系，我将这种联系深情地珍藏在我的心里。你的这次邀请，可以说是对我的这些想法的认可。你好心地提到我是她的孙辈中年龄最大的这一事实；我一直为这一事实感到无比自豪，而且从未将其忘记。"[5]

乔治五世对这种情感宣泄作何回应，没有记录可查。

1911 年 5 月 16 日举行的揭幕仪式是一个辉煌的时刻。身着色彩斑斓服饰的英国皇家禁卫军仪仗卫士开道，四十名侍卫①护卫两翼，乔治国王和德国皇后走在前面，德皇和玛丽王后紧随其后，从白金汉宫缓步走向由托马斯·布罗克爵士（Sir Thomas Brock）创作的耀眼的白色纪念碑。在明媚的春光中，在礼炮的轰鸣声、军乐队的鼓乐声和人群的欢呼声中，乔治国王拉动了为他那可敬的祖母的雕像揭幕的绳子。

德皇深深地享受着这一切。事实上，他认为他的伦敦三日之旅是非常成功的。人群很热情；国事活动组织得非常好，包括在王宫举行的舞会。甚至连毫无根据的他唯一的女儿将与英国国王的长子订婚的传闻，也让他感到有些满意。威廉二世对他的首相信誓旦旦地说，他从未感到白金汉宫的气氛是如此自由、如此开放、如此友好。

然而，正是在这次访问中，威廉二世认为一切在握的倾向导致了他在外交上的一次失误。

就在离开前往火车站之前，德皇向乔治国王提及了摩洛哥的问题。负责维持摩洛哥和平的法国派出军队去平息在摩洛哥北部城市非斯的叛乱，以恢复秩序，这是非常正当的举动。但法国此举遭到了嫉妒心强的德国的强烈不满。它认为自己没有理由不从非洲的蛋糕上分上一块。因此，在乘火车离开前与乔治国王的一次闲谈中，

---

① 按照英国传统，重大场合会有四十名侍卫陪伴和护卫国王。

德皇告诉他，虽然德国不会为了摩洛哥参战，但会在非洲其他地方要求补偿。

在德国首相随后的报告中，英国国王没有对这个说法做出任何答复。

尽管德皇保证德国不会干涉摩洛哥的事务，但德国后来还是派出了"黑豹"（*Panther*）号巡洋舰，停驻在摩洛哥的阿加迪尔海岸。这一武力展示不仅是为了警告法国，也是为了警告法国的盟友英国。

这一事件引起了一场重大危机。在 1911 年夏天，一场欧洲战争似乎不可避免，经历数周的斡旋后才达成了外交解决方案。而正是在阿加迪尔危机最严重的时候，德皇为了自我辩解，信口开河地说：在白金汉宫的那次谈话中，他曾警告过英国国王，德国打算派一艘军舰到摩洛哥。乔治五世对此予以否认。

这一事件不仅说明威廉二世是多么不可靠，而且说明他对乔治五世所拥有的宪法权力的局限性的认识有多么不足。英国君主可以自己同意外交政策的重要事项的日子早已是历史了。

但此时引起英德之间最大摩擦的事件是德国海军的扩张。由于嫉妒英国的海上力量，威廉二世决心让德国拥有同样强大的战斗舰队。在一种几乎是歇斯底里的沙文主义气氛中，帝国议会通过了两项庞大的海军法案，德皇伟大的造船工程也开始着手实施。1911年，威廉二世在汉堡的一次振奋人心的演讲中谈到，有必要"进一步加强我们的舰队，以确保没有人会对我们应得的有光的位置提出异议"。

所有这些，令有"海上霸主"之称的英国感到愤怒。结果，两个大国之间开启了一场疯狂而昂贵的海军竞赛。

　　然而，德皇的动机不一定是好战。德国首相冯·比洛（von Bülow）的说法差不多是正确的："威廉二世最希望看到的是他自己率领着一支辉煌的德国舰队，启航去对英国进行和平访问。英国国王带着英国舰队，在朴次茅斯与德皇会面。两支舰队列队相向而行，从彼此身边驶过，两位君主穿着对方国家的海军制服，站在自己旗舰的舰桥上。他们以法定的礼节拥抱，然后在考斯举行盛大晚宴，并发表动人的演讲。"

　　不过，即使是虚荣的威廉二世，也是想从海军中得到一些比这更实在的东西的。一支强大的德国战斗舰队可以震慑所有潜在的侵略者。它将成为国家强大的象征，使新崛起的德意志帝国摆脱自卑情结，并令其重要的海上强国的身份得到认可。甚至可能促使英国放弃法国和俄国，加入德国、奥地利和意大利的联盟。

　　于是，造船工程继续。这两个伟大的条顿国家之间的互不信任也在继续。

　　如果说乔治五世拥有维多利亚女王所说的"最伟大的职位"，那么矛盾的是，他是世界上权力最小的君主之一。与欧洲的其他重要君主相比，英国国王对国家事务的个人控制力是非常小的。

　　他的地位的"伟大"是指威望，而不是权力。他可能是延续了近千年的世系中最新的一位君主，他可能统治着世界上最伟大的帝国，但是，在政治上，乔治五世几乎没有权力。因为在英国，君主立宪制的理论已经发展至其最充分的形式。乔治五世的祖父——维多利亚女王的丈夫阿尔伯特亲王（Prince Albert）——的理想是，君主应该是某种超国家的机构，立足于党派和派别之上，这一理想到现在已经实现了。

在英国，真正的政治权力被赋予了议会。正如白芝浩所说："一个共和国，将自己巧妙地包裹在君主制下。"威廉二世等君主也许会不赞许，但乔治五世不敢在行动中违背政府。这样做会迫使政府辞职，而随后的大选则是以王室与人民的情感为基础进行的对决。对于这一点，君主是不能冒险的。英国国王的作用是纯粹建议性的，仅限于被咨询的权力、鼓励的权力和警告的权力。

在乔治五世身上，阿尔伯特亲王的另一个宣言——君主应该是国家生活中一切最美好事物的象征，是道德、勤劳和尊严等家庭美德的典范——也正在得到实现。

正是由于这两个特点——缺乏个人权力，同时富有个人威望，英国君主在渡过不久后要经过的动荡水域时才得以没有沉没。

第四章

恺撒的继承者

　　1911 年春，乔治五世为他的祖母维多利亚女王的纪念碑揭幕，在同一个春天，意大利的维克托·伊曼纽尔三世也为他的祖父维克托·伊曼纽尔二世的纪念雕塑揭幕——就在五十年前，这位君主统一了意大利。而这座纪念雕塑的规模远超前者。

　　19 世纪的君主都不可能期待拥有比这更宏伟的纪念雕塑了。雕塑雄踞于罗马的卡比托利欧山，设计充满了那个时代的自信的华丽，高耸的柱子、阶梯式的平台、带翅膀的天使、飞奔的马匹、精心雕琢的浮雕，形状如同一个令人目眩的白色蛋糕，在其中心，傲然而起的是一尊 40 英尺高的维克托·伊曼纽尔二世的铜像。关于国家主义的成就，或国王的荣耀，没有比这座纪念雕塑更夸张的表达了。

　　但萨伏依（Savoy）家族的最新代表人物从外表看并不出众，

这可以说是一桩憾事。维克托·伊曼纽尔三世生于 1869 年 11 月 11 日，1900 年，在父亲翁贝托一世国王（King Umberto Ⅰ）被暗杀后，他继位成为国王。他是父母唯一的孩子，而且瘦小得令人担忧，被普遍认为是近亲婚育的结果（他的父母是亲堂兄妹），是家族树基因枯竭的果实，令人感到遗憾。早在公元 1000 年前后，萨伏依家族就在阿尔卑斯山麓建立了自己的强大统治，可以说是欧洲最古老的统治家族。所以，可能只能这么猜测：这个成功的家族，从伯爵到公爵到亲王到皮埃蒙特-撒丁王国的国王，最后在 1861 年成为新独立统一的意大利的国王，而到了维克托·伊曼纽尔三世，似乎开始走下坡路了。

　　他很矮小。对他的身高最慷慨的说法是 5 英尺零不到 1/4 英寸①。任何东西——带羽毛的头盔、巧妙的剪裁、宽大的斗篷或高跟靴——都无法弥补如此令人遗憾的身高不足。如果国王必须有一个形象，那么必然是看起来很威严。但维克托·伊曼纽尔三世看起来只是很可笑。即使是坐在特别定制的矮小的宝座上，他的脚也没有完全接触到地面。当他在侍从武官和军官的簇拥下出现时，他看起来像是在场最不重要的人。为了让他担当军队总司令，不得不把担任军职的身高标准降低到 5 英尺。他的妻子埃莱娜王后（Queen Elena）如雕塑般庄严，如果她戴上美丽而时尚的巨大帽子与国王站在一起，国王似乎更像她的儿子而不是丈夫。他是无数笑话的焦点，是相当多玩笑的嘲笑对象。有人说，他具有黄鼠狼或狐狸等小动物的所有特征，狡猾、自私，不值得信任。

　　意大利人珍视的那种自负傲慢，他几乎半点全无。他的举止令

---

①　约为 1.53 米。

人恐惧，他的节俭是个传奇，他总是穿着破旧的甚至已经磨损的制服出现在人们面前。在已故国王翁贝托一世及其强势的配偶玛格丽塔王后（Queen Margherita）时期，宫廷生活本已经达到了某种程度的辉煌，如今又被简化到了艰苦吃紧的地步。在罗马的奎里纳尔宫中，维克托·伊曼纽尔三世和他的家人满足于一个面积相当小且没什么家具的居所。仪式也变少了很多，穿制服的仆人也少，国家的招待活动减少到最低限度。

一位使节的妻子抱怨说："如果不是提前知道我们去的是王宫，我会认为我们走错了。奎里纳尔广场静悄悄的，几乎空无一人——没有士兵，没有音乐，也没有人群翘首期待，想一窥马车中的人的服饰和珠宝——大台阶上没有士兵，也没有任何官员……人们通常会在宫殿前厅看到的穿着镶金色蕾丝衣服或军装制服的珠光宝气的人群，这里完全没有。"[1]

然而，对维克托·伊曼纽尔三世的许多批评是不公平的。他有很多超乎人们普遍想象的东西。尽管现在人们记住的主要是他成为墨索里尼（Mussolini）的傀儡的事，但他有许多令人钦佩的品质。在另一个国家，在另一个时间，他可能会成为一个有成就的、受民众爱戴的君主。

他身高不足，便以能量弥补。他总是身子笔挺，行动迅捷，语速快，直奔主题。其他君主常常被他的学识之广博和读书之精深震惊；他被形容为"欧洲唯一一位真正博学的君主"。一位来访的希腊文化学者吃惊地发现能够与他谈论有关荷马的一些深奥问题。英国海军情报局的一名工作人员因他对英国皇家海军的深入了解而震惊。大使们被他连珠炮般的犀利问题弄得不知所措。不止一个人在听完他讲话后离席时感到疲惫不堪，充满疑惑。

他有一种使人消除戒心的自然气质。尽管准备好了在奎里纳尔宫的辉煌中扮演国王的角色，但他更喜欢城外萨伏依别墅乡野质朴、局促狭窄的条件。没过多久，他就完全离开了王宫，长期在乡下居住：他每天早上从乡下居所乘车去往奎里纳尔宫中被他称作办公室的地方。他的空闲时间主要用于打猎和给他广为人知的钱币收藏进行编目和贴标签。像许多 20 世纪初的君主一样，维克托·伊曼纽尔三世最快乐的时候是身处基本上是充满资产阶级氛围的家中。

他的婚姻非常成功。埃莱娜王后是黑山的尼古拉亲王（Prince Nicholas of Montenegro）的女儿，尼古拉亲王是巴尔干半岛的统治者中最奇特的，在 1910 年宣布自己成为他的山地小国的国王。埃莱娜公主是一位身材高大的黑皮肤美人（批评者称她为"来自黑山的牧羊女"；而崇拜者称她为"黑珍珠"），曾在俄罗斯宫廷中生活过一段时间，这为她更添魅力。自从 1896 年与维克托·伊曼纽尔王储结婚，特别是四年后成为意大利王后，埃莱娜已经变成一个令人印象深刻的女人。然而，她始终保留着家乡黑山的一些独有气质。

正如西奥多·罗斯福曾经所写："她是一个真正的农民王后，传说中的王后，民间故事和童话中的王后——男主人公带着钱包和手杖出门旅行，'走了很远很远，又走了很远很远'，最后来到一座宫殿前，他漫步而上，看到国王坐在门前看着羊群或鸡群，然后，他就会遇到这样的王后……"

这对夫妇有五个孩子，四个女孩和一个男孩。在 1946 年，这个男孩将成为翁贝托二世（King Umberto II of Italy），意大利的最后一位国王，在位仅三十四天。维克托·伊曼纽尔三世是按照普鲁士的方式长大的（在他年轻的时候，模仿由普鲁士主导的新崛起的德意志帝国被认为是理所当然的），而他的孩子们则是按照所谓的黑山的方式长大的，也就是说，不拘礼节，非常自由。

当时的美国大使劳埃德·格里斯科姆（Lloyd Griscom）始终都对王室成员随和的态度印象深刻。然而对他们的随从来说就不是这样了。他曾写过一次与维克托·伊曼纽尔三世在王室拥有的波齐亚诺堡的狩猎之旅："之后，我们开车到一个可以俯瞰海滩的亭子里，王后和侍女来跟我们一起吃午饭，这真是让人感觉很拘谨。宫廷希望王室成员保持独特性，并遵守公认的原则：他们是一个高高在上的阶层，这个阶层只有他们自己。因此，国王和王后从来没有放松过，他们总是不得不规范自己的行为，以避免惊到工作人员。这对他们来说很困难，因为他们天生就讨厌形式和约束……

"用餐结束，我和国王、王后三人向海滩走去，而随行人员则消失在另一个方向。脱离众人视线后，国王和王后就出现了极为显著的变化。他们开始在沙滩上来回地追逐嬉闹，拿贝壳当武器，大笑大喊，根本不理会我。他们都拿着相机，时不时地停下来给对方拍些照片。"

这对王室夫妇认真而毫无怨尤地履行了他们的许多公共职责——国事访问、觐见、巡视、船只下水首航、奠基。任何国家灾难，如1908年墨西拿的可怕地震，都展示出他们最好的一面。他们会匆匆赶到灾难现场，与痛苦或垂死的人群共同度过数日。埃莱娜王后曾经在一艘医疗船上照顾伤员。她是一位合格的王后，能够理解她的存在给痛苦的人带来了巨大的安慰。"我是意大利王后，"她对一个被严重压伤、痛苦啜泣的老妇人轻声说，"我告诉你，你不必害怕。"王室的神秘力量就是这么强大，老妇人的啜泣声立即停止了。

　　一个当时的人评价道："任何一个人，不管他是共和主义者、社会主义者，甚至是无政府主义者，不管他如何反对皇权这一制度，如果不承认他们在面对国家危险和灾难时的奉献精神和个人勇气，就不配自称意大利人。"[2]

　　但是，维克托·伊曼纽尔三世希望通过一种更重要的方式来保持国内各政治团体的忠诚度。他打算让君主不参与争议，使其脱离政治领域，以确保其王朝的生存。为了使王室持久存在，君主必须成为所有意大利人的象征，而不仅仅是那些自然的君主主义者——保守派——的象征。半个多世纪前，意大利统一的设计师之一卡米洛·加富尔（Camillo Cavour）曾宣称："及时进行的改革，不会削弱权威，而会加强权威：不会催生革命，而会防止革命。"

　　维克托·伊曼纽尔三世将这一教诲铭记于心。1900 年，在执政之初，他向参议院——意大利议会两院中的上院——保证，他不仅支持现有的君主立宪制度，而且赞成一种"自由的君主制"，从而确定了一个新的基调。

　　在几个月内，他就把他的话付诸行动。他将已故父亲任命的保守派首相替换为一位不容置疑的自由主义者，而这位自由主义者的继任者乔瓦尼·乔利蒂（Giovanni Giolitti）同样是坚定的自由主义者。随着乔利蒂被任命，"社会主义君主制"的十年开始了，也就是第一次世界大战之前的十年。

　　由于乔利蒂扩大选举权等一系列政治改革与前所未有的经济繁荣相适应（但经济繁荣总是在工业化的北方，以南方的贫困为代价），所以革命社会主义的力量被大大削弱。意大利的政治变得不再那么两极化；正如乔利蒂所说，马克思主义被束之高阁。不管乔利蒂的理论和方法有多大的问题，事实证明他对萨伏依家族有相当大的价值：维克托·伊曼纽尔三世不可能期望有比他更忠诚的首相了。这是他统治时期的黄金岁月。在这一时期，他们称国家为"自由意大利"，这种自由主义在国王身上几乎是表现得最为突出的。

　　维克托·伊曼纽尔三世对浮华的仪式和奢侈的娱乐活动的厌恶是众所周知的；而他严格遵守宪法对王位的限制，这一点则不那么为人所知。尽管拥有更宽泛的个人权力，但他的目标是成为英国的乔治五世或比利时的阿尔贝一世那样的君主，让自己远离政府的日常事务。"议会给你制造麻烦吗？"一位外国大使问。"哦，没有，它没有给我制造任何麻烦，"他不厌其烦地指出，"但它给政府制造了麻烦。"人们注意到，他很少称自己为"国王"，而是经常说"我所处的位置"。[3]

　　然而，这并不是说维克托·伊曼纽尔三世没有充分意识到这个位置的威严。像所有的君主一样，他非常关注他的国王地位的重要性和他的王朝的声名。他在很多事情上都很谦虚，但对自己家族的辉煌和成就从不谦虚。

　　正是为了给王朝增添更多的光彩，维克托·伊曼纽尔三世才如此急切地想继续完成祖父维克托·伊曼纽尔二世的任务。意大利复兴运动——让所有意大利人完全统一在萨伏依家族治下的运动——仍大业未成。这将由他来完成。

意大利决心要让别的国家将它当作一个大国认真对待，它至少满足了两个经典的条件：一是它正在建立一个帝国，二是它是欧洲某个大国集团中的一员。1911—1912 年的利比亚战争为意大利从衰落的奥斯曼帝国手中赢得了大片北非领土。维克托·伊曼纽尔三世的父亲翁贝托一世在 1882 年缔结的联盟，将意大利与中欧的强国德国和奥匈帝国联系在一起。

萨伏依家族虽然有悠久的历史，但此时，它在新统一的意大利的土地上根基很浅，与欧洲的王室缺乏血缘联系，并对社会主义在其领土内的传播感到十分担忧，因此，它想象，通过与一些历史悠久的君主制国家结盟，意大利的地位能够得到加强。对此，霍亨索伦帝国和哈布斯堡帝国克制了它们对全新的意大利王国的厌恶，同意了结盟。奥地利希望这个联盟能让意大利不踏足它自己独享的巴尔干猎场，而德国则希望能获得另一个君主主义盟友来对抗共和主义的法国。

三国同盟于 1882 年 5 月 20 日在维也纳签署协议，规定奥地利和德国在意大利受到法国攻击的情况下（这种情况不太可能发生）支持意大利；如果奥地利受到两个或更多大国的攻击，意大利须支持奥地利；如果德国受到法国的单独攻击，意大利须支持德国。事实上，这对意大利来说并不是一个很好的交易。

在此后的数年中，这一同盟经历了各种压力。与父亲翁贝托一世不同，维克托·伊曼纽尔三世对中欧大国组成的同盟国没有什么好感。对信奉自由主义且自谦的维克托·伊曼纽尔三世来说，德皇威廉二世十分荒唐夸张，他的帝国是危险的独裁主义。他对威廉二世浮夸行为的厌恶没有因为德皇 1903 年对罗马的国事访问而有所减弱。德皇带着八十名随行人员来到意大利，其中包括一批精心挑选的榴弹兵，他们的身高——不知是有意还是无意——使身材矮小的意大利国王显得更加渺小。德皇称维克托·伊曼纽尔三世为"侏儒"，称埃莱娜王后为"农家女"，这令英国大使瞠目结舌。[4] 德皇按照传统向意大利先王们的陵寝敬献花环时，想让这一闪光时刻更添光彩，便从花环上摘下鲜花分发给欢迎委员会的成员，然而这一举动并没有改善意大利国王对他的印象。

至于奥匈帝国的弗兰茨·约瑟夫皇帝，维克托·伊曼纽尔三世就更不喜欢了。他不仅认为弗兰茨·约瑟夫居高临下，又保守反动，而且仍然认为哈布斯堡君主是统一的意大利的宿敌。毕竟，意大利主要是因摆脱奥地利才赢得了独立。因此，维克托·伊曼纽尔三世与弗兰茨·约瑟夫结盟并不是真正实用的政治，因为意大利复兴运动能否完成取决于能否从奥地利手中赢得说意大利语的城市的里雅斯特和特伦托及其腹地。只有通过与奥地利作战，意大利才有希望夺回自己的领土。

维克托·伊曼纽尔三世统治的意大利更自然地倾向协约三国，特别是民主的法国和英国，开始与它们秘密勾搭。意大利国王经常被指责有狐狸的特质，这些特质最淋漓尽致的表现当属在他执政期间达成的一系列秘密协议了。意大利的两面派最无耻的例子是 1902 年维克托·伊曼纽尔三世与法国签署了一项秘密协议。两国同意采取相互中立的政策，这一约定直接违反了三国同盟的协议。七年后，他又与另一个协约国势力俄国签署了一份秘密协议，根据该协议，两国同意在巴尔干地区协调合作。

俾斯麦曾称，作为战争中的盟友，意大利没有半点价值。而现在，它甚至根本不能被当作盟友来指望。

第五章

全俄罗斯的独裁者

　　在 20 世纪欧洲的所有君主中，俄国沙皇可能是权力最大的。甚至其他那些独裁的皇帝，如威廉二世或弗兰茨·约瑟夫，所拥有的个人权力也不及尼古拉二世多。对于占其臣民绝大多数的数百万农民来说，这位全俄罗斯的独裁者就像上帝一般。

　　1913 年，尼古拉二世举办了庆祝罗曼诺夫王朝建立三百周年的活动，沙皇近乎神圣的地位进一步凸显。在整个夏天，皇室成员参加了各种国家庆祝活动。庆祝活动开始于 3 月份圣彼得堡喀山圣母大教堂中的盛大合唱《感恩颂》（*Te Deum*）。壮丽辉煌的冬宫在涅瓦河畔延伸了将近四分之一英里①，皇家队列由此出发，穿过城市的街道。两个世纪前，彼得大帝（Peter the Great）在涅瓦河的

---

　　①　1 英里约合 1.6 千米。

沼泽地上建造了圣彼得堡城，旨在将其建设为俄国的"欧洲之窗"——一个辽阔的意大利式的西方化城市，城中遍布巴洛克式的宫殿、宽阔的林荫大道和装饰性花园。由于城中有大量的粉红色花岗岩码头、无数的水道和优雅的桥梁，所以圣彼得堡城又有"北方威尼斯"的美名。而更野蛮恣意的壮丽风格——以及不可否认的北方气候——又为它赢得了"雪域巴比伦"的称号。欧洲的任何君主所能希望拥有的辉煌首都也不过如此了。

　　然而，尽管环境和仪式都很辉煌，圣彼得堡城内的三百周年庆祝活动只是取得了有限的成功。街道两旁的人群不温不火。有一位观察者说，在演奏格林卡（Glinka）的《为沙皇献身》（*A life for the Tsar*）的国家演出中，贵族观众"没有什么真正的热情，没有什么真正的忠诚"。四十五岁的尼古拉二世身着军装，英俊潇洒，但看起来心不在焉，恍惚迷离，令人失望。四十一岁的亚历山德拉·费奥多罗芙娜皇后（Tsaritsa Alexandra Fedorovna）虽穿戴着华丽的衣服和珠宝，却显得僵硬拘谨，神情倨傲。有两次她都提前离开：一次是在冬宫金碧辉煌的招待会上，一次是在马林斯基剧院。"一片怨恨的微澜在剧院里荡漾开来。"观众中有人评论道。

　　他们的四个年龄从十二岁到十八岁不等的女儿足够吸引人，但他们唯一的儿子，九岁的沙皇太子，显然不能走路。他去任何地方，都必须由一个高大的哥萨克近卫抱着。只有屈指可数的几个人知道他出了什么问题。

　　5月情况有所改善，因为皇室家族踏上了前往伏尔加河畔的科斯特罗马的王朝朝圣之旅，三百年前罗曼诺夫家族的开创者正是在科斯特罗马被告知他将获得皇位的。当皇家的豪华蒸汽船从河上驶过时，农民们簇拥在河岸围观；有些人甚至跳入齐腰深的水中，好凑近一点看看传说中的沙皇。当他从途经的省城街道上走过时，工人们匍匐在地，亲吻他的影子。

庆祝活动的最高潮出现在莫斯科，在伟大的中央广场上，尼古拉二世下了马，随着一排诵经的牧师走进克里姆林宫。最后，在乌斯宾斯基大教堂金色的穹顶下，在闪闪发光的圣像前，在神圣俄罗斯的古老中心，沙皇终于感觉到与他的人民融为一体了。他热切地相信，这里才是真正的俄罗斯。圣彼得堡，有颓废的贵族、挑剔的知识分子、争吵的政客、不满的工人，正如亚历山德拉皇后曾经说过的那样，是"一个腐朽的城市，没有一个原子是俄罗斯的"。

沙皇夫妇认为，从农民代表团向沙皇发表的讲话中可以听到人民的真实声音。"请确信我们的生命属于你。"他们说的都是这样华丽而过时的话语，"请相信，一经召唤，我们就会挡在你前面，如一堵墙般牺牲自己……捍卫你宝贵的生命、你的家族和我们国家的荣耀。让我们真正信仰的沙皇主宰我们的荣耀和敌人的恐惧。"

"你自己看到了那些国家大臣是多么懦弱，"亚历山德拉皇后在莫斯科庆祝活动的高潮中对一名女侍从说，"他们不断地用革命的威胁来吓唬沙皇，而在这里——你自己也看到了——我们只需要展示自己，所有的心就会归向我们。"[1]

皇后太过乐观了。她和沙皇一样，都不了解他们所陷入的这张网的真正性质。因为尼古拉二世和亚历山德拉皇后被卷入的局势对他们个人和国家政治都具有重大意义。

按照威廉二世的说法，尼古拉二世"只适合住在乡下的房子里种大头菜"[2]。德皇的判断尽管听起来刺耳，却道明了很多真相。
尼古拉二世是一个不谙世事、学识浅薄的人，喜欢家庭生活和乡村
生活。

他的表妹罗马尼亚的玛丽王妃①说："他不是巨人，但他温和的
表情使他极为招人喜欢；当人们看着他，看着他柔和的淡褐色眼
睛，看着他温柔的嘴唇，看着他安静的动作，听着他柔和而低调的
声音时，似乎有什么东西在人们心中融化。"由于和蔼可亲的举止
和相当大的个人魅力，沙皇经常被形容为"最完美的英国绅士型的
人"。

然而，在尼古拉二世绅士般的英国外表下，却潜藏着一个深刻
的俄罗斯灵魂，尽管由于欧洲各皇室之间不断通婚，他的血管里流
淌着的俄罗斯血液几乎微不足道。尼古拉二世出生于 1868 年 5 月
18 日，他既没有继承父亲沙皇亚历山大三世（Tsar Alexander Ⅲ）
的钢铁意志，也没有继承母亲的常识——他的母亲是位活泼的丹麦
公主，是英国的亚历山德拉王后的妹妹，婚后更名为玛丽亚·费奥
多罗芙娜（Marie Fedorovna）。相反，他和任何一个俄国农民一样
顽固、煽情、迷信、狡猾、鬼祟，且相信宿命论。

他的表里不一让大臣们感到绝望。一位大臣抱怨说："我们的
沙皇是一个东方人，一个血统纯正的拜占庭人②。"接着，这位大臣
举了一个例子：在与沙皇进行了长达两个小时的友好而成功的会谈
后，他发现沙皇下达给他的书面罢免令就在他的办公桌上。

对于尼古拉二世如此明显的前后不一，德皇为其提供了辩解。

———————————

①　尼古拉二世的父亲和玛丽王妃的母亲是兄妹。
②　在欧洲人心中，拜占庭人是阴险狡猾、表里不一的。

威廉二世说："沙皇并不奸诈，但他很软弱。软弱不是背信弃义，虽然它实现了背信弃义的所有功能。"尼古拉二世的姨父爱德华七世也始终坚持认为这个外甥像水一样软弱。

正是这种软弱，无法拿定主意，对任何公开讨论的回避，以及道德勇气的缺乏，把沙皇的大臣们逼得几乎精神错乱。他们从不知道自己的立场。有一次，尼古拉二世在对首相制定出的复杂的改革方案表示祝贺后，又给他传了一张纸条，取消了整个计划。沙皇解释说："有个内心的声音一直坚持说我不接受这项改革的责任。到目前为止，我的良心还没有欺骗过我。因此，我打算听从它的指示。我知道你也相信，沙皇的心在上帝的手中。就这样吧。对于我颁布的所有法律，我在上帝面前承担着巨大的责任……"[3]

也就是说，沙皇把事情交给上帝，由此可以避免做出任何坚定的决定。他只是上帝手中的一个工具，他只对上帝负责，他受命于上帝来维护东正教和独裁统治，尼古拉二世对此毫不怀疑。他唯一坚定的情况，或通常是坚定的，就是对他的权力来自上帝这一理念的坚持。

英国大使阿瑟·尼顾逊爵士（Sir Arthur Nicolson）感叹道："这位温和但未受过教育的皇帝，除了他自己的独裁之外，在每一点上都受到了软弱的不幸困扰。"

作为沙皇的后盾，方方面面都支持他的，是他的妻子，亚历山德拉·费奥多罗芙娜皇后。亚历山德拉出生于 1872 年，本名阿利克

斯，是黑森-达姆施塔特的公主（Princess Alix of Hesse-Darmstadt），
维多利亚女王的外孙女，她早已放弃了她出身的科堡家族的理智和
路德教派成长环境赋予的冷静。她现在已经完全——甚至是狂热
地——认同了丈夫的国家。但俄国并没有以同样的热情接纳她。尽
管皇后决心为俄国人民的福祉奉献自己，但她非常不受欢迎，而且
从一开始就是这样。由于尼古拉二世的父亲亚历山大三世于 1894
年突然去世，她与尼古拉的婚姻被仓促提前，似乎就有些不吉利。
迷信的俄国人民悄悄传言，新皇后是跟在棺材后面来到俄国的。

　　在此后的二十多年里，皇后的运气几乎没有改善。尽管她有着
坚毅的五官、海绿色的眼睛和金红色的头发，是个相当漂亮的女
人，但她的举止完全缺乏优雅和魅力。她非常害羞，厌恶所有的公
开露面。而在俄罗斯宫廷中，这种冷酷的展示是超乎欧洲所有其他
君主的经验的。宏伟的俄罗斯宫殿，宽阔巨大的大厅，镶嵌着碧玉
和孔雀石的硕大支柱，丰富的金银装饰品，是世界上最正式、最严
格的仪式的背景。沙皇和皇后是这套近乎野蛮的辉煌的核心人物。
在如万花筒般的璀璨光辉中，皇后的一举一动就像一架机器。她说
不出任何一句亲切的话，也做不出自然的手势，显得冷漠、傲慢、
不可亲近。

　　亚历山德拉不仅在圣彼得堡的社交场合中感到不自在，她还彻
底不赞成这种社交。在这个孤僻、紧张且思维严肃的女人看来，社
交中人们的颓废和轻浮是令人憎恶的。她对他们履行宗教信仰的随
便感到震惊。亚历山德拉在婚前就皈依了东正教，并以她天性中所
有的热情拥抱它。

　　她以同样的热情接受了独裁的原则。她和沙皇一样坚持——实
际上甚至更强烈，因为她比沙皇更认真、更热情、更坚定——认为

沙皇只对上帝负责。必须不惜一切代价保留他的专制权力。她不仅鼓励而且加强了丈夫对所有政治改革的不信任。她的政治信条很简单。俄国人民——她所说的人民是指谦逊、虔诚、无条件服从的农民——对沙皇忠心耿耿，但由于他们像孩子一样单纯，所以必须对他们进行坚决的独裁统治。任何想破坏这种独裁的人都自动成为敌人，不仅是俄国人民的敌人，而且是上帝的敌人。独裁的沙皇是上帝指定的，因此，革命者，甚至是自由派改革者，都是上帝的敌人。

尽管抱持着这些不妥协的信念，亚历山德拉却远非批评她的人所想象的那种不可一世、渴望权力的悍妇。与家人在一起时，在家中时，安全地远离圣彼得堡时尚社交圈的讥笑声时，她展现出的自己是一个迷人的、有同情心的、丝毫不矫揉造作的女性形象。

她的婚姻极为成功。尼古拉二世和亚历山德拉互相爱慕，结婚二十年后他们仍像新婚时那样相爱。他们与五个孩子组成了一个幸福愉快的家庭，由于不善交际的皇后不鼓励孩子们与其他人交往，因此四位年轻的女大公和小沙皇太子之间维持着紧密的关系，与父母也是如此。皇室家庭身处国家生活的中心，却奇怪地与之隔绝，形成了一个安宁的家庭岛屿。

他们选择的生活方式使这个家庭进一步远离了俄国的现实情况。因为他们不住在圣彼得堡，而是住在都城以南约 15 英里处的沙皇村。事实上，所谓的村庄正是独裁的象征：一个华丽的、人造的、自成一体的世界，包括宏伟的宫殿、绿树成荫的园林、整齐正规的花园、凯旋门、英雄纪念碑和有穹顶的亭台，所有这些都被一圈高高的铁栏杆以及不间断绕着铁栏杆巡逻的人保护着，与外界隔绝。

　　皇室成员住在亚历山大宫中，这是沙皇村两座宫殿中较小的一座，尽管他们自己的喜好相对简朴，但这里的氛围几乎是令人无法抵挡的奢华与郑重，归根结底，是不真实的。其中一个家庭成员写道，年复一年时光溜走，"沙皇村小小的魔幻仙境在深渊的边缘平静地沉睡"[4]。

　　他们每年都要四处迁居，但这也丝毫没有加强他们与现实世界的联系。春秋两季，他们乘坐着戒备森严的火车，来到克里米亚的利瓦迪亚宫，那里树木郁郁葱葱，气候温和。5月，他们搬到波罗的海沿岸的彼得霍夫宫，这是彼得大帝为了与凡尔赛宫斗美夸丽而建造的一座奢侈的建筑。6月，他们乘坐"旗帜"（Standart）号游艇在芬兰湾巡游，这艘游艇虽然和小汽轮一样大，而且以煤为燃料，但像帆船一样优雅。8月，他们去往位于波兰森林深处的斯帕瓦皇家狩猎度假屋。11月，他们回到沙皇村中过冬，并出席圣彼得堡社交季里的一些活动，只是他们的公开露面越来越少。无论搬到哪里，他们都受到保护，被屏蔽，除了脚步轻盈的仆人、谄媚的官员或家仆中有身份的人，他们几乎与任何人都保持着距离。

　　在他们的幸福之上也有阴云笼罩。正是这片阴云最终导致了他们所有人的毁灭。1913年，刚刚九岁的沙皇太子罹患血友病。

　　对皇后来说，儿子的疾病产生了格外严重的灾难性后果。亚历山德拉认识到，是她把可怕的出血性疾病传给了儿子，是她让儿子遭受了如此可怕的痛苦，因此她几乎把自己完全奉献给了儿子。由于医生们都无能为力，无法缓解症状，更不用说治愈孩子的疾病，因此她越来越多地求助于上帝。亚历山德拉一直都被超自然现象吸引，被那个由奇迹、哭泣的雕像、圣人的遗物、莫名其妙发光的圣像、信仰治疗师和流浪的"神之子"组成的特殊俄罗斯世界吸引。到了 1913 年，她确信自己在这个奇妙神秘的世界中找到了与全能的神的联系。

早在 1905 年，沙皇夫妻便初次见到了格里戈里·拉斯普京（Gregory Rasputin）——他肮脏、粗野、头发稀疏，当时三十三岁，是个"明星"，是奇迹的创造者，他的眼睛有异常强大的催眠作用。除了他作为信仰治疗师的名声之外，还有几件事吸引了皇后对拉斯普京的关注。她喜欢他表面上的朴实。这个从不谄媚、从不卑躬屈膝、言谈坦率的农民似乎正是亚历山德拉天真的想象中忠诚、虔诚、恒久不变的俄罗斯的化身。

但是，比这一切都重要的是，拉斯普京是一个能够减轻皇后痛苦的人。他到底是如何做到这一点的，没有定论。有一种解释是，拉斯普京能够用他那具有催眠能力的眼睛和自信的气场创造出一种宁静的氛围，从而使小沙皇太子血管中的血液流速变得缓慢。急得发疯的母亲和犹豫不决的医生只会增加孩子周围的紧张气氛，而拉斯普京却让他平静下来，并让他入睡。

如果拉斯普京把他的活动限制在减轻沙皇太子的痛苦上，那么事情可能会有所不同。但是，拉斯普京远不是一个单纯虔诚的"明星"，他是一个对权力有着强烈欲望的人。随着对皇后的掌控增强，以及通过她对意志薄弱的沙皇的掌控增强，他越来越强势地表达自己的政治观点，施加他对政治的影响力。

他的地位得到进一步巩固是因为他的政治信条证实了沙皇夫妇

自己对神圣俄罗斯的看法：农民才是真正的人民，没有道德原则的贵族、自由派知识分子或产业工人并不是；独裁制度是神授的制度。

同时，尼古拉二世和亚历山德拉也相信，为了让王朝存续下去，为了让它变得更强大，达到荣耀的顶峰，他们必须在所有事情上接受这位谦卑的"神之子"的指导。

尽管尼古拉二世以神授的独裁制度为信念，但在 1913 年时，他是一个立宪制君主，或者至少是一个半立宪制君主。这一变化是在 1905 年强加给他的。在这一年里，俄国一直遭受着谋杀、爆炸、罢工、暴乱、兵变和叛乱等种种麻烦。沙皇相信恐怖必须以恐怖来应对，但这一补救方案没有解决任何问题。因此，为了避免一场全面的革命，尼古拉二世被说服，非常不情愿地批准了一部宪法。1905 年 10 月的皇帝诏书承诺俄国有"信仰、言论、集会和结社的自由"，并批准了一个民选议会——根据俄文音译为杜马（Duma）。

这场实验基本不能算成功。沙皇对杜马成员的混乱行为和革命要求感到震惊，于是行使其所拥有的权力，解散了前两届杜马。第三届杜马根据有利于乡绅的修订名单选举产生，是一个相对来说十分保守的机构。1912 年选出的第四届杜马按照同样的思路选举产生，也同样容易控制。甚至尼古拉二世也开始接受杜马。"杜马开始得太快了，"他向英国历史学家伯纳德·佩尔斯爵士（Sir Bernard Pares）解释说，"现在它慢下来了，但变好了。而且会更持久。"

　　沙皇并没有因为杜马的审议而受到不必要的阻碍。宪法为他留下了相当大的权力。与乔治五世、维克托·伊曼纽尔三世、阿尔贝一世等其他立宪制君主相比，甚至与德皇威廉二世相比，尼古拉二世仍然是非常独裁的。虽然没有杜马的同意，任何法律都不能被通过（构成杜马的保守派多数通常会确保法律被通过），但沙皇保留了他对国防和外交事务的特权。大臣们仍然是君主的仆人，由君主直接任命和罢免，君主可以自由接受或拒绝大臣们的建议。

　　当一位首相感到他已经失去了沙皇的信任，威胁要辞职时，尼古拉二世不为所动。他说："这不是信任与否的问题，这是我的意愿。记住，我们生活在俄罗斯，不是在国外……"[5]

　　简而言之，尼古拉二世尽管缺乏任何领导素质，但在管理帝国时仍试图去做这个时代的彼得大帝。他不信任任何人，拒绝下放权力。结果，他不得不几乎单枪匹马地与庞大帝国的所有复杂问题做斗争——烦琐的官僚机构、蓬勃发展的工业、敏感的对外关系、普遍的社会动荡、革命暴力、强大的秘密警察以及由间谍、线人和双重间谍组成的复杂网络。

　　他设法找到了彼得·斯托雷平（Peter Stolypin）这样一个有能力的人（于1906—1911年担任首相），最后的结果却是亲眼看着他在基辅歌剧院被枪杀。然而，俄国的政治结构如迷宫般复杂，虽然枪杀斯托雷平的人既是革命者又是警方的线人，但也有充足的理由去怀疑他是某些反动派手中的工具。

　　不过，在某些方面，在第一次世界大战前的这些年中，尼古拉二世对俄罗斯帝国的管理也不是完全没有成功的地方。斯托雷平在1906年提出了著名的土地改革法案，通过该法案，数以百万计的农民能够从非生产性的村社中退出，拥有自己的土地，这是一项意义深远的措施，消除了许多农民的不满情绪。加之连续六年的丰收、工业的迅速发展和对外贸易的增长，俄国的经济得到了蓬勃发展。新成立的杜马尽管有其局限性，但给国家带来了一些民主的影子。教育得到改革，审查制度变得不那么严厉，艺术和科学领域繁荣一时。圣彼得堡社交圈也达到了辉煌和奢侈的新高度。

政治形势十分宽松，第四届杜马中新当选的一位工党代表，公开的反君主主义者，将来某一天要掌控皇室家庭命运的人，亚历山大·克伦斯基（Alexander Kerensky）甚至声称，不再需要进行秘密活动了。"公众现在已经习惯了自由的新闻界，习惯了政治会议，习惯了政党和俱乐部。"他说，"工会、职业联盟和合作社团已经牢牢扎根，成为日常生活的一部分……代表们的言论自由是绝对的……过去那种秘密的、地下的、阴谋的革命活动方式已经退居历史的边缘。"

难怪更激进的革命者，流亡中的列宁（Lenin）经常会感到绝望。他沮丧地从一个外国城市到另一个城市，怀着越来越渺茫的希望，与日益减少的支持者协商，有时甚至会冒出来完全放弃其颠覆活动的想法。随着俄国政治和经济环境的改善，条件变得非常不利于他寄予希望的那种社会剧变。

"我不指望能活着看到革命。"他曾如此忧郁地写道。

矛盾的是，尽管国家命运在好转，沙皇却和列宁差不多，几乎没有从中受益。问题出在拉斯普京身上。新出现的政治讨论和新闻媒体的自由也意味着"明星"的活动很快就成了众所周知的事情。首都中充斥着各种故事：关于他越来越傲慢，他无所顾忌的谈话，他无耻的举止，他的性欲。据称，他和皇后是情人关系。一系列据说是亚历山德拉写给拉斯普京的信被人们争相传阅。他们激情四溢的话语（"我只希望一件事：入睡，在你的肩上和怀里永远睡去……快来，我在等你，我在为你折磨自己"[6]）让谣言变得更有力量。关于皇后和"明星"的故事都下流到不足为信。

这些评论也不仅仅局限于黄色小报。拉斯普京的政治活动所引起的关注不亚于人们对其传说中的性行为的关注。渐渐地，这位"明星"把注意力转向了明显比颂扬上帝和沙皇更世俗的政治事务。或者说，他通过非常可疑的手段实现了这一目标。拉斯普京总是通过皇后来操作，为他的门徒和支持者安排职位、合同和荣誉。随着时间的推移，他的集团——通常被称为"皇后党"（the Tsaritsa's party）——将包括主教、将军、重要官员、大臣，甚至首相。最终，拉斯普京将成为俄国最有影响力的人。

渐渐地，帝国各种重要的机构和人物都惊恐起来，开始直言反对拉斯普京。教会对他的活动进行了正式调查。杜马就他在国家事务中日益增长的影响力进行了辩论。两位首相起草了关于他行为的报告。皇室家庭的多名成员，包括皇太后，都表达了担忧。

然而这一切都毫无意义。亚历山德拉拒绝去听。她仍然顽固地相信，"明星"就是一个单纯的"神之子"，被派来缓解她的"漫长的大磨难"，确保她的儿子活下去，活到能继承皇位。对于任何敢于批评拉斯普京的人，她都竭力反对。当媒体攻击他时，她说服沙皇下令禁止提及他的名字。当杜马就他的政治活动进行辩论时，她坚持要求首相予以制止。如果有人向沙皇抱怨他，她就设计让他们下台。甚至连首相科科夫佐夫（Kokovtsov）也因起草了一份关于这位宠臣的严厉报告而被罢免。

"明星"只需在亚历山德拉耳边留下一个暗示，她就会采取行动。在能想象到的所有问题上，"我们的朋友的"建议都神圣不可侵犯。皇后必然要说服顺从的丈夫执行拉斯普京的所有想法才会罢休。

到 1913 年，拉斯普京通过狂热的亚历山德拉和她意志薄弱的丈夫控制了俄国的命运，如此说并不为过。

第六章

皇家会面

　　德皇的朋友奥伊伦堡伯爵曾经说过："人们永远不应该忘记，两位君主之间的讨论，话题仅仅局限于天气问题才是得宜的。"奥伊伦堡伯爵这一睿智观察在 1905 年夏天威廉二世和尼古拉二世的一次讨论中得到了很好的证明。因为就在沙皇被迫授予其臣民一部宪法的同一年，他还被不屈不挠的威廉二世胁迫着与德国签署了一份联盟条约。德皇乘"霍亨索伦"号游艇，沙皇乘"北极星"(*Stella Polaris*) 号游艇，两位君主于当年 7 月在芬兰海岸的比约克会面，在"北极星"号上达成了这项非同寻常的协议。

　　这一事件标志着沙皇和德皇之间的关系达到了一个高潮。威廉二世不仅比尼古拉二世大九岁，而且个性更加强硬，很多年来，他一直以沙皇的导师自居。他给尼古拉二世写了一封又一封信，狂轰滥炸地提出了关于各种问题的建议。事实上，尼古拉二世在 1904

年开始那场灾难性的对日战争，在很大程度上正是由于德皇的敦促。

实际上，沙皇在任何领域的弱点都不会比在外交事务方面更明显。威廉二世的外交政策执行得过于公开招摇，而尼古拉二世的外交政策则带着他的本性和他国家的本性中的所有神秘和狡诈。严重依赖间谍、秘密警察、卧底特工、秘密条约和口头协议，沙皇的外交是最危险的类型。当沙皇是一个像尼古拉二世这样优柔寡断的人时，就会更加危险。

德皇决心充分利用沙皇的软弱，想出了这个最新的方法：在他们两个帝国之间签订一份历史性的友好条约，作为"欧洲政治的基石"。威廉二世希望通过这种方式削弱由尼古拉二世的父亲亚历山大三世于1893年缔结的俄法联盟，从而使德意志第二帝国摆脱他所谓的"可怕的法-俄钳制"。

正是为此，德皇安排了与沙皇的秘密会面，当时他们正带着各自的家人在芬兰海岸消夏。威廉二世穿着海军上将的制服，从"霍亨索伦"号走到"北极星"号上。他的口袋里装着一份条约的副本。迎接他的尼古拉二世穿着英国游艇驾驶者的海军衫和白色长裤，看起来没有丝毫好战的气息。德皇没有花多长时间就使沙皇对他的提议产生了兴趣。由于刚刚在日俄战争中遭受失败，尼古拉二世感到特别孤独无助。两位君主走进了曾经属于亚历山大三世的舱房，威廉二世"向上帝发出热切的祈祷"，在这个过程中，尼古拉二世通读了条约。

"当时一片死寂的平静，"德皇以他独一无二的风格对冯·比洛首相说，"只有大海最温柔的低语声，明媚清透的阳光照进舒适的船舱，我一眼就能看到'霍亨索伦'号令人目眩的白色船身，帝国旗帜在晨风中高高飘扬着。我正看着旗帜上黑色十字架上的字'上帝与我们同在',这时我听到沙皇在我身边说:'这太棒了。我同意!'……我的心跳得很厉害,我都能听到自己心跳的声音;但我集中起精神来,表面上轻松至极,说:'你想在上面签名吗?这将是我们会面的一个非常好的纪念品!'"

尼古拉二世按要求签署了条约,德皇确信"腓特烈·威廉三世(Frederick Wilhelm Ⅲ)、路易丝王后(Queen Louise)、爷爷和尼古拉一世(Nicholas Ⅰ)"① 的鬼魂正在注视着他们,他将沙皇拥抱住。威廉二世毫不怀疑这份条约标志着欧洲历史上的一个重要转折点。德国再也不用面对在两条战线上作战的可能了。他说,当时他的眼睛里充满了"纯粹的喜悦的泪水"。

沙皇的大臣们在听到这份条约时,并没有任何喜悦之情。他们耐心地向尼古拉二世解释,他不能在一份条约中支持法国反对德国,又在另一份条约中支持德国反对法国。该条约将不得不被作废。尼古拉二世给威廉二世写了一封尴尬的信,试图废除条约,他得到的回应是德皇的一封出离愤怒的电报。

"我们虔诚地把手握在一起,"威廉二世在电报中说,"我们在上帝面前签了字,上帝听到了我们的誓言。因此,我认为该条约仍然有效。如果你想在细节上做一些改动,就向我提出来。但已签署的就是已签署的!上帝为我们作证!"

但德皇在国内也遇到了麻烦。冯·比洛首相不希望与这份条约

---

① 腓特烈·威廉三世和路易丝王后是威廉二世的曾祖父母,他们的儿子威廉一世是威廉二世的祖父。尼古拉一世是尼古拉二世的曾祖父,他的皇后是腓特烈·威廉三世的女儿。这四个人是将德俄两国联系在一起的祖先。

有任何关系。首先，由于德国的长期盟友奥匈帝国经常在巴尔干地区与俄国发生冲突，所以这份条约并不实际。其次，首相不同意他的君主在没有得到大臣们的建议，甚至是大臣们不知道的情况下行事。事实上，这一事件说明了德皇权力的局限性。理论上，威廉二世有权与任何他喜欢的人结成联盟；但实践中，如果没有首相的批准，他就不能这样做。

比洛不同意，他威胁说要辞职。一个更果断的君主可能会让他离开，并任命一个更同情自己的首相，但威廉二世远非如此果断。他瞬间就从兴高采烈的外交家变成了泄气的神经质者。

"由于我最好、最亲密的朋友在没有提供任何充分理由的情况下这样对待我，给了我沉重的打击，致使我相当崩溃……我呼吁你对我的友谊。不要让我们再听到任何关于辞职的消息。当你收到这封信时，请打电报说'好的'，我就知道你要留下来。如果你是发来请辞的电报，那么第二天，就不会再有活着的皇帝了！想想我可怜的妻子和孩子吧！"

比洛没有辞职，威廉二世可怜的妻子和孩子得到了拯救，而条约则被扔进了历史的废纸篓。法俄两国的联盟依然稳固。

然而，尽管法俄联盟非常重要，但俄国的情感牵扯最深的地方并非西欧。独裁制俄国和共和制法国之间的联姻在很大程度上是为了利益。亚历山大三世不仅需要能制衡威廉二世德国的军事力量，还需要利用法国提供的低利率的巨额贷款发展铁路、扩充军队。

　　俄国的视线最热切地注视着的，其实是欧洲的东南角，被统称
为巴尔干的一堆小国。奥斯曼帝国直到近年还在该地区拥有影响
力，但它一年比一年衰败，俄国对巴尔干的兴趣被再次激起。沙皇
认为，这里才是他的帝国真正的利益范围。尼古拉二世不仅从小就
被教育要相信上帝赐予的独裁制度，而且还相信俄国向南扩张的古
老梦想会在未来成为现实。如果控制住位于半岛东端的城市君士坦
丁堡，俄国将掌控达达尼尔海峡，并有了进入地中海的通道。而且
在巴尔干地区的人口中，斯拉夫人占多数，如果俄国确立了作为斯
拉夫人保护者的地位，便能成为该地区的主导力量。

　　尼古拉二世应该很熟悉尼古拉·丹尼列夫斯基（Nikolai Dani-
levski）的著作，后者在其著名的《俄罗斯与欧洲》（*Russia and
Europe*）一书中提出，俄国注定要打败腐朽的欧洲，缔造一个伟大
的斯拉夫联邦，将其首都设在君士坦丁堡。

　　有这样的帝国野心的俄国与奥匈帝国正面撞车了。奥匈帝国也
把巴尔干地区看作一个合法的利益范围。奥匈帝国的鲁道夫皇太子
（Crown Prince Rudolph of Austria-Hungary）的说法正与丹尼列夫
斯基的观点形成了不祥的应和。"我一直认为，奥地利承担着代表
欧洲的使命，这是一种自然法则……"他曾写道，"我比以往任何
时候都更坚信，我们在这些地区有一个伟大的未来。"[1]

　　结果，尼古拉二世和弗兰茨·约瑟夫的帝国之间发生了激烈的
对抗。这两个政权的外交都充满了阴谋、暧昧和巴洛克式的复杂
性，这场权力政治的比赛特别危险。巴尔干半岛被称为欧洲的"火
药桶"，可谓实至名归。

　　1908年，奥地利和俄国在巴尔干地区的这种对抗将欧洲带到
了战争的边缘。奥地利通过一个极为复杂且完全不择手段的策略，

吞并了巴尔干地区的波斯尼亚和黑塞哥维那两省，尽管两国之间达成了一项秘密协议，但俄国两手空空，这甚至导致出现了关于动员军队的讨论。俄奥德三国皇帝之间的信件你来我往，但并没有使高度紧张的气氛缓和下来。

直到德国向奥地利盟友提供援助，向俄国发出类似最后通牒的东西，战争才得以避免。没有能力发动战争的沙皇不得不退缩。

俄国这次受辱的影响是深远的。在某种程度上，整个波斯尼亚-黑塞哥维那事件是 1914 年的一次彩排。沙皇向他的母亲玛丽亚皇太后抱怨说："德国人对我们的所作所为简直太残酷了，我们不会忘记的。"

从这时起，俄国不仅开始为未来对奥地利及其盟友德国的战争做准备，而且开始加强与法国的联盟。与此同时，德国越来越靠拢奥地利，甚至认可了其灾难性的巴尔干政策。不稳定的局势开始渐渐固态下来，形成对峙。

能对局势做出令人心寒的现实评估的，似乎必须是远离这个由专制皇帝、乡间别墅外交和穿着金色蕾丝镶边衣服的大使构成的几乎是 18 世纪世界的人。列宁在 1913 年写给他的朋友马克西姆·高尔基（Maxim Gorky）的信中说："奥地利和俄国之间的战争，对革命来说会是一件非常有益的事情……"[2]

1913 年 5 月，威廉二世主持了最后一次盛大的皇室家族聚会，这种聚会曾经是欧洲舞台的一大特色。德皇唯一的女儿维多利亚·

路易丝公主（Princess Victoria Louise）和不伦瑞克-吕讷堡公爵（Duke of Brunswick-Lüneburg）将要举行婚礼，柏林迎来了为此而来的多如繁星的皇室客人，以乔治五世和尼古拉二世为代表。

　　虽然乔治五世已经在位三年，但这是他第一次访问欧洲大陆。而且，这也是一次私人访问，并不是国事访问。英国外交部部长爱德华·格雷爵士在给忧心忡忡的法国政府的信中明确表示，英国王室的柏林之行是一次纯粹的家庭活动。

　　尼古拉二世也是以家族成员的身份来到柏林的。如果说到现在为止沙皇在与德皇相处时总是感到有些不自在，那么他很高兴能再次见到乔治表哥。他们的母亲——玛丽亚皇太后和亚历山德拉王后——是姐妹，所以他们两个人看起来非常相像。据德皇的女儿所说："只有通过他们的制服才能看出他们之间的区别。"

　　这两位君主在其他方面也很相似。两人都是谦虚、善良的人。正如沙皇的一位传记作者所说，如果在英国，"在一个君主只需要做一个好人就能成为一个好国王的地方，尼古拉二世会成为一个令人钦佩的君主"[3]。

　　这次在柏林举行的皇室大聚会是辉煌的典范，被一位亲历者形容为"那些皇室的牧歌，曾经被认为能为不和谐的欧洲注入和谐气息"。这一次，德皇没有向他的君主伙伴们提供关于国际事务的建议（然而他们的下属未能幸免），而是集中精力用德国宫廷的辉煌来震撼他们。

　　"所有婚礼宾客的到来使柏林变成了一个华丽的展示厅，一种以前很少见的皇家风范在这里得到了展示，"准新娘兴奋地说，"人群蜂拥聚集在首都的街道上，好一睹君主们的队列。人们从四面八方赶来，守候在婚礼宾客经过的路线边，在菩提树下大街的歌剧院广场上，在城堡前，人潮汹涌的景象难以用语言形容。"

德皇确保一切都出色完成：盛大的宴会、阅兵式、歌剧院的隆重演出，以及婚礼本身。

最令人难忘的是火炬游行，即德国皇室婚礼上的传统火炬舞，低于王室殿下级别的人不得参加。它是在柏林旧宫的白厅中举行的，那个华丽的大厅中的装饰全是白色和银色的。舞池中央镶嵌着一只带皇冠的普鲁士鹰，舞池地面总是保持着打蜡抛光的良好状态，光滑得就像冰面一样。如果有官员激动忘形踩在上面并摔倒在地，之后一年，他都将被禁止参加任何宫廷舞会。但是，并没有发生这种会破坏这个场合的混乱的意外：王室的舞者们表现出了堪称典范的尊严。一位目击者写道，当这些皇帝和皇后、国王和王后、王子和王妃以及公主在闪烁的火炬灯下举行精心设计的仪式时，皇室成员"被组织为诸多种家庭组合，成为王室和谐的象征"，这是前所未见的。

但并非一切都和谐。神经质的德皇总是想象着有人在他背后策划阴谋，只要乔治五世和尼古拉二世在一起，他就感到不满。有一次，这对表兄弟确实设法进行了一次私人谈话（"与亲爱的尼基进行了一次长时间且令人满意的谈话，他一如既往"，英王对这次会面的说法维持了一贯的言简意赅），德皇为此大为惊恐。乔治五世怀疑在整个会面期间"威廉的耳朵都贴在钥匙孔上"[4]。

因为即使到了这么晚的阶段，德皇也希望能将英国从俄国和法国佬的怀抱中引诱出来。就在几年前，在他访问英国时进行的一次比通常更不谨慎的谈话中（谈话内容随后发布在了《每日电讯报》上），威廉二世声称自己是英国最好的朋友。而到了 1912 年，随着两国之间的海军军备竞赛达到顶峰，德皇仍然希望双方能够和解。

他质问乔治五世的秘书，英国怎么能想象他——维多利亚女王的外孙——会允许英国在海上受到威胁？英国与条顿人的德国结盟必然比与拉丁人的法国结盟更明智，不是吗？

但这是不可能的。无论德皇的倾向如何（事实上，他的倾向每天都在变化），德国的政治家和外交官们仍然不愿意讨论英德之间的盟约。

不过，这丝毫没有影响英国国王柏林之行的成功。恰恰相反，乔治国王和玛丽王后非常享受他们的逗留。玛丽王后身着金色服装，全身上下处处闪烁着珍珠和钻石的光芒，是婚礼仪式上最令人印象深刻的人物。在新婚夫妇互许誓词时，这位自制至极的王后甚至放肆地像传统的人一样啜泣。

"后来，"新娘写道，"人们常说，她之所以落泪，是因为她在那一刻预见到了即将发生的灾难，预见到了第二年将发生在我们身上的战争。这真是不可能的事。玛丽王后非常重视（新郎的）家庭，仪式影响到她是可以理解的。"

乔治国王似乎同样没有预见到任何"即将发生的灾难"。他写道："我认为，我们的柏林之行在各方面都取得了巨大的成功……（德国）皇帝和皇后友好至极。他们不遗余力地招待我们，并尽其所能使我们的行程愉快。"

他又接着说，他相信这次旅行将"改善两个国家之间的关系"。

乔治国王的私人秘书之一弗雷德里克·庞森比（Frederick Ponsonby）则提出了一个更加悲观的说法："总的来说，这次出行非常成功，但是否有任何真正的好处，我表示怀疑。两国之间的情绪太强烈了，不是一次访问能改变的。"

德国外交官在保护帝国避免未来战争方面做得很少，而将军们在发动这样一场战争方面却做得很好。德皇自己可能只限于表现出好战的态度和发表好战的讲话，但他的总参谋部对这一切的处理要严肃得多。他们一次又一次地向德皇保证，对法国和俄国的战争是不可避免的，最好由德国来决定战争的时间。威廉二世始终是个随风倒的人，他有时同意他们的算计，有时不同意。虽然害怕被指责怯懦，但他还是不敢将权柄交到将军们手中。

德国为设想的战争制定的战略包含在"施利芬计划"（Schlieffen Plan）中，该计划由之前的参谋长阿尔弗雷德·冯·施利芬（Alfred von Schlieffen）起草，并由现任参谋长赫尔穆特·冯·毛奇将军（Helmuth von Moltke）修订。这一计划涉及双线作战：德军从比利时过境，对法国发动大规模攻势（从而避开固若金汤的法德边境），一旦法国在闪电战中被击败，德军和奥匈帝国的军队就会集中到东部，以消灭规模更大的已经被动员起来的俄国军队。

这一计划能否成功在很大程度上取决于比利时的态度。普鲁士是比利时永久中立的保证人之一，但这件事在他们看来不过是个技术问题。对德国来说，重要的是，比利时应该会允许德国军队不受阻碍地通过比利时领土。德国认为，比利时最多进行某种象征性的抵抗，然后就会撤退，让德国军队穿过比利时，进入法国北部，直抵巴黎。

为了判断比利时对这一计划的反应，德皇邀请比利时国王阿尔贝一世于 1913 年 11 月访问波茨坦。阿尔贝一世局促地置身于身着军装的德国军官中间，很快就意识到了他们的目的。在一次宫廷舞会上，德皇介绍冯·克鲁克将军（von Kluck）为"领导向巴黎进军"的人。另一天晚上，在一次国宴开始前，威廉二世发表了一番针对法国的高谈阔论，他咆哮道，由于法国的不断挑衅，战争已经不可避免。宴会后，冯·毛奇将军又回到了这个话题上。关于德国军队的所向披靡和德国人民的好斗精神，他说得滔滔不绝。

"这次我们必须做个了断，"他对感到不安的阿尔贝一世说，"陛下无法想象整个德国对'大日子'怀着多么不可抗拒的热情。"

阿尔贝一世完全能够想象。为了消除对比利时态度的任何怀疑，他平静但着重向请他做客的主人保证，他的国家将保持中立，除非受到攻击。但如果受到攻击，比利时就会进行反击。回到布鲁塞尔后，阿尔贝一世又发表了一份明确的声明来进一步强调这一点，声明的大意是比利时会向任何侵犯其领土的国家宣战。

威廉二世也许认为有必要让他的潜在敌人从心底感到恐惧，但他在安抚朋友时，语气中的咄咄逼人也没有缓和丝毫。在维也纳的一次宴会上，他进行了一场冗长的演讲，向听众保证，他将"穿着闪亮的盔甲……肩并肩地"站在"庄严而令人崇敬的"弗兰茨·约瑟夫皇帝身边。对另一个盟友，意大利的维克托·伊曼纽尔三世，他发表了一份声明，严肃，但又十分符合其一贯的爱发牢骚的个性。"在我统治的漫长岁月里，我的同伴们，欧洲的君主们，对我说的话毫不在意。但在我了不起的海军的支持下，他们很快将会对我的话多些尊重。"[5]

然而，在所有的虚张声势之下，潜藏着一种可怕的忧虑。1913年，德皇庆祝了他登基二十五周年。全国各地都举行了庆祝活动。

整个夏天，柏林都在狂欢。游行路线被各种旗帜、彩旗、横幅和凯旋门装点一新，军队或商人行会的游行队伍阔步走过。国王们和亲王们——组成帝国的二十五个国家的统治者——纷纷涌入首都向德皇致敬。在莱比锡，威廉二世揭幕了一座立在"民族会战战场"上的巨大纪念碑，以庆祝对法战争一百周年。① 这一姿态并未被法国忽视。在柏林皇宫的白厅中举行的一场宴会上，威廉二世谈到了德意志各国的联盟是"这片疆土的保护者的永恒联盟"。

　　不过，有洞察力的人会发现，德皇并不像他假装的那样自信。博伊德–卡彭特主教（Bishop Boyd-Carpenter）在柏林代表英国教会理事会向德皇表示祝贺，他感觉到在那张坚定的面孔背后有一些非常近似绝望的东西。

　　主教写道："他很亲切，但他说话的语气是我过去没听过的……他似乎很忧郁；他谈到了德国所处的危险境地，处在两个相互了解并可能被证明怀有敌意的大国之间。当我离开他时，我感到他处于一种巨大恐惧的影响中。"

---

　　① 1813 年 10 月，俄国、奥地利、普鲁士等国家组成的反法同盟与拿破仑的法军在莱比锡交战，拿破仑最终战败。因参战国家和民族众多，所以莱比锡战役亦被称为"民族会战"。

第七章

皇帝陛下兼皇家使徒

弗兰茨·约瑟夫皇帝曾对西奥多·罗斯福说:"你在我身上看到的,是最后一个老派君主。"这的确是真的。在 1910 年,欧洲没有一个头戴王冠的人能与八十高龄的哈布斯堡皇帝的宫廷气质、谨慎和自信的威严相媲美。

当然,也没有哪位在世的君主比他统治时间更长。弗兰茨·约瑟夫在 1848 年十八岁时登上皇位,到 1916 年去世时,共在位六十八年,甚至比维多利亚女王还长①。到现在,弗兰茨·约瑟夫的臣民中很少有人能记得他们所处的不是这位胡须浓密、穿着无懈可击的老先生的时代了。他以其毫不妥协的标准和严格的自律而闻名,

---

① 维多利亚女王 1837 年继位,1901 年去世,共在位六十四年。英国国王中在位时间最长的是女王伊丽莎白二世,她于 1952 年继位,2022 年去世,共在位七十年。

已经成为老式价值观的象征。在不断变化的欧洲舞台上，弗兰茨·约瑟夫皇帝始终是一个不变的人物。

　　他的日常生活就像一台运转良好的机器一样精确。尽管弗兰茨·约瑟夫皇帝是欧洲最宏大、最古老的皇室家族之一的代表（哈布斯堡家族自 13 世纪以来一直处于统治地位），但他是一个举止谦逊、爱好简单的人。他的私人生活是斯巴达式的，简朴至极。他生活在两个家具简单的房间里，睡在一张铁制行军床上。当他想洗澡的时候，要从别处抬一个浴缸到他的房间里。每日早晨四点起床后，他穿上制服，五点前坐到办公桌旁。那张桌子是一张普通的野战军营的桌子。他的工作时间被分为两部分，一部分是一丝不苟地处理堆积如山的文书工作，另一部分是以乏味单调的礼节进行的接见工作。

　　对于打字机和电话这样的新式发明，他从不接触。在八十四岁的时候，他依然选择爬六层楼梯，而不是坐电梯。他只坐过一次汽车，完全是因为更具冒险精神的爱德华七世的坚持。

　　他的午餐是用托盘端来的，他会就着一杯啤酒一起吃。晚餐在晚上六点供应，尽管场面华丽——洛可可风格的房间、镀金的家具、闪亮的吊灯、穿制服的仆人、黄金盘碟、炫耀的军装——气氛却异常地沉闷无趣。皇帝吃东西很快，也吃得不多，几乎不关注摆在他面前的东西是什么。从来没有人先开口向他讲话。在回答他偶尔提出的问题时，客人要使答案尽可能简短。晚餐后的寒暄极为乏味，皇帝拖着脚步而行，和碰到的每个客人都要说上一两句话。他总是提前退场。

　　弗兰茨·约瑟夫履行公共职责时毫无瑕疵，认真谨慎，最重要的是十分准时。无论是霍夫堡宫的宫廷舞会、去歌剧院的国事活动、在美泉宫的辉煌中进行的外交接待，还是他非常喜欢的阅兵式，弗兰茨·约瑟夫都坚持一切按照历史悠久的传统进行。在这些活动中，完全看不到世纪之交的维也纳所呈现出来的轻浮、颓废的气氛。一切都有规则要遵守。

例如，有一天晚上，弗兰茨·约瑟夫突然感觉到一阵严重窒息，便摇铃求救。他的医生忧心忡忡地穿着睡衣赶到了主人的床边。老皇帝显然没有病到一个字都说不出的程度，他大喊道："燕尾服！"即使在极端的情况下，他也要求遵守礼节。

弗兰茨·约瑟夫的一项休闲活动是打猎。他在位于巴特伊施尔的一座毫无特色的别墅里消夏，那些夏日的早晨，他几乎都穿着皮短裤在山坡上攀来爬去，寻找猎物。但到了下午，他又会回到自己的办公桌前。对他来说，工作不仅仅是一种责任，而且是一种需要。

他的一生并不开心，深受个人和政治问题困扰。他的妻子是出身于巴伐利亚离经叛道的维特尔斯巴赫家族的美丽的伊丽莎白公主（Princess Elizabeth）①（比利时的伊丽莎白王后也是该家族的成员），这场婚姻从一开始就注定没有好结果。尽管他很爱慕她，但这位乏味沉闷的君主无法长久地吸引他那变幻莫测、脾气暴躁且自恋的妻子。她离开枯燥的宫廷的时间越来越长。1898 年，在一次不安分的漫游旅程中，她被一个无政府主义者刺杀，刺杀者的行动只是出于纯粹的象征性原因②。

---

① 这位伊丽莎白公主即大众熟知的茜茜公主（Princess Sissi），比利时的伊丽莎白王后是茜茜公主的侄女，她的父亲是茜茜公主的弟弟。

② 伊丽莎白皇后被刺，是因为刺杀者想要登上报纸成为名人。

他们唯一的儿子，同样浪漫而不安定的鲁道夫皇太子，十年前在梅耶林枪杀了自己的情人并自杀。弗兰茨·约瑟夫的弟弟马克西米连大公（Archduke Maximilian），不明智地让自己加冕为墨西哥皇帝，结果被革命者推翻，在克雷塔罗被行刑队枪决。

在弗兰茨·约瑟夫生命的冬天中，唯一温暖的火焰是他与一位退休女演员卡塔琳娜·施拉特（Katharina Schratt）的长期关系。与其说她是一个情妇，不如说她是一个中产阶级出身的中年妻子，与沉闷的皇帝十分相配。他们互相赠送小礼物，互相写信表达爱意，并肩坐在一起喝咖啡、闲聊。然而，尽管这段关系让人很舒服，但皇帝仍然是一个无趣、令人失望、运气出奇地糟糕的人。"我是一只不幸的鸟。"他有时会如此哀叹。

弗兰茨·约瑟夫从来不是一个很聪明或很有好奇心的人，随着时间的推移，他的心灵变得越来越僵化。他没有幽默感，目光短浅，保守，沉迷于细节，思维官僚。已故伊丽莎白皇后的一名女侍从称："对他来说，只有最简单原始的概念。美、丑、死、活、健康、年轻、年老、聪明、愚蠢——对他来说这些都是独立的概念，他无法在这些词语之间建立起联系……他不知道其中的差别。"[1]

对世纪之交的维也纳文化、知识和科学生活的非凡发展，弗兰茨·约瑟夫完全看不到，或者是看到了也不屑一顾，他主导的宫廷是欧洲最守旧、最狭隘、最僵化的。

保加利亚的斐迪南沙皇对法国大使莫里斯·帕莱奥洛格（Maurice Paléologue）说："在维也纳，人们呼吸着死亡和腐朽的气息……我不知道你是否参观过位于嘉布遣会教堂的皇家陵寝。那里沉闷不通风，发了霉，东西在腐烂。说实话吧！整个奥地利宫廷都弥漫着这种令人厌恶的气息……这种气息已经从宫廷蔓延到整个官场……我不知道有什么事能比在皇帝的餐桌上用餐更阴郁的：在那里，你只能看到陈旧的面孔、萎缩的智力、颤抖的脑袋、不顶用的膀胱。这正是奥匈帝国的形象。"

弗兰茨·约瑟夫不信任思想的世界，他只对两件事有深切感受：他的军队和他的王朝。他喜欢看到阅兵、检阅和军装。密集排列的队伍，纪律严明，如钟表般精确，就像是他自己那种有序生活方式放大到极致的投射。费兰茨·约瑟夫可能不太了解现代战略或现代武器，也可能不喜欢过多地谈论军事改革，但他觉得他的王朝唯一可以依赖的机构就是军队。他是对的。正如历史学家 A. J. P. 泰勒（A. J. P. Taylor）所指出的，哈布斯堡的君主"只存在于奥匈的军队中"。因为可悲的真相是，根本不存在一个忠于皇帝的奥匈帝国。

要理解这一点，需要了解弗兰茨·约瑟夫的非凡疆土的构成。

霍夫堡的大门上方刻着骄傲的格言：奥地利是整个世界的主人。尽管自从哈布斯堡家族统治庞大的神圣罗马帝国以来，情况发生了很大的变化，但他们仍然主宰着五千万不同民族的人——日耳曼人、马扎尔人、捷克人、斯洛伐克人、克罗地亚人、塞尔维亚人、斯洛文尼亚人、意大利人、罗马尼亚人和波兰人——由于历史偶然和哈布斯堡王朝的权威，这些民族被人为地联系在了一起。哈布斯堡家族的领土南至亚得里亚海水域，北及波兰森林，西抵阿尔卑斯山，向东延伸至距离黑海不到 200 英里的地方，并不存在什么单一的奥地利民族国家。曾有一位哈布斯堡皇帝在听到一个臣民保证自己是杰出的爱国者后，非常理智地问道："但他是我的爱国者吗？"

这个种族混合体中有两个主要群体，分别是奥地利的日耳曼人和匈牙利的马扎尔人。自 1867 年以来，奥匈帝国被划分为奥地利和匈牙利两个半自治的国家，由一个共同的统治者——弗兰茨·约瑟夫皇帝——联系在一起。这一安排对解决由不稳定的结构造成的问题没有起到什么作用：奥匈帝国仍然是一锅大杂烩，种族间摩擦不断，政治愿望和激烈的民族主义诉求无法得到满足。

掌握这座岌岌可危的大厦的命运的君主，尽管有尊严、有礼节、有权威和不容置疑的责任感，却缺乏应对时代挑战的所有必要素质。

像德国和俄国的皇帝等其他君主一样，弗兰茨·约瑟夫也是一个敷衍地伪装成立宪制君主的独裁者。他一心想要维护他的王朝，在漫长的统治期间，他感到不得不做出各种政治让步：这里多一点自治权，那里放宽一条法令，再在某个别的地方扩大选举权。但是，归根结底，这个帝国是由皇帝及其庞大的官僚大军管理的。奥地利的帝国议会，尽管其中的演讲滔滔不绝，决议铿锵有力，但实际上没有实权。如果帝国议会拒绝通过一项立法，皇帝就会以"紧急法令"的形式通过它。各党派成员通常忙于相互争吵，无法对皇帝的权力形成需要认真对待的挑衅。

弗兰茨·约瑟夫所行使的是"宪政的结构内合法的绝对权力"。他的统治可能会被描述为"潜在的专制主义",但它实际上就是专制主义。

然而,它从未像俄国的沙皇政权那样高压专制。哈布斯堡的君主不是暴虐残忍的,只是糊涂、低效甚至无效的。弗兰茨·约瑟夫远不是一个暴君,他是一个光荣的人民公仆。但正如 A. J. P. 泰勒所说:"他没有办法仅靠每天花八小时坐在办公桌前签署文件就使帝国运转,对他来说,这是一个永远解不开的难题。"而且,随着他的衰老,有效的权力也转移到了那些起草文件的人手中——那些以他的名义管理帝国的官僚手中,这些人有时是善意的,有时是腐败的,但总是不负责任的。

除了惯常的自由主义和社会主义的挑战外,弗兰茨·约瑟夫还必须处理其帝国多种族、多民族的特点所造成的问题。通过分而治之,让不同群体相互博弈制衡,对较重要的民族做出让步,牺牲那些不太重要的民族,允许日耳曼人和马扎尔人高出捷克人、斯洛伐克人、克罗地亚人和塞尔维亚人,迄今为止,他都还能设法将混杂的民族维系在一起。他很精明,明白少数族裔宁愿被他支配,也不愿被另一个比自己规模大一些的少数族裔支配。

然而,弗兰茨·约瑟夫从未设法创造出任何有关国家团结的意识,人民也没有对帝国本身的忠诚感。现在,年迈的弗兰茨·约瑟夫的帝国已经变得不过是"一个由层层叠叠的官场和民族仇恨的不稳定平衡支撑的结构"[2]。

由于弗兰茨·约瑟夫唯一的儿子已经自杀,所以这座摇摇欲坠的大厦的继承人是老皇帝的侄子弗兰茨·斐迪南大公。1910 年，弗兰茨·斐迪南已经四十五岁了，他身材臃肿，不苟言笑，目光坚毅，留着两撇向上乍起、仿佛鹿角的胡子。像他的皇帝伯父一样，他很少有不穿军装的时候。不过，与伯父不同，他的个人吸引力微乎其微。他没有幽默感，缺乏耐心，虽精力充沛，却都投入在黑色的忧郁和暴力的愤怒中，他似乎更像一个头脑精明的普鲁士人，而不是一个无忧无虑的维也纳人。

然而，这个表面上不浪漫的人却做出了一个极其浪漫的举动：他为爱结婚，而且是最不门当户对的婚姻。他的新娘是索菲·霍泰克女伯爵（Countess Sophie Chotek），他堂妹伊莎贝拉女大公（Archduchess Isabella）的女侍从。尽管女伯爵亦拥有各种优势——出身高贵，容貌出众，举止端庄，性格讨喜，但她缺乏在哈布斯堡王朝中有价值的一样东西：皇室血统。经过长时间的讨论，老皇帝才同意他们结婚，但条件是必须是摩根式婚姻。

1900 年 6 月 28 日，在霍夫堡举行的一次庄严的宫廷枢密会议上，弗兰茨·斐迪南大公被迫放弃了他未来子女的所有名位和继承权。他的妻子永远不能成为皇后；他的孩子永远不能被视为皇族；他的长子永远不能继承皇位。

羞辱并非仅此而已。弗兰茨·斐迪南的摩根式婚姻的妻子，尽管后来得到了老皇帝授予的霍恩贝格女公爵（Duchess of Hohen-berg）头衔，但在无数方面都感到自己地位低下。在宫廷里，即使是最不重要的女大公或大公夫人进入房间时，双扇门的两扇都会被打开，而她进入时只有一扇被打开。她既不能乘坐皇家马车，也不能坐在歌剧院的皇家包厢里。事实上，这对夫妇根本就不会在维也纳的公共场合被看到一起出现，甚至在非正式场合也不会。当弗兰茨·斐迪南在美景宫举行招待德国皇储的官方宴会时，他的妻子不能担任女主人。当他出门，把她单独留在美景宫中时，即使只有一个晚上，哨兵也会撤走。

但在奥匈帝国之外，在欧洲那些不那么守旧的君主中，霍恩贝格女公爵还是逐渐得到了认可。德皇威廉二世尽管喜怒无常，但一直对弗兰茨·斐迪南的妻子保持着良好的态度。威廉二世认为大公是他的灵魂伙伴，所以与这对夫妇关系非常好。他经常到他们的庄园"科诺皮什切"去看望他们，在那里，他和弗兰茨·斐迪南一起沉浸在两个爱好中：栽培玫瑰花和宰杀野味。1909 年，大公携妻子对柏林进行了一次国事访问，令他们感到欣慰的是，德皇给了他们充分的尊重。在新宫的一次国宴上，优先权问题得到了巧妙的解决，所有的客人都被安排坐在小桌边，德皇夫妇和奥地利皇储夫妇四个人共坐一张桌。

德皇对大公妻子的支持直接促成了两个人之间某种程度的政治一致。威廉二世着眼于未来，着眼于弗兰茨·斐迪南当上皇帝以后的事情，所以他开始栽培这个比他年轻的人。虽然德皇夸夸其谈的风格在通常情况下会引起奥地利皇储的不信任，但对威廉二世的殷勤，弗兰茨·斐迪南是感激的。他们两个人都很需要对方。威廉二世希望通过他们的友谊加强奥德联盟，并遏制奥地利将来可能在巴尔干地区的冒险行为。弗兰茨·斐迪南对有朝一日能作为朋友平等地与这位强大的统治者并肩而立的前景感到受宠若惊。

1913 年 11 月，乔治五世和玛丽王后在温莎城堡接见了大公及其妻子，虽是私人接见，但索菲被赋予了适当的地位，这是更令人满意的大公夫人被认可的标志。虽然大部分时间他们都是在恶劣的天气中去打猎，但大公夫妇给人留下了极好的印象。

　　然而，仅仅被国外皇室认可并不足以确保在国内也能得到类似的认可。霍夫堡和美景宫之间的鸿沟仍然难以跨越。弗兰茨·约瑟夫皇帝和弗兰茨·斐迪南大公不仅在个人问题上未能达成一致，在政治问题上也存在严重分歧。

　　这并不是说弗兰茨·斐迪南具有某种开明的精神，把自己与保守的伯父对立起来。只是他认为皇帝的统治太松懈、太犹豫、太妥协。弗兰茨·斐迪南比弗兰茨·约瑟夫更了解帝国国情，他意识到，如果要避免彻底的解体，就必须采取一些措施。他所赞成的是更加坚定的态度。这种坚定的态度不是为了扼杀政治生活，而是为了重组政治生活。他特别急于强制他所厌恶的匈牙利人做出改变，采取不那么封建的态度。

　　不过，他意识到，为了协调帝国内部喧嚣的民族主义，除了铁的纪律外，还需要更多的东西。在一个阶段，弗兰茨·斐迪南赞成"三国联邦主义"，即奥匈帝国的双君主国政体将被转化为三个民族国家的联盟，第三个国家是其意图恢复的斯拉夫王国克罗地亚。后来，他又冒出来了一个联邦解决方案，即建立一个奥地利合众国。

　　弗兰茨·斐迪南对这些问题的思考有多么认真并不确定；而且，到了这个时候，认不认真基本上已经不重要了。因为如果哈布斯堡帝国这个腐烂的躯体没有很快从内部被摧毁，那么它几乎肯定会被从外部摧毁。

　　弗兰茨·约瑟夫最深的心腹大患是塞尔维亚王国。这个野蛮的

多山国家楔入奥匈帝国的南部边界，于 1878 年脱离土耳其，赢得
了独立。从那时起，它便成为巴尔干地区最具活力的国家。塞尔维
亚虽是小国，但怀着一种诗意的渴望，不仅要把分散在巴尔干地区
的所有塞尔维亚人团结在一起，建立一个更大的塞尔维亚，而且要
开展一场胜利的民族统一运动，把所有南斯拉夫人团结在一起，因
此，塞尔维亚变得越来越好战。

　　在这一点上，塞尔维亚得到了俄国的鼓励。塞尔维亚的"斯拉
夫使命"非常符合俄国同样狂热的泛斯拉夫主义——对斯拉夫民族
和俄国东正教的优越性的神秘主义与沙文主义混杂的信念。这也是
沙皇尼古拉二世的信念。

　　信奉天主教和教皇的弗兰茨·约瑟夫皇帝陛下当然不认同这样
的信念。塞尔维亚急于联合统一的塞尔维亚人和其他斯拉夫人大多
数是他的臣民，所以哈布斯堡皇帝决心挫败塞尔维亚的野心。1908
年，弗兰茨·约瑟夫吞并了主要由塞尔维亚人居住的波斯尼亚和黑
塞哥维那省，狠狠打了新崛起的邻国一个耳光。塞尔维亚决心通过
向奥地利宣战来报复这一侮辱，但并没有成功。没有俄国的支持，
塞尔维亚无法采取行动。而俄国在德国严正警告不要干涉的情况下
退缩了，无法向塞尔维亚提供援助。因此，塞尔维亚不得不忍辱负
重，并等待时机。

　　但是，在弗兰茨·约瑟夫年老昏花的眼中，塞尔维亚不仅仅是
一个麻烦的邻居。弗兰茨·斐迪南大公可能会把它贬低为一个由
"流氓、傻瓜和梅子树"组成的国家，弗兰茨·约瑟夫自己也可能
会把塞尔维亚人视为强盗，但毫无疑问，他认为他们是对哈布斯堡
权力的真正威胁。他在漫长的统治过程中曾两次看到王朝被民族主
义运动压倒。1859 年，由维克托·伊曼纽尔二世领导的以皮埃蒙

特为先锋的意大利统一运动，使他失去了奥匈帝国在意大利的领土。1866 年，由威廉一世的普鲁士领导的德意志统一，终结了他在德国的统治地位。他下定决心，绝不容许这样的事情发生第三次。塞尔维亚的野心，是以奥地利为代价统一所有南斯拉夫人，这必须被及时遏制，以免为时过晚。

老皇帝的立场得到了强大的盟友威廉二世的支持。威廉二世在公开演讲和私人信件中都向弗兰茨·约瑟夫保证，德国将支持他对抗塞尔维亚，并支持他通过塞尔维亚对抗俄国。在给弗兰茨·斐迪南的信中，德皇同样坚定。威廉二世写道："我为上帝可能安排的一切做好了准备，我令我的火药保持干燥，我保持着警惕。你知道，你可以依靠我们。"

而英国驻维也纳大使则表达了一个不那么戏剧化的、更现实的观点。阿瑟·尼顾逊爵士在这个时候写道："塞尔维亚有一天会引得欧洲不得安宁，争议不断，并给欧洲大陆带来一场全面的战争。"

第二部分 巴尔干火药桶

第八章

巴尔干国王们的联盟

　　1912 年年末至 1913 年年初的这个冬天，一阵恐惧的战栗在欧洲重要国家的君主之间传播。这些见多识广的君主本来以为巴尔干地区的那些国王同行不过都是空有名头而已，然而他们的国家突然间投入了对抗土耳其的战争中。由于巴尔干地区始终处于危险的易燃状态，所以这样的冲突会导致什么，很难预测。正如俾斯麦曾经警告的，只需要"在巴尔干发生一些该死的蠢事"，就可以令欧洲陷入火海。巴尔干地区的国王们联合起来对抗土耳其苏丹，会是那件该死的蠢事吗？

　　如果说这些巴尔干地区的统治者只是有个国王的名头，那他们的王国也都只是乡村而已。差不多一个世纪之前，梅特涅伯爵（Count Metternich）曾以情有可原的夸张口吻说，东方始于兰德大街①。但即

----

① 兰德大街位于奥地利的维也纳。

使在他的时代，东方——也就是奥斯曼帝国——也已经退到了离维也纳郊区很远的地方。在他的时代之后，甚至又退得更远了。在19世纪的历史进程中，诸多巴尔干国家一个接一个地从土耳其人手中赢得了独立或半独立；到20世纪初，曾经强大的奥斯曼帝国在欧洲的属地只剩下君士坦丁堡周围的地区，以及被称为马其顿的巴尔干中部区域。这个"欧洲病夫"还能活多久是个未知数。

在奥斯曼帝国逐渐萎缩的过程中，出现了（有些是重新出现）五个独立的巴尔干国家，分别是希腊、罗马尼亚、保加利亚、塞尔维亚和黑山。而在每个国家赢得独立的时候，君主制的欧洲都确保有一个君主来统治这个国家。希腊、罗马尼亚和保加利亚被欧洲赋予了当政的欧洲家族的旁支；塞尔维亚和黑山则推出了他们自己本土的统治者。

这些巴尔干地区的统治者在许多方面都不尽相同——黑山粗野的尼古拉与保加利亚阴柔的斐迪南之间的差异简直有如云泥，然而这些统治者依然有某些共同点。他们都统治着以农民为主的臣民，纯朴，但骚乱不断。无论君主自己的宗教如何，他们都必须尊重其臣民信仰的东正教。所有君主都需要成为坚强、精明且拥有无限耐心的人，以与组成他们议会的派系政治家合作。所有君主都必须克服慵懒和腐败，而这两项特点，与国内城镇和村庄里的圆顶、光塔和格栅护栏的阳台一样，都是数百年的土耳其统治的遗产。

这些巴尔干国王与其说是独裁君主，不如说是家长式的，他们行使着相当大的个人权力。他们把外交和国防牢牢掌握在自己手中，如果不是因为这些君主的不懈努力和国际交往，国家经济是否会有很大的增长，公路、铁路、医院、工厂或学校是否能建成，都是值得怀疑的。他们几乎是凭借一己之力将落后的国家拖入了20

世纪。这些巴尔干国王无论个人有什么缺点，都是精力充沛、兢兢业业的人，致力于国家的进步和臣民的福祉。

他们还致力于扩大王国的规模。除了希腊的希腊人和罗马尼亚以拉丁人为主体的人口之外，巴尔干地区都是斯拉夫人。但是，这些斯拉夫人包含不同的民族——塞尔维亚人、黑山人、保加利亚人，还有其他民族——因此，也就有各种旨在统一各个民族的运动。这意味着每个君主都在关注那些生活在邻国的族人：塞尔维亚国王关注生活在保加利亚和波斯尼亚的塞尔维亚人，保加利亚沙皇关注生活在色雷斯和马其顿的保加利亚人，罗马尼亚国王关注生活在保加利亚和特兰西瓦尼亚的罗马尼亚人。

每个国家都有"未收复"的领土，有民族扩张主义的梦想。在希腊，是"伟大理想"；在罗马尼亚，是"大罗马尼亚"；在塞尔维亚，是"塞尔维亚梦"；在保加利亚，是"大保加利亚"。结果，这些国家之间总是不和。这也说明了为什么它们会被俄国和奥匈帝国视为实现野心的肥沃土壤。

不过，有一块领土是这些争吵不休的君主可以在不触及彼此利益的情况下（无论如何，最初不会）提出主张的，这就是土耳其在欧洲的最后一个有规模的前哨——马其顿。马其顿被希腊、黑山、塞尔维亚和保加利亚等巴尔干国家包围，人口主要是斯拉夫人，其少数民族包含了所有邻国的民族。事实上，马其顿（Macedonia）一词正是法国菜肴什锦菜（macédoine）的名字来源，因为其本身就是个大杂烩。土耳其君主对马其顿的统治非常严酷，马其顿几乎一直处于持续发酵状态。这种发酵，是巴尔干邻国们非常乐意鼓励的：马其顿的解体意味着他们自己国家的扩张。

正是因为这种可以瓜分广阔领土的前景，加上对土耳其统治不善的由衷关注，在 1912 年，一件几乎不可能的事情成了现实：四位巴尔干君主——塞尔维亚的彼得国王（King Peter of Serbia）、黑山的尼古拉国王、希腊的乔治国王和保加利亚的斐迪南沙皇，结成了联盟。到了 1911 年至 1912 年之交的这个冬天，四个国家之间开始了秘密会谈。

1912 年 2 月，保加利亚的王位继承人鲍里斯王子（Prince Boris）即将成年，这正好为其父——张扬的斐迪南沙皇提供了一个证明这种新巴尔干联盟的绝佳机会。斐迪南沙皇在首都索非亚举行了为期三天的系列庆祝活动，罗马尼亚、塞尔维亚、希腊和黑山的继承人应邀参加。出席庆祝活动的还有俄国沙皇、奥匈帝国皇帝和德国皇帝派来的皇家代表。这场皇家盛会最精彩的高潮是在圣亚历山大·涅夫斯基大教堂举行的感恩仪式，这座教堂刚落成不久，采用了巴尔干王室由衷热爱的新拜占庭风格。在五颜六色的马赛克瓷砖和熠熠生辉的圣像中，巴尔干的下一代统治者们按照东正教的仪式规定进行了感恩。

1912 年夏天，四位君主宣布成立巴尔干联盟。大家秘密商定，他们的联合军队将在当年晚些时候对土耳其发动进攻。战争将由最小的国家的君主——黑山的尼古拉国王发起。

黑山的尼古拉国王出生于 1841 年，自 1860 年十九岁起就统治着他的山地国家。他是历史悠久的"主教公"世系的最新继承者，这种制度或称为"亲王主教"，即将民事和教会权力都集中在一人身上，已经传承了数百年。尼古拉很年轻便登基，是由于前任统治者（他的一位伯父）被暗杀——在黑山这样一个动荡的国家，这并不算什么意外。然而，直到 1910 年 8 月尼古拉登基五十周年时，他才获得了国王的称号。在那之前，他一直是一个执政亲王。

巴尔干联盟成立时，尼古拉国王已经七十二岁了，他被普遍认为是一个非常浪漫的人物，是一个充满诗情画意的好战民族的化身。他的样子当然是每个人心目中的黑山统治者该有的样子：身材高大，体格健壮，胡须浓密，目光如鹰眼般锐利，总是穿着黑山的五颜六色的民族服装。尼古拉凭借着军事声誉和指挥能力，足以充分担当起一个淳朴族长的角色。

但他并不像他乐于表现出的那样淳朴。尼古拉年轻时曾在国外接受过教育。他能说法语、德语、意大利语、俄语，英语也能说一些。在他登基时，国内甚至连议会主席都不识字，他的识字能力是一个明显的优势。也是因为这一点，他才以诗人和剧作家的身份闻名，或者用同时代作家所喜欢的说法，他是一个"吟游战士"。这也无疑促使他进一步深信他的臣民完全不适合管理自己的事务。因此，尼古拉统治国家时总是表现出相当仁慈的专制君主的姿态。不过，他在 1905 年授予了臣民一部宪法。

尽管尼古拉是个专制主义者，但他从来都不是拒人千里的人。他不使用议事厅或接见室，而是在小小的都城采蒂涅的王宫对面一棵巨大的橡树下处理大部分公务。在上午或傍晚时分，年老的君主会坐在树下，跟人闲聊，提供建议，甚至对民事和刑事案件进行裁决。尼古拉精明能干，非常了解自己能从和蔼可亲的老爹形象中获得的好处；特别是在那些西方政客或外交官看来，黑山的一切都充满了东方魅力。在伦敦或巴黎会对这种专制主义感到惊恐的政客们，在采蒂涅却被它迷住了。一个英国人写道："他把巴尔干中世纪的精华以最好的形态带到了 20 世纪。"

其他君主对他的评价也不低。"我喜欢他愉快友善的气质，喜欢他紧握的手，喜欢他敏锐的黑眼睛和粗犷的古铜色脸庞。"希腊的尼古拉斯王子（Prince Nicholas of Greece）① 对此津津乐道。他也很喜欢这位年老的君主知道的各种奇闻逸事。尼古拉国王不厌其烦地讲述英国国王乔治五世在还是一名海军军官时访问黑山的故事：由于无法让尼古拉落后的宫廷中的仆人们理解他想在早餐时吃一个鸡蛋，乔治王子不得不沦落到模仿母鸡下蛋的地步，他学得惟妙惟肖，于是仆人们给他拿来了鸡蛋。

几个世纪以来，执政的亲王主教需禁欲，保持单身，指定侄子担任自己的继承人，到尼古拉掌权时，这一传统已经愉快地结束了。1860 年，他与一位名叫米莱娜·武科蒂奇（Milena Vukotić）的黑发美女成婚，二人育有至少十二个孩子。王宫是一座简单的两层楼住宅，位于首都尘土飞扬的主干道上（首都也几乎就是一个杂草丛生的村庄而已），王室成员在这里过着差不多算是资产阶级的生活。侍从武官也许穿着华丽的制服，家具很豪华，墙上挂满外国君主的画像，气氛却不像国王的家。家中的孩子们可能会比赛从一把椅子上跳到另一把椅子上，看谁能在不落地的情况下走得最远。花园几乎只是一块硬地，孩子们把它当作操场。

然而，这个人丁兴旺的部落的大多数成员的婚姻都非常成功。有一次，一个外国来访者对黑山没有商品出口感到遗憾，老国王笑着反驳说："啊，但你忘了我的女儿们。"这些被称为"黑珍珠"的

---

① 尼古拉斯王子是希腊国王乔治一世的第三子，是康斯坦丁的弟弟。

黑山公主中，有几位曾被送到俄罗斯宫廷接受教育。这种去外国镀金的经历非但没有给这些女孩带来不切实际的想法，反而使她们更加欣赏父亲的山地王国。

大多数公主的婚姻都很成功。埃莱娜公主嫁给了未来的意大利国王维克托·伊曼纽尔三世；佐尔卡公主（Princess Zorka of Montenegro）嫁给了未来的塞尔维亚国王彼得一世。另外两位公主嫁给了俄国的大公，也就是尼古拉二世沙皇的堂兄弟；还有一位公主①嫁给了巴滕贝格的亲王，维多利亚女王一个女儿的小叔子。正是两位黑山公主米利察大公夫人（Grand Duchess Militsa）和阿纳斯塔西娅大公夫人（Grand Duchess Anastasia）最早将臭名昭著的拉斯普京介绍给了俄国的亚历山德拉皇后。

由于大多数女儿的地位都很令人满意，自己又是巴尔干政治中的一个关键人物，尼古拉开始享有相当高的国际声望。他发现自己处于被大国追捧的幸福地位。其他君主纷纷给他送来奖章勋章，外国政府随时准备借钱给他，他的首都中每两座房子就有一座是公使馆。

虽然黑山是一个斯拉夫民族国家，与俄国有着密切的亲缘关系，但尼古拉也不排斥使用传统的巴尔干外交操作。据说他"以农夫在市场上与牛贩子周旋的精神来处理外交事务"[1]。他经常吹嘘"我是个老借款人"，他确实是一个借款人——从任何愿意提供补贴

---

①　这位公主名叫安娜（Princess Anna of Montenegro），她的丈夫是巴滕贝格的弗朗西斯·约瑟夫亲王（Prince Francis Joseph of Battenberg），维多利亚女王的小女儿比阿特丽斯公主的丈夫亨利亲王（Prince Henry of Battenberg）是他的哥哥。比阿特丽斯公主的女儿是西班牙王后。约瑟夫和亨利还有一个兄弟路易斯亲王（Prince Louis of Battenberg），娶的是维多利亚女王次女的女儿黑森和莱茵河畔的维多利亚公主（Princess Victoria of Hesse and by Rhine），即俄国的亚历山德拉皇后的姐姐。

的国家借款，据传他用这些补贴填满了自己的口袋。不过，他足够精明，甚至不惜牺牲自己的声望，也要防止头脑发热的臣民贸然拿起武器，报复国家宿敌土耳其和奥匈帝国的任何侮辱——无论是真实的还是想象的。

不过，正是由于这种对土耳其的民族仇恨，尼古拉精心策划的1912年10月对奥斯曼帝国的宣战才会大得民心。虽然在威廉二世看来，巴尔干联盟的成立是俄国野心的胜利，他可能会贬低尼古拉为"偷牛贼"，但对于聚集在采蒂涅宫殿周围的兴奋的臣民来说，他们年迈的君主就是一位不折不扣的英雄。

♛

1912年10月的夜晚，在塞尔维亚的首都贝尔格莱德，彼得国王的宫殿周围聚集着的人群同样热情高涨。彼得是尼古拉的盟友、邻居，也是他的女婿。在塞尔维亚人看来，他们的国王是不折不扣的英雄，而土耳其人是不折不扣的敌人。

与尼古拉不同，彼得统治他的国家只有短短十年。尼古拉在1860年登上黑山的王位是因为他的伯父被刺杀，而彼得在1903年登上塞尔维亚的王位，则是因为一场更加骇人的谋杀。

在过去的一百年中，塞尔维亚一直由两大家族轮流统治：奥布雷诺维奇（Obrenović）家族和卡拉乔尔杰维奇（Karadjordjević）家族。1903年一个闷热的夜晚，两大家族之间的竞争达到了最血腥的高潮之一。当政的奥布雷诺维奇家族的亚历山大国王（King Alexander）和德拉加王后（Queen Draga）被一伙支持卡拉乔尔杰维奇家族的军官用刀剑劈砍至死，尸体被从王宫窗中扔出。政变成功，当时流亡在日内瓦的彼得·卡拉乔尔杰维奇（Peter Karadjordjević）被塞尔维亚国会推选为国王。

正如一位观察者的睿智评论所言："一事成功，百事顺利，尤其是在东方，成功根除奥布雷诺维奇王朝已经顺便为卡拉乔尔杰维奇的事业赢得了所有的人心。"[2]

大约在杀戮发生后两个星期，塞尔维亚国王彼得一世便志得意满地抵达贝尔格莱德。

新任塞尔维亚国王的邻居和岳父，黑山的尼古拉，发出的欢迎信息充满溢美之词。但彼得国王是最不可能被这种花言巧语打动的人。首先，他和岳父之间的关系并不算和谐融洽；其次，他是一个少言寡语的人。事实上，这两位山地国王之间唯一的相似之处是年龄和地位。彼得当然没有尼古拉那种海盗式的外表和虚张声势的举止。在第一次巴尔干战争时，彼得国王已年近七旬，他身材矮小瘦削，恣意卷曲的银色胡须并不能掩盖他的虚弱。"他的五官虽然有些憔悴，但显露出一种令人愉快的、理智的表情，"一位观察者写道，"不过几乎没有透露出他天生的性格力量。"他患有风湿病，走路有些跛脚。

实际上，彼得国王比他的外表强大。年轻时候，他已经证明了自己是一个勇敢而坚韧的士兵，而且现在他的身体仍然有很强的耐力。他的意志如铁般坚定。在家人被对手逼迫逃离塞尔维亚之前，他几乎是在农民般的朴素环境中长大的；而随后是长达四十五年的流亡，其中大部分时间在日内瓦度过，在这个过程中，朴素已经成为他的主宰特征。此外，他还有诚实、勤奋、认真等瑞士作风，并受到了清教徒主义的影响。他还吸收了一定程度的自由主义思想。

在日内瓦昏暗的房间中，他将约翰·斯图尔特·穆勒（John Stuart Mill）的《论自由》（*Essay on Liberty*）翻译成了塞尔维亚语。

因此，彼得国王没有花多长时间就意识到，他需要所有的性格力量来应对他的新臣民。像所有巴尔干人一样，塞尔维亚人是一个骄傲、易怒的好战民族，不容易被驯服或控制。和所有巴尔干地区的君主一样，彼得国王要在很大程度上承担起振兴国家的重任。在他加入巴尔干联盟时，塞尔维亚即使不是该地区最强大的国家，也肯定是最具侵略性的。

彼得国王的生活即便并不完全像他自称崇拜的那些农民一样朴素，其私人生活也是无可置疑的斯巴达式的。之前的政权放荡不堪，王后曾经是国王的情妇，而此时新的塞尔维亚宫廷则是朴素的，可敬的，以最简朴的方式运作。新国王进到宫里那天，宫里的大管家问他喜欢什么样的菜单。"菜单！菜单！"彼得国王高声说，把大管家吓得惊慌失措，"我没有时间管菜单。再也不要对我说这种事了。"贝尔格莱德的宫殿——前国王和王后的尸体就是从这座建筑的窗户里被扔出去的——是一座普普通通的建筑，矗立在一条繁忙的街道上。白天，有轨电车从门前飞驰而过；晚上，人群在街角人行道上的露天咖啡馆里喧嚣笑闹。

宫殿里的房间狭小昏暗，杂乱地摆放着之前的君主留下来的家具，透露出不折不扣的男性化氛围。彼得国王的妻子，黑山的佐尔卡公主，已经于 1890 年过世。他的长子乔尔杰或称乔治王子（Prince Djordje or George）为人暴虐，精神失常，最终因为将男仆拳打脚踢至死而被取消了继承权。即使在塞尔维亚，做了这样的事情也不可能不受制裁。他的小儿子亚历山大王子（Prince Alexander）正好相反——他是一个高度自律、沉着冷静的年轻人，对类似僧侣的军队生活充满热情。

彼得国王（和他的儿子们）与敌对的前代国王最彻底的不同之处在于其积极的爱国主义精神。虽然奥布雷诺维奇家族一直不断地准备与弗兰茨·约瑟夫的帝国达成协议，但彼得国王仍然保持着敌对态度。正是在他统治期间，"塞尔维亚梦"——不仅要将所有塞尔维亚人，而且要将所有南斯拉夫人团结在塞尔维亚王冠下的决心——开始有了一种近似于神圣的使命感。彼得国王在登基时承诺，他将实现"塞尔维亚人民的传统愿望"，这并不只是说说而已：他的目的是领导斯拉夫同胞摆脱土耳其和奥匈帝国的统治，并将他们全部团结在一个更伟大的塞尔维亚之中。

随着第一次巴尔干战争的爆发，梦想的实现似乎越来越近了。生活在马其顿的土耳其统治下的塞尔维亚人不仅会被解放，而且他们的领土将被并入塞尔维亚。难怪一位编年史家会说，塞尔维亚军"神采飞扬"地出发参战，"如同去会情人"[3]。

巴尔干半岛爆发的这场战争能被控制住，是各大国所希望的最好结果。德皇当然也持如此观点。"让他们不受干扰地继续他们的战争，"他写道，"巴尔干国家的人民将展示出他们的能力，展示出他们是否能证明自己的存在。如果打垮了土耳其人，那么他们那边就有了权利，也应该得到一些奖励。如果他们被打败了，就要低调了：我们将有很长一段时间的和平与宁静，领土改变的问题将消失。大国必须保持包围住战场，让战争在里面发生，而且必须限制在里面：我们自己应该保持冷静，避免过度的行动。"[4]

这听起来很合理，但即使是德皇也没能长期坚持这个观点。因为组成巴尔干联盟的四个君主中的一个取得了最早且相当意外的成功。这就是保加利亚的斐迪南沙皇。几乎在一夜之间，他就显示出了自己是最有野心的征服者。

保加利亚的斐迪南沙皇与他的盟友们——塞尔维亚和黑山的国王——的不同，简直到了天差地别的程度。没有人会把他说成是一个朴实无华的山区族长。相反，他是欧洲最荒诞不经的国王。

斐迪南沙皇喜欢把自己称为波旁王朝的最新一代国王。这是一个典型的自我夸张的例子。他的母亲确实是波旁家族的人，或者更准确地说，是波旁-奥尔良（Bourbon-Orleans）家族的人，其父是法国波旁王朝的最后一位统治者——路易·菲力浦，公民王（Louis Philippe，the Citizen King）。① 但斐迪南沙皇的父亲是科堡家族的人——萨克森-科堡-哥达家族那一大堆亲王中的一个。萨克森-科堡-哥达家族一直明智地与重要的王室家族联姻，以至于俾斯麦嘲讽地称科堡为"欧洲的种马养殖场"。

无论斐迪南沙皇从科堡家族继承到了什么，其中一定不包含他

---

① 波旁-奥尔良家族是波旁家族的分支，其远祖可以追溯到路易十三，最初的奥尔良公爵为路易十三的次子，与路易十四为兄弟。路易·菲力浦在1830年被资产阶级自由派拥上王位，在1848年二月革命后逊位，逃往英国，之后隐居并老死于英国。

们的英俊外貌。从外表上看，他几乎完全体现了波旁家族的特征。他的母亲波旁-奥尔良的克莱芒蒂娜公主（Princess Clementine）对他一心溺爱，又野心勃勃，始终认为太阳王路易十四现存的后裔都不及斐迪南像他。1912 年时，斐迪南五十一岁，身材高大，体态臃肿，腰板笔直，留着充满帝王威严的小胡子，最突出的特征是他巨大的波旁式鼻子。威廉二世给他起绰号为"大鼻子斐迪南"（Der Naseferdinand）。

罗马尼亚的玛丽王储妃说："斐迪南叔叔是一个对美充满热爱的人，他很清楚自己的鼻子是一个太突出的特征。"他曾经问过她，有没有觉得他的眼睛很小，鼻子像是象鼻子那么大，整个人看起来像头大象。"但是，我亲爱的侄女，"他急忙补充说，"我也有这种可敬的动物的聪慧。"

即使斐迪南沙皇有大象的鼻子，有大象的智慧，但他肯定没有大象的笨拙。相反，他在欧洲所有宫廷中都是最有趣、最不正经、最讽刺的封面人物。他的穿着神气十足。其他任何一个君主，甚至是威廉二世，也无法在一件外衣上塞下更多的奖章和勋章了。他对宝石充满热情，在留着长指甲的苍白手指上戴满了奇特的珠宝戒指；他的脖子上总是用银链子挂着一个镶有宝石的十字架吊坠。他的整个气质虽富有艺术性，但做作，骄奢淫逸，堕落颓废。

"如果感到疲惫或沮丧，我只需看到一束紫罗兰，就能重新成为我自己。"他常常说出这种保证能够震惊没见过世面的听众的话。

1887 年，保加利亚政府选择了这位纨绔王子作为新近成立但依然是土耳其附庸的保加利亚国的统治者，引得欧洲各个宫廷一阵惊呼。"他完全不适合，"激动的维多利亚女王给她的首相发了电报，"娇弱，古怪，娘娘腔……应该立即阻止这件事。"英国驻维也纳大使的妻子佩吉特夫人（Lady Paget）称："他的矫揉造作之举数也数不清。他戴手镯，在脸上抹粉。他穿着粉红色的斜纹软绸睡衣睡觉，上面还镶着瓦伦西亚产的蕾丝。他的体格很弱，神经总是紧绷绷的，甚至只能去咨询专门给夫人小姐们看病的医生。"

然而，除了他那令人敬畏的母亲，守寡的克莱芒蒂娜公主，所有人都感到惊讶的是，这位柔弱的斐迪南王子不仅接受了保加利亚的挑战，而且在当政期间取得了辉煌的成就。事实是，在他装饰性的外表下，隐藏着非常精明的头脑。保加利亚的斐迪南证明自己比人们认为的要睿智、精明、不择手段且顽强得多。慵懒的举止背后隐藏着钢铁般的决心。没过几年，他就被誉为"新马基雅弗利"。这是一个令他无比高兴的描述。他可能甚至也不会介意另一个没有那么恭敬的绰号："老狐狸斐迪"。

本来仅仅是一个贫穷的、几乎不被承认的国家的执政亲王，但斐迪南渐渐地赢得了欧洲重要国家君主的官方接受和不情愿的尊重。最后，在1908年，他利用欧洲其他国家因奥地利吞并波斯尼亚和黑塞哥维那而分心的机会，大胆地摆脱了土耳其宗主国，宣布自己为完全独立的保加利亚的沙皇。

他的政变激怒了许多其他君主。俄国的尼古拉二世对斐迪南自称"沙皇"这一举动愤愤不平，称这是"自大狂的行为"。威廉二世的怨恨也不小。斐迪南怎么敢把自己提升到与欧洲其他重要君主平起平坐的高度？

但是，无论斐迪南在国外如何被怨恨或嘲笑，他在国内却受到普遍赞誉。国家日益提高的政治地位和重要性反映在他的生活方式之中。斐迪南深信辉煌的宫廷能带来国际优势，于是充分放纵了自己对奢华、华丽和仪式的喜好。他总是痴迷于等级、优先权、封号、勋章和装饰等事情，按照最严谨的方式安排部署宫廷。

他希望能重现的优雅和礼仪，不是同时代其他欧洲宫廷的优雅和礼仪，而是他杰出的波旁祖先的宫廷。不久之后，索非亚的宫殿就以其独特风格而闻名。

英国驻索非亚公使的女儿梅里埃尔·布坎南（Meriel Buchanan）①写道："进入王宫，迎接我们的是一队（沙皇的）护卫，宽阔的楼梯的每一层台阶上都有护卫，他们穿着猩红色镶银边的制服，戴着灰色羔皮帽，用珠宝扣固定鹰羽装饰，非常华丽。我们被引到一个以白金二色为主色调的房间，等待沙皇的接见，然后再去大极了的餐厅，那里有一张巨大的马蹄形桌子，桌上摆满了美妙的鲜花。人们用价值不菲的瓷盘、金盘和银盘用餐；服务无懈可击，食物完美无缺；一个隐藏在暗处的乐队大声演奏，乐声足以掩饰谈话中的任何冷场，但又从来不会因太大声而盖住谈话。装饰品熠熠发光，制服各式各样……所有一切构成了一幅色彩缤纷的画面，有点不真实，有点梦幻，让人觉得自己是在舞台上，置身于音乐喜剧或卢里塔尼亚王国②的浪漫传奇中……"

斐迪南总是能在这个宫廷环境的奢华上再添一些奇异色彩。宫殿的入口大厅被喷上了松香精油。他的书房被装饰成 19 世纪末最时尚的颜色——淡紫色。宫内的小教堂里弥漫着大量鲜花和甜美沉香的气息，温度始终像暖房一样。圣水游廊上摆满了紫罗兰。

尽管是一个东正教国家的统治者，斐迪南仍然是一名天主教

---

①　梅里埃尔的父亲即本书后文提及的乔治·布坎南爵士（Sir George Buchanan）。
②　卢里塔尼亚王国是一个位于中欧或东欧的虚构国家，如 19 世纪英国作家安东尼·霍普的小说《曾达的囚徒》中的卢里塔尼亚国。

徒。但他的天主教，就像俄国亚历山德拉皇后对东正教的信仰一样，是一个特别浮夸的变种。他同样非常喜欢置身于宗教的神秘莫测的边缘世界中：将宗教与颓废运动的所有表现形式——灵媒、超视、玄秘——融合在一起。对他来说，宗教和迷信是不可分的。

他在乡村的宫殿和住宅，无论是俯瞰黑海还是坐落在保加利亚的壮美山区，都被美丽的花园包围着。斐迪南是一个狂热而知识渊博的园丁；对他来说，最快乐的事情，莫过于手持手杖，漫步在杜鹃花丛中或种植着玫瑰花的梯田里，或穿行在满是来自世界各地的异国植物的温室中。他对自然科学非常感兴趣，写了很多关于鸟类和动物的研究报告。"最微小的岩石植物都能让他兴奋好几个小时。"他母亲的一名女侍从说。

他的追求并非都是如此有学问的。斐迪南喜欢英俊的年轻男人，只要他们是金发的。任何一个碰巧吸引了沙皇目光的健壮年轻的士兵都很有可能被任命为宫廷传令兵；任何一个方脸的司机（"天哪，所有那些司机！"一个与宫廷有密切关系的人曾感叹）都会发现自己把君主送进了森林里，好让君主在满地的松针上嬉闹一下。据说斐迪南是世纪之交富有的同性恋者天堂——卡普里岛——的常客。

然而，斐迪南是一个彻头彻尾的科堡家族的人，不会容许性偏好阻碍君主义务的履行。为了王朝和国家，他结婚了，不仅一次，而且两次。他的第一任妻子是波旁-帕尔马的玛丽·路易丝公主（Princess Marie Louise of Bourbon-Parma）①，在他们订婚之前，他从未见过她。她长着长长的鼻子，举止安静，性格和善。她尽职尽

---

① 这位玛丽·路易丝公主和后文出现的奥匈帝国的皇后齐塔（Empress Zita）是同父异母的姐妹。

责地为丈夫生了四个孩子，包括继承人鲍里斯王子。1899 年，玛丽·路易丝于二十九岁芳龄去世。

　　直到敬爱的母亲克莱芒蒂娜公主于 1907 年去世后，斐迪南才考虑再婚。他选择第二任妻子的方式并不比第一任浪漫。他向受托为他寻找配偶的朋友坦率地解释说，他并不"想要一个期望得到感情或关注的妻子"[5]。他在 1908 年娶的罗伊斯-克斯特里茨的埃莱奥诺雷公主（Princess Eleonore von Reuss-Kostritz）当然既没有得到感情，也没有得到关注。埃莱奥诺雷公主是一个朴素而务实的女人，她似乎完全了解丈夫那些被微妙地称为"小癖好"的事情都是什么。即便如此，当他们在婚礼后返回索非亚的路上受到罗马尼亚国王卡罗尔的招待，过分的丈夫坚持要把分配给他们的双人卧室换成两个独立的房间时，她也一定是感到非常尴尬的。

　　总而言之，在第一次世界大战前夕，斐迪南沙皇已经明确了自己在巴尔干地区既是最有魅力的也是最重要的君主的地位。自从 1908 年获得沙皇称号以来，他已经被几乎所有的欧洲君主视为能与自己平起平坐的人。1911 年，年迈的弗兰茨·约瑟夫皇帝向他颁发了基督教世界中最令人羡慕的金羊毛勋章，这也是他长期以来一直渴望的勋章。斐迪南从来不是一个会放过在国际舞台上引起人们注意的机会的人，他宣称："基督教的最高勋章第一次在巴尔干半岛这边散发光芒——这对未来而言是个吉兆！"

　　1912 年夏天，巴尔干联盟的成立是朝着实现光明未来迈出的一步。斐迪南与其他巴尔干统治者一样，都怀着扩大国土的强烈决心。

在此之前，他主要关心的一直是保加利亚如何继续维持国家的独立。这在很大程度上取决于他操纵俄国与奥匈帝国互相抗衡的能力。两个大国都认为，一个强大、独立、繁荣的保加利亚会阻碍自己在巴尔干地区扩张的希望，斐迪南不得不既与它们双方都维持友好关系，又不显得像是牺牲这一个国家的利益来满足另一个。这是他一贯擅长的游戏。

随着时间的推移，这将被放大为三国联盟和三国协约之间的平衡行为。任何一个集团都乐意欢迎斐迪南沙皇成为一个做出完全承诺的盟友。但是，这种保持不承诺的状态，对他来说更加适合。

斐迪南的阴谋诡计不仅仅是为了维护国家和王位。尽管他是个极其不善于军事的人，也将军队建设成了巴尔干半岛上最高效的战斗力量，但这并不足以满足他的野心。他的愿望是看到他的国家向南延伸到现在为土耳其所拥有的色雷斯和马其顿，这样他的南部边界将是爱琴海波光粼粼的水域。他克服个人对巴尔干邻国的厌恶，加入他们对土耳其的战争，希望能够实现这一目标。

然而，斐迪南还有一个更热切的愿望，便是对最大的奖赏——君士坦丁堡——提出权力主张。

多年来，斐迪南沙皇一直沉迷于一个"拜占庭之梦"。"想着我。"他对任何即将访问君士坦丁堡的人都会这样意味深长地轻声说。法国大使莫里斯·帕莱奥洛格有一次发现自己被故意留在斐迪南宫殿的一个房间里，其中最显眼的装饰是一幅巨大的寓言画，画中胜利威武的斐迪南骑着马，高高在上地俯视着君士坦丁堡的穹顶和尖塔。在宫中另一个房间里还有一幅画，那是一幅斐迪南的全身肖像画，画中他身穿拜占庭皇帝的长袍。

这位怪诞复杂、浪漫至极的君主最强烈的野心，便是让自己成为拜占庭的新皇帝，在圣索菲亚大教堂的大穹顶下加冕。

随着第一次巴尔干战争的爆发，这一野心距离成为现实惊人接近。

第九章

巴尔干战争

丽贝卡·韦斯特（Rebecca West）写道："在我们这个时代，没有任何战争具有 1912 年爆发的巴尔干战争的浪漫色彩。"与即将爆发的那场大战相比，这些巴尔干战役有一种几乎可以说是业余的感觉。每个人——外衣上有奢华穗带装饰、毛皮帽上插白鹭羽毛的军官，留着小胡子、肩上缠着子弹带的男人，甚至帮助拖动重炮的农妇——都对这项事业充满如火般的热情。他们坚定地走在笨重的牛车和满载的骡车旁边，边走边唱。

在第一次巴尔干战争中，最浪漫的一面，当属保加利亚的斐迪南沙皇向君士坦丁堡的进军。当他的盟友塞尔维亚、黑山和希腊的军队越过马其顿的西北和南部边界时，他的军队则涌入邻近的色雷斯，向君士坦丁堡进发。

对戏剧化的斐迪南来说，这场战争不仅仅是一场战争。它是一场"圣战"。他一直为自己的血管里流淌着圣路易的血液而自豪——圣路易，即被封为圣徒的法国国王路易九世（King Louis Ⅸ of France），在领导最后一次前往圣地的十字军东征的过程中死亡。斐迪南宣称，此时也是一场"圣战"："一场十字架抗击新月的正义、伟大而神圣的斗争"[1]。他自己是否真的相信这一点，那是另一回事。

这场战争取得了极大的成功。在两个星期内，土耳其在欧洲的每一支军队都被打败了。事实证明，斐迪南的军队行动极为高效。虽然零星的土耳其抵抗仍然存在，但巴尔干联盟所有四个成员国的军队都实现了快速进军。到 1912 年 10 月 23 日，胜利的保加利亚人将土耳其人逼退到最后一道防线，离君士坦丁堡只有 20 英里。

斐迪南欣喜若狂。在短短几天内，这个娘娘腔的纨绔子弟就变成了一个所向无敌的英雄。其他君主都惊讶不已。兴奋的德皇完全忘记了战败的土耳其人是由德国人训练的，声称这正是欧洲需要的新的"血液和精神"。"也许我们会看到斐迪南成为拜占庭的沙皇？或巴尔干联盟的最高首领？"

欧洲的其他重要君主显然没有那么欣喜。乔治五世嘀咕着斐迪南的"虚荣"和"戏剧化"。如果这位虚荣的保加利亚君主实现他的誓言，在圣索菲亚大教堂的穹顶上竖起十字架，那么整个伊斯兰世界都会受到影响。"我可统治着八千万伊斯兰教臣民。"英国国王烦恼地抱怨道。①

奥匈帝国的老皇帝弗兰茨·约瑟夫的烦恼更甚。在早期阶段，他曾赞成组建一个巴尔干联盟。他认为，保加利亚、罗马尼亚和希腊结

---

① 英国在海外的很多殖民地，如埃及、也门、阿曼、伊朗、阿富汗、巴基斯坦、印度等，均有很多伊斯兰教徒。

盟（但不包括奥地利的心腹大患塞尔维亚），将是对俄国泛斯拉夫野心的迎头重击。但现在，巴尔干联盟的胜利和马其顿人的解放只导致了弗兰茨·约瑟夫的多民族帝国中坚持民族主义的少数民族更加不安分。

最忧虑的人是俄国沙皇尼古拉二世。尽管他对巴尔干联盟中的斯拉夫同胞——特别是塞尔维亚人——的支持是毋庸置疑的，但他并不喜欢君士坦丁堡落入斐迪南沙皇手中的想法。因为控制住君士坦丁堡，就意味着控制住了达达尼尔海峡。在与威廉二世的弟弟普鲁士的海因里希亲王（Prince Heinrich of Prussia）①谈话时，尼古拉二世装模作样地说斐迪南是否进入君士坦丁堡对他来说是完全无所谓的事。但与此同时，他的外交官们在协约国盟国的外交部四处奔走，乞求他们阻止保加利亚人进一步前进。

但是，似乎没有什么能阻止斐迪南。他的荣耀瞬间就在眼前。他决心胜利进入君士坦丁堡，在圣索菲亚大教堂举行弥撒。为此，他从总司令部向首都发出命令，要求准备国务马车和六匹白马、皇家卫队的阅兵制服，据说还有他的拜占庭皇帝的服装。对于土耳其提出的停战请求，他断然拒绝。

"我们会宣布和平，在君士坦丁堡城中。"他宣称。

但事实并非如此。雨水、霍乱和土耳其人突然顽强起来的抵抗

---

① 在一些国家，海因里希亲王也被称作亨利（Henry），亨利即德语海因里希对应的英文叫法。

阻止了保加利亚人的前进。随着军队陷在君士坦丁堡外的泥泞防线中，斐迪南的拜占庭之梦开始破灭。不过，与此同时，他的盟友一直在向马其顿快速推进。事实证明，塞尔维亚人特别成功。不仅令斐迪南沙皇感到惊愕，同样令弗兰茨·约瑟夫皇帝感到惊愕的是，塞尔维亚很快就占领了土耳其的大片领土。而且，尽管与保加利亚达成了战前协议，但塞尔维亚显然打算要占据这些领土不放手。

为了阻止胜利势头没有那么厉害的希腊人也对他所觊觎的领土提出主张，斐迪南急忙令一些军力南下，以夺取爱琴海的塞萨洛尼基港。但希腊人比他更快。1912 年 12 月 19 日，当斐迪南沙皇乘坐火车抵达塞萨洛尼基时，发现他的盟友希腊的乔治国王已经在那里站稳脚跟。

但是，斐迪南成功应对了这一情况。斐迪南决心不能被希腊国王当作客人这种屈辱的身份，于是在火车驶入塞萨洛尼基之前，他下了车，迅速而隐秘地乘汽车前往保加利亚在该市的领事馆。希腊王室志得意满地在车站列队迎接保加利亚统治者，却发现他们的客人不在火车上，这让他们大为震惊。他们不得不驱车前往保加利亚领事馆，结果只是懊恼地看到沙皇正平静地检阅一支保加利亚军的小分队。

德皇威廉二世最初对胜利的斐迪南的钦佩之情现在已经冷却，他对俄国支持的巴尔干联盟的成功感到非常震惊。他确信，这将导致俄国和奥匈帝国之间的冲突，而这种冲突又意味着一场全面的欧洲战争。威廉二世在与朋友弗兰茨·斐迪南大公的会面过程中向对方保证，只要发生上述情况，德国就会给予奥匈帝国支持。

两周后，德皇在波茨坦的新宫召集了一个"战争委员会"，陆军和海军参谋部的多名成员被邀请参加，但没有政府的文职官员。

在这次会议上，他们讨论了伦敦大使的报告，报告包含的信息为：在未来的欧洲战争中，英国肯定会站在法国一边。

但是，德皇坚信亲王和王子们是比大使更好的外交家，他派弟弟海因里希亲王去英国，试探乔治五世对此事的态度。海因里希问，如果德国和奥地利要对俄国和法国开战，英国会援助这两个大国吗？乔治五世回答说："在某些情况下会。"[2]

海因里希亲王从来都算不上最可靠的使者，他把这个答复解读为英国部分承诺了中立。德皇非常愿意接受这种解释。英国君主不能决定他的国家是否参战，这一点威廉二世似乎无法理解。

碰巧，这种特殊的战争恐慌消散了。1912 年 12 月，巴尔干联盟和奥斯曼帝国之间签署了一份停战协议。各国军队停驻在各自位置上，同时，一场和平会议在伦敦召开。不出所料，所谓的和平会议很快就演变成了巴尔干盟国之间为争夺战利品而进行的争吵。1913 年 5 月，和平条约签署，但几乎算不得什么和平的条约。

就在条约签署的第二天，塞尔维亚和希腊缔结了秘密联盟，根据盟约，它们将对前些天还是盟友的保加利亚采取行动，并且，它们将瓜分马其顿。

1913 年 3 月 18 日下午，六十八岁的希腊国王乔治正在塞萨洛尼基的街道上享受他每日的散步。自从四个月前从土耳其手中赢得这座城市后，他就一直住在这里。当他和随从经过港口附近一家肮脏的咖啡馆时，一个衣衫褴褛的人拔出左轮手枪，将国王击毙。

暗杀者被发现是精神错乱的。在等待审判期间，他自杀了。

乔治国王的长子康斯坦丁王储听到父亲去世的消息时，正在约阿尼纳，这是另一个最近才落入希腊手中的城市。他立即动身前往雅典，准备继承王位。

事实证明，很少有君主比希腊的康斯坦丁国王在其统治初期更受欢迎。首先，他是在希腊因为第一次巴尔干战争的胜利而欢欣鼓舞的时候登上王位的；其次，他是一个有着令人印象深刻的外表和非凡品质的人。

康斯坦丁出生于 1868 年，登基时四十四岁。他的父亲本来是丹麦国王克里斯蒂安九世（King Christian Ⅸ of Denmark）的儿子之一，于 1863 年被邀请接受希腊王位。[①] 他的母亲奥尔加王后（Queen Olga）[②] 曾是俄国的一位女大公。康斯坦丁的血管里没有流淌着希腊人的血液，这一点非常明显：他是一个金发的大高个，比他的大多数臣民都高出脑袋和肩膀来。在早些时候，他被形容为"年轻的赫拉克勒斯"，如今，因为渐秃的头顶、宽阔的肩膀和庞然的身高，康斯坦丁国王看起来依然很有威严。

与这种粗犷的外表相伴存在的，是他粗犷的举止。康斯坦丁是一个诚实的人——坦诚、直率，不可能有不真诚或虚伪的行为。有

---

① 19 世纪 20 年代，希腊反抗奥斯曼帝国谋求独立，于 1828 年成立共和国，但其独立运动领导者卡波季斯第亚斯被暗杀，欧洲大国势力介入希腊内政。1832 年，英法俄三国在伦敦达成协议，指派巴伐利亚的维特尔斯巴赫家族的奥托王子担任希腊国王，但奥托的统治令希腊民众不满，在 1862 年被希腊议会罢黜。希腊议会本来希望由维多利亚女王的次子阿尔弗雷德担任新国王，但当初伦敦协议约定英法俄三国的人都不能担任希腊国王，所以改由来自丹麦的亚历山大王子即乔治一世继位。

② 奥尔加王后是尼古拉一世的次子的女儿，和尼古拉二世的父亲亚历山大三世是亲堂兄妹。

的时候，他的坦率会导致误解：他常常直言不讳，对自己不认同的
会无所保留地提出反对。但他绝对谈不上独裁。康斯坦丁国王有办
法让人们感觉到自在放松；他的善良本性是他最突出的特点之一。
希腊当时还是一个相对不成熟的国家，这些品质在国内受到了极高
的赞赏。

康斯坦丁在担任王储的那些年主要致力于建立军队。他曾在德
国接受教育（19 世纪末的希腊没有合适的大学），在普鲁士第二卫
队服役。1897 年，他成为希腊军队总司令。尽管他的军事生涯经
常受到反复无常的希腊政治局势的影响（他甚至不得不一度辞去职
位），但康斯坦丁证明了自己是一位鼓舞人心的指挥官。他不仅是
一个相当有军事能力的人，为军队引入了许多改革，而且，他在军
人中非常受欢迎。他的直率，甚至偶尔的脾气爆发，都是男人们欣
赏的东西。他们说，他的希腊语脏话的词汇量之丰富，你只有听过
才敢相信。

而王储与来自丹麦的父亲不同，他出生在希腊，是东正教信
徒，这一事实在希腊士兵心中很有分量。这赋予了他一种近乎神秘
的威望。他们的总司令在希腊军队最终战胜了可恨的土耳其人时成
为国王，这一事实也为他的登基增添了意义。

在国际上，康斯坦丁的重要性远远超过了他作为希腊这个小国
国王的地位。因为他和他的妻子索菲王后都与欧洲更重要的君主有
着密切的关系。康斯坦丁的父亲乔治一世国王是英国的亚历山德拉
王后和俄国的玛丽亚皇太后的兄弟，所以，这位新的希腊国王是乔
治五世和尼古拉二世的亲表弟。索菲王后是德皇威廉二世的妹妹，
也即维多利亚女王的外孙女之一，维多利亚女王有众多的孙女和外
孙女都正坐在或有一天会坐到欧洲的王座上。事实上，康斯坦丁和

索菲于 1889 年在雅典举行的婚礼，是 19 世纪末那些最辉煌的王室盛会之一：各种有亲戚关系的人齐聚一堂。维多利亚女王总是把这些人称为"皇家帮"（她会补充说，她最不喜欢的就是这种人）。

尽管康斯坦丁、索菲和在 1890—1913 年出生的六个孩子在雅典的宫殿或塔托伊的乡村住所过着愉快而淳朴的生活，但他们仍然是皇室家族的一部分。在和平时期这种宏大而有影响力的关系令人欣慰，然而，在未来的岁月里，这种关系将被证明几乎是灾难性的。

康斯坦丁国王几乎还没来得及对宪法宣誓效忠，第二次巴尔干战争就爆发了。这一次，不是大家齐心打击土耳其人，而是昔日的盟友开始相互攻击。根据战前的条约，俄国沙皇尼古拉二世提出为塞尔维亚的彼得国王和保加利亚的斐迪南沙皇担任仲裁，结果被彼得国王礼貌但坚决地拒绝了。塞尔维亚人无意将他们最近得到的马其顿交给保加利亚，不管他们战前是怎么安排的。因此，除了对在马其顿的塞尔维亚军队发动进攻外，斐迪南几乎没有什么选择。到 1913 年 7 月初，第二次巴尔干战争已经开始。

这一次，塞尔维亚的彼得国王不仅与希腊和黑山的国王结盟，还与罗马尼亚的卡罗尔国王结盟。卡罗尔国王决定从这场骚乱中捞点他能得到的东西，命令军队从北方进攻保加利亚。群敌环伺，保加利亚人被打得很惨。根据 1913 年 8 月签署的第二份和约的条款，斐迪南不得不无能为力地坐视大片领土被瓜分给塞尔维亚、希腊、罗马尼亚，甚至被归还给土耳其。

斐迪南沙皇遭受了奇耻大辱。他不仅发现自己的拜占庭之梦破灭了，而且几乎所有关于"大保加利亚"的计划都遭到了挫折。然而，他表面的软弱之下蕴含着钢铁般的坚韧，这种坚韧支撑着他，没有让他失望，甚至在这黑色的绝望时刻也没有。

斐迪南对年轻的西班牙国王阿方索十三世表明："我的时刻会到来的。我会报仇，我会让欧洲的每个角落都燃起大火！"[3]

康斯坦丁国王在第二次巴尔干战争中获得了更大的声誉。根据《布加勒斯特条约》的条款，希腊现在控制了马其顿南部所有地方、色雷斯和伊庇鲁斯、爱琴海群岛和克里特岛。国家的面积增加了一倍多。这无疑是民族的一个荣耀时刻。

1913 年 8 月 5 日，胜利的康斯坦丁国王从前线回到了雅典。在夏日耀眼的太阳下，"阿维罗夫"（Averoff）号战列巡洋舰在整个希腊舰队的护卫下，在法勒鲁姆湾抛锚。康斯坦丁身着普通的卡其色军装，没有佩戴任何装饰品，从船上走下来与前来迎接的索菲王后相会。夫妇二人一起乘坐一辆敞篷马车，穿过歇斯底里的欢呼不绝的人群驶向首都。

在哈德良拱门处有一个专门为伤残退伍军人设立的看台，马车行到这个地方时，康斯坦丁突然命令车夫停车。他从马车上下来，走到看台前，向受伤的军人庄严地敬礼。一个瘸腿的士兵完全自发地从地上捡起一根月桂树枝，蹒跚着走到国王面前献给了他。康斯坦丁默默接过，带回了车上。

在某些方面，这件小事象征着"士兵国王"和他的部下之间形成的几乎神秘的关系。军人们为这个自然率直的巨人奉献自我，而他带领他们取得了如此辉煌的胜利，为他们赢得了如此广阔的领土。他现在被军人们称为"鹰之子"。康斯坦丁和他的军队之间的这种密切交流影响了他今后几个月的许多想法，并最终导致了痛苦的个人困境和政治困境。

但是，这次辉煌的凯旋并没有被这样的预兆蒙上阴影。当国王和王后乘车穿过欢呼的人群时——他是如此高大，如此有军人气质，而她是如此身姿挺拔，如此骄傲——不难相信，一个古老的预言正在成为现实。在土耳其统治的千百年中，希腊主义的火焰里一直闪耀着一个传说：当再出现一对康斯坦丁和索菲坐在希腊的王座上时，拜占庭将再次崛起。① 这个新的康斯坦丁将重新征服君士坦丁堡，使其成为伟大的希腊帝国的首都。简而言之，这是让许多巴尔干君主都为之着迷的拜占庭之梦的希腊版本。

在离开前线之前，国王送给每个曾在他手下服役的士兵一张自己的照片。照片上的他身着普通的卡其布军装，脚穿布满灰尘的靴子，抽着烟。每张照片上都有手写的题词："致我在两场光荣战争中英勇的战友。"署名的康斯坦丁 B 中，B 代表着国王，总是跟在君主名字之后。然而，在很多欣喜若狂的收件人看来，这个潦草的 B 看起来更像是 IB，也就是希腊数字中的十二（ιβ）。而拜占庭的

---

① 康斯坦丁（Constantine）的名字起源于古罗马帝国的君士坦丁大帝（Constantinus Magnus，或 Constantine the Great），这两个名字在许多语种中是同一个写法。君士坦丁大帝修建了新都君士坦丁堡，为将来的东罗马帝国（即拜占庭帝国）打下了根基。索菲的名字来自君士坦丁大帝时期的圣徒圣索菲亚。

最后一个皇帝是君士坦丁十一世，所以，新国王签名为十二世，到
底是无心的还是有意的？他是否注定要带领他的人民回到君士坦丁
堡，并在那里，在圣索菲亚大教堂的大穹顶下，再次戴上拜占庭的
皇冠？

回到雅典后不久，康斯坦丁就出发访问欧洲各国的首都。在
登基后出访是大多数君主的一项传统，此行既确认了康斯坦丁的
登基，又使他得以拜访许多亲戚。在柏林，他受到大舅哥威廉二
世的国宴招待。德皇非常喜欢"战士国王"这个概念，以他特有
的溢美之词对康斯坦丁的军事才能表示敬意，然后，非常出人意
料地，赠予了他一根战地元帅的指挥杖。康斯坦丁吃惊地接受
了，即兴发表了一席感谢演说，其中提及他在德国接受军事训练
的事实。

在将希腊国王的答谢词转写为以供发表的文章的草稿时，德皇
稍微改变了重点。出于礼貌，康斯坦丁没有反对。

这篇演说文章发表时，配有一张康斯坦丁身穿德军元帅制服、
头戴尖头盔的照片，引起了一片哗然，尤其是在德国的死敌法国国
内。康斯坦丁十分愕然。当被秘书责备同意了德皇的歪曲时，国王
的回答依然是典型的直率。

"我怎么会知道这个东西会被电报传遍整个欧洲？"他抗议说。

他其实可以有更好的辩解理由，比如指出他的表哥英国的乔治
五世也是德国元帅，而德皇是英国元帅。

但伤害已经造成。从此时开始，协约国坚定地认为希腊国王是亲德的。

👑

在巴尔干战争中，任何一个君主，甚至包括希腊的康斯坦丁国王，赢得的赞誉都不及塞尔维亚的老国王彼得多。尽管他和黑山的尼古拉国王都太老了，无法在战争中发挥积极作用，但彼得国王主导了自己国家历史上的一个辉煌篇章。他的王国不仅面积扩大了一倍，而且自信心也大大增强。在短短几个月内，"大塞尔维亚"的梦想就在成为现实的途中了。

塞尔维亚的下一个目标，几乎没有什么疑问，便是解救生活在奥匈帝国的塞尔维亚人。塞尔维亚首相说："第一回合胜利了，现在我们必须准备第二回合，对抗奥地利。"[4]

对于这一点，奥地利非常清楚。当塞尔维亚人为了年迈的国王的荣耀时刻欢呼时，年纪更长的弗兰茨·约瑟夫皇帝正在考虑扼杀这种荣耀。然而，皇帝也意识到，任何粉碎塞尔维亚的企图都会被视为在针对塞尔维亚强大的保护者——俄国。

因为到了这个阶段，俄国已经深深卷入了塞尔维亚的事务。塞尔维亚已经成为尼古拉二世反奥政策的一个关键因素。彼得国王作为一个民主派和禁欲主义者，可能不赞成罗曼诺夫王朝的专制主义和奢侈作风，但他意识到，他的国家必须接受俄罗斯的帮助和保护。当他的儿子，为人严肃的亚历山大王储前往圣彼得堡，感谢沙皇在最近的巴尔干战争中对塞尔维亚事业的支持时，尼古拉二世回答说，他只是在履行他的"斯拉夫职责"。

在贝尔格莱德的俄国公使一直都起劲地鼓励塞尔维亚的扩张主义野心，既以官方的形式鼓动彼得国王和他的政府，也为各种爱国主义组织提供秘密支持。这些由俄国支持的秘密社团中最重要的一个名为"黑手"。"黑手"以其基层的组织、邪气的入会仪式、效忠誓言以及看重"恐怖行动"胜过"知识宣传"，吸引了各种极端分子的支持。甚至亚历山大王储也曾一度给予它支持。

但是，"黑手"的一般成员是无法和王储相比的，他们的克制力要差得多，而爆发性强很多。这些头脑发热的年轻爱国者中迟早会有人为了"大塞尔维亚"的神圣事业做出一些暴力行为，这是预料中必定会发生的事情。

在巴尔干战争错综复杂的局面中，俄国沙皇尼古拉二世找到了建立另一段友谊的机会：这次是与罗马尼亚国王卡罗尔的友谊。

从表面上看，这似乎是一种不太可能的伙伴关系。铁腕国王卡罗尔自1866年罗马尼亚成立以来一直统治着国家，他是霍亨索伦-锡格马林根（Hohenzollern-Sigmaringen）家族的一个王子，这个家族是普鲁士统治家族的一个天主教分支。自1883年以来，罗马尼亚通过秘密条约与德国、奥匈帝国和意大利的三国联盟联系在一起。而且，罗马尼亚人不是斯拉夫人，而是拉丁人。由于历史的作弄，在罗马帝国灭亡后的很长一段时间里，拉丁文化和语言一直在特兰西瓦尼亚的山区传承。单是罗马尼亚这个名字，就足以让人想起这个国家曾经是罗马文明一部分的时代。因此，罗马尼亚人与俄国的斯拉夫人没有任何亲近感。

然而，卡罗尔国王对其出身的祖国德国的感情，以及对老皇帝弗兰茨·约瑟夫的高度评价，并没有得到大多数臣民的认同。事实上，他们把奥匈帝国看作敌人。原因主要是许多罗马尼亚人仍然生活在奥匈帝国的统治之下。事实上，古罗马尼亚的中心位于被匈牙利占领的特兰西瓦尼亚。与所有巴尔干国家一样，罗马尼亚也有一个将所有罗马尼亚人统一在一个国家的民族梦想："大罗马尼亚"之梦。

由于通过和平手段实现这一梦想的机会微乎其微，所以某些罗马尼亚政治家开始考虑与奥匈帝国的大敌——俄国——达成更紧密的协约。1913年，俄国和罗马尼亚之间从来没有特别好过的关系突然得到改善。俄国意识到，与罗马尼亚的友谊在未来对奥匈帝国的战争中会非常有用，因此开始向对方示好。也许可以说服罗马尼亚脱离同盟国，加入俄国、法国和英国的协约国一方？

尽管年迈的卡罗尔国王放弃德国和奥匈帝国的可能性似乎不大，但他的继承人在鼓励之下这样做的概率相当大。很快，没有子嗣的卡罗尔就将王位传给了他的侄子斐迪南王储（Crown Prince Ferdinand）。虽然王储的个性有些软弱，他的妻子玛丽王储妃却更加坚决自信。罗马尼亚的玛丽王储妃美丽动人，富有戏剧性，自傲不凡，且是一个相当聪明的女人。就像比利时的伊丽莎白王后、俄国的亚历山德拉皇后和希腊的索菲王后等王室配偶一样，她注定要在即将到来的冲突中留下自己的印记。

玛丽王储妃的父亲是维多利亚女王的次子爱丁堡公爵阿尔弗雷

德（Alfred，Duke of Edinburgh）^①，母亲是亚历山大二世沙皇唯一的女儿，所以玛丽王储妃是乔治五世的亲堂妹，是威廉二世的亲表妹，也是尼古拉二世的亲表妹。玛丽是一个感情丰富、直言不讳的女人，她毫不掩饰自己的亲英和亲俄之心。奥地利驻布加勒斯特大使曾于不久前警告罗马尼亚政府，玛丽王储妃的"性格和心态会是将奥地利与罗马尼亚的关系置于截然不同的基础上的最重要原因之一"[5]。换句话说，一旦玛丽成为王后，奥地利不一定能够认为其与罗马尼亚的友谊是有保证的。

而这一点，俄国是欣赏的。还有什么比经典的外交策略——王室联姻——更能鼓励玛丽王储妃的亲俄同情心呢？由于王室联姻仍被视为外交政策的重要工具，俄国外交部开始考虑将尼古拉二世沙皇的长女——十八岁的奥尔加女大公（Grand Duchess Olga）嫁给罗马尼亚的卡罗尔王子（Prince Carol），即斐迪南王储的长子，当然更重要的一点是，他也是玛丽王储妃的长子。沙皇的女儿和罗马尼亚未来的国王结婚，还有什么比这更好的将罗马尼亚拉入协约国阵营的方式呢？

尽管玛丽王储妃对这一提议受宠若惊，但并不十分满意。她的理由更多出于个人，而非政治。她担心奥尔加可能和其母一样是血友病的传递者。她不希望这种可怕的疾病被带入罗马尼亚王室。尽管如此，王储和王储妃并不想完全否定这个提议，他们接受了在1914年春天访问沙皇的邀请，且带着儿子卡罗尔同行。

---

① 阿尔弗雷德王子在 1866 年受封为爱丁堡公爵，这是英国传统中封给国王或女王次子的爵位。1893 年，他继承了伯父萨克森-科堡-哥达公爵的爵位。他的妻子是俄国的玛丽亚·亚历山大罗芙娜女大公，是亚历山大二世的女儿，尼古拉二世的姑妈。

这次访问并不十分成功。玛丽笔下的沙皇村是这样的："外面的盛况和权力展示仍然存在，闪闪发光的宫殿，警卫团，不断巡逻的长相粗犷的哥萨克人。但所有这一切都在前门结束了，踏过门槛，你突然进入了安静的家居生活，它统一、排外，相当沉闷。"

沙皇和皇后都是玛丽的表亲，她却无法和他们亲近。尼古拉二世，尽管他有一如既往的魅力和礼节，但玛丽说，他似乎生活在"一种皇帝的迷雾中"。她发现亚历山德拉依旧矜持、不善言辞且笨拙。"她设法在她的世界与你的世界，她的经历与你的经历，以及她的思想、她的观点、她的原则、她的权力和特权与你之间拉开不可跨越的距离。事实上，她让你感到自己是一个入侵的局外人，这是所有感觉中最令人心寒和不舒服的。"

至于卡罗尔王子和奥尔加女大公，两人都没有表现出丝毫想要进一步熟悉的意愿。

"俄国发生了很多变化，"玛丽总结说，"一种不满的感觉笼罩着一切。沙皇村似乎在沉睡，但在这种沉睡之下，潜伏着一些危险的东西，我们感觉到了，但无法解释说明。"

对她来说，沙皇村似乎是"一个神秘的中心，在那里的某个阴暗处，拉斯普京占据着致命的支配地位"。

1914 年夏天，俄国方面进行了回访。俄罗斯皇室对罗马尼亚的黑海港口康斯坦萨进行了为期一天的正式访问。卡罗尔国王和王后、王储和王储妃及其孩子们在阳光灿烂、彩旗飘扬的码头上迎接

他们。对老国王来说，这是一个重要的日子。自十八年前弗兰茨·
约瑟夫皇帝来访之后，就再没有任何君主对他进行过国事访问。对
他的许多臣民来说，这个场合似乎突出了俄国和罗马尼亚之间日益
增进的友好关系。

当两个国家的大臣们举行会谈时，两个王室家庭进行了惯常的
活动：在大教堂举行感恩仪式，乘车穿过城镇，阅兵，举行官方午
宴和国宴。一切都极为成功。甚至亚历山德拉也做出了"勇敢的努
力，尽可能表现得和蔼可亲"。

但不管这次皇家访问还可能实现了什么成果（两年后两国将缔
结联盟），它都没有使计划讨论的卡罗尔王子和奥尔加女大公之间
的婚姻更进一步。两个人对彼此都根本不感兴趣。"我不想要这桩
婚事，"那天早上，年轻的女大公在皇家游艇上对她的家庭教师皮
埃尔·吉利亚尔（Pierre Gilliard）说，"爸爸已经答应不逼我，而
且我不想离开俄国。我是一个俄国人，我打算继续做一个俄国人。"

由于这个决定，奥尔加相当于拒绝了一条可以挽救自己免于落
入叶卡捷琳堡地窖里的命运的路。

当天晚上，沙皇一家乘船返回俄国。玛丽王储妃沿着码头跑着
送别离去的船只。在这之后，她再也没有机会见到他们。"那是一
个绚丽的夜晚，"她以她独特的风格写道，"天空是一幅巨大的星
图。我在码头尽头站了很久；船只现在只是一些光斑。我感觉喉咙
哽住了；重要的一天结束了，像很多其他东西一样滑向了永恒……"

第十章

弑君

1914 年 6 月 28 日，星期日，哈布斯堡王位的继承人弗兰茨·斐迪南大公与他的摩根式婚姻的妻子霍恩贝格女公爵索菲一起乘车进入萨拉热窝。

敞篷车在这个巴尔干小国首都洒满阳光的街道上行驶，夫妇二人就像两只球胸鸽一样并排坐在车上。弗兰茨·斐迪南身着元帅制服，扣子被撑得紧绷绷的，尖顶帽子上冒出一丛绿色的孔雀羽毛，他看起来温和仁慈，与平时很不一样。在他身边，索菲戴着豪华的帽子，穿着蕾丝裙，保持着一贯的端庄。两人显然都对他们受到的热情接待非常满意。

尽管一再有人警告奥匈帝国的继承人访问波斯尼亚的首都会很危险，但为什么弗兰茨·斐迪南还是坚持进行这一活动呢？毕竟，作为最近被任命的奥匈帝国武装部队检察长，弗兰茨·斐迪南曾来到波斯尼亚，参加靠近塞尔维亚边境的军事演习，肯定是一种高度挑衅的行为吧？而这次对萨拉热窝的正式访问难道不是具有同样的挑衅意味吗？弗兰茨·斐迪南知道，波斯尼亚及其首都正燃烧着斯拉夫民族主义和恐怖主义的火焰。

在萨拉热窝刺杀事件发生后的几十年里，人们找出许多理由来解释弗兰茨·斐迪南这一明显愚蠢顽固的做法。有人称，他的访问是为了给正在迅速崛起的塞尔维亚迎头一击；此行将作为一个警告，提醒人们哈布斯堡帝国不会容忍任何麻烦，无论是来自其边界以外的塞尔维亚人，还是来自其内部的斯拉夫分离主义者。甚至这次访问选择的日期也被说成是意义重大的。6月28日——塞尔维亚东正教日历中的6月15日——是圣维图斯日，是塞尔维亚为了铭记14世纪时惨败于土耳其人的一个纪念日，因此对塞尔维亚民族主义者来说是一个有着特别感情的日子。

还有人主张，大公的访问是以一种迂回的方式表明他对斯拉夫人的同情心。他出现在他们中间，可以说明他对他们的关心；可以让他们有机会更好地欣赏他们未来的皇帝。众所周知，弗兰茨·斐迪南厌恶奥匈帝国内的另一个多数群体——匈牙利人，并对斯拉夫人的合法愿望有一定理解。他不正在计划有一天在哈布斯堡联邦帝国的框架内给予斯拉夫人某种程度的自治权吗？

也有说法认为其中更多是为了个人原因。这次访问将增强弗兰茨·斐迪南的自尊心。由于与奥匈帝国的权力中心隔绝，大公渴望得到这样一次官方访问带来的认可。另外，他渴望此行，也是为了他的妻子。由于他们的婚姻是摩根式的，十四年来，弗兰茨·斐迪南不得不看着妻子忍受各种各样的小事。因此，他十分想要一个让她在他身边被人同等接受的机会。

真正的解释要比这些简单。弗兰茨·斐迪南去波斯尼亚是因为这样做是他的职责。即便军事演习活动确实是为了警告塞尔维亚，但策划这些演习的人并不是他。而且，他已经和妻子一起受到过德皇威廉二世、英王乔治五世和罗马尼亚的卡罗尔国王的接见，实际上并不需要通过访问巴尔干半岛的一个小首都来证明自己并提升索菲的地位。弗兰茨·斐迪南其实非常不想去波斯尼亚，曾试图取消这次旅行。他充满了莫名其妙的忧虑，曾跟皇帝提过此事。但弗兰茨·约瑟夫立场坚定，而弗兰茨·斐迪南作为一名尽职尽责的军人，感到有责任执行皇帝的意愿。归根结底，弗兰茨·斐迪南去萨拉热窝是因为他被命令这样做。

那天在萨拉热窝的街道上，有两次尝试夺走这对夫妇生命的行动。当他们的队伍接近市政厅时，一枚炸弹险些击中他们的汽车。"我是来这里访问的，"大公极为震惊，对聚集在市政厅欢迎他的激动的官员们喊道，"你们却向我扔炸弹！这是一种暴行！"

为了避免再次发生这样的暴行，队伍将从不同的路线返回。显然——而且令人难以置信的是——唯一没有被告知计划改变的人是领头车的司机。然而，如果允许他沿着错误的路线继续前进，这对夫妇可能会躲过暗杀，因为刺客动手的时机正是队伍暂停下来以便让领头的汽车倒车并改变方向之时。一个瘦小的十九岁男孩用一把手枪开了两枪。第一枪击中了弗兰茨·斐迪南，第二枪击中了索菲。弗兰茨·斐迪南的身子保持着直立，而索菲歪倒在他身上。

"索菲，索菲，不要死。为了我们的孩子活下去。"汽车飞驰在奔向总督府的路上，弗兰茨·斐迪南喃喃地说。

与此同时，刺客已被逮捕。他名叫加夫里洛·普林西普（Gavrilo Princip），是塞尔维亚裔波斯尼亚人，是那天密谋杀害弗兰茨·斐迪南的六个狂热青年之一。当队伍停下来让领头车改变方向时，普林西普突然发现自己正与要杀的人面对面，这是一个极为偶然的机会。

"我是一个南斯拉夫民族主义者，"后来，他在审判中解释说，"我的目标是所有南斯拉夫人的联合，无论是联合在什么政治制度下，都要把他们从奥地利解放出来。"这话说得实在简单直白至极。

从那时起，关于萨拉热窝谋杀案真正的始作俑者有很多种说法。那几个密谋的年轻人似乎不太可能单独行动。听起来最合理的解释是，他们是由塞尔维亚军事情报局局长组织在一起的，这是一个长得像公牛一样的爱国者，人称"神牛"上校（Colonel "Apis"），碰巧也是臭名昭著的"黑手社"的负责人。弗兰茨·斐迪南计划同意对奥匈帝国内的斯拉夫人进行改革，"神牛"担心这一举动可能会削弱南斯拉夫人的民族主义事业，所以决定必须在这位继承人成为皇帝之前将他杀死。还有人认为，他希望挑起一场全面战争以成全"大塞尔维亚"，而且他受到了俄国人的鼓励。

但不管谋杀案的始作俑者是谁，他们的努力都是成功的。枪击发生后十五分钟，弗兰茨·斐迪南和索菲在总督府的一个房间里双双死去。

弗兰茨·斐迪南的最后遗言简直不合时宜至极。

"这不算什么事。"他无力地嘀咕道。

欧洲的君主们都是一点一点地才充分认识到弗兰茨·斐迪南大

公被杀的全面影响的。起初，他们对弑君这一罪行本身的惊骇要远远大于对其可能带来的后果的惊骇。

威廉二世正在基尔附近坐着他的"流星"（*Meteor*）号游艇驰骋，这条消息从一艘行驶在旁边的海军部汽艇上以喊话的形式传递过来。他立即取消了赛艇会，返回波茨坦。他给首相贝特曼-霍尔韦格（Bethmann-Hollweg）发去电报："这一懦弱可憎的罪行……震撼了我的灵魂深处。"但他想去参加弗兰茨·斐迪南葬礼的计划被弗兰茨·约瑟夫皇帝坚决制止了。奥地利大使向惊讶的德皇解释说，为了不让塞尔维亚国王彼得参加葬礼，其他所有君主也都不被允许参加。

沙皇尼古拉二世听到这个消息时也在海上，在芬兰海岸附近他的"旗帜"号游艇上。对此事的重要性，他的理解并不比大多数君主深刻。与德皇不同，他甚至不觉得有必要回国。无论如何，俄罗斯皇室当时面对的问题似乎要严重得多。三天前，在登上"旗帜"号时，患有血友病的沙皇太子扭伤了脚踝。现在他已经陷入痛苦至极的境地。这一次，皇室没办法再求助拉斯普京来减轻孩子的痛苦。因为在弗兰茨·斐迪南被刺杀的前一天，有人企图刺杀"明星"。他走在家乡波克罗夫斯科耶的街道上，一个女人一边大喊着"我已经杀了反基督之人！"一边将一把刀插入他的肚子。拉斯普京伤情十分严重，危险持续了十四天。但是，由于拥有强健的体格，他挺了过来。对尼古拉二世和亚历山德拉来说，在波克罗夫斯科耶发生的刺杀尝试的重要性，远远超过了萨拉热窝的刺杀。

事实证明，英国的乔治五世也不比其他人更有洞察力。谋杀发生当晚，他在日记中写道："对亲爱的老皇帝来说，这是个可怕的打击。"玛丽王后也认为这是"可怜的皇帝"要承受的又一个十字架，也是无政府主义者犯下的又一项罪行。不过，尽管王后是个毫不妥协的君主主义者，但她并没有为此太过烦恼，甚至觉得大公及其摩根式婚姻的妻子被杀是"幸事一件"，她指出，这使得"未来在涉及他们孩子的地位时没有那么复杂了"。

所有这些被关心的对象——包括老皇帝弗兰茨·约瑟夫本人——并不像人们普遍想象的那样沮丧。"我发现爸爸的精神状态好得惊人，"他的女儿玛丽·瓦莱丽女大公（Archduchess Marie Valerie）在萨拉热窝事件后的第二天注意到，"他当然感到震惊……但是，正如我事先想象的那样，他本人并没有受到打击。"在起草一封向安排了与大公之死有关的各种仪式的宫廷大总管表示感谢的公函时，弗兰茨·约瑟夫划掉了"对我来说是痛苦的死亡"这个说法。

但是，对受害者缺乏个人悲痛并不意味着对罪行本身缺乏强烈的反应。弗兰茨·约瑟夫不喜欢他的侄子，这完全无关紧要。哈布斯堡王位的继承人——一个神圣不可侵犯的存在，被上帝选中来延续哈布斯堡王朝长达六百年统治的人——被击倒了。为了维护家族的尊严，弗兰茨·约瑟夫必须惩罚这一暴行的行凶者。皇帝可能已经年老体衰，爱好和平，但他是一个君主，坚持要报弑君之仇。

这一罪行是塞尔维亚实施的，对此，皇帝深信不疑。"这一血腥事件不是一个人所为，而是一个组织严密的阴谋，其线索延伸到贝尔格莱德。"弗兰茨·约瑟夫在给威廉二世的信中如此说，"尽管可能无法确定塞尔维亚政府是否参与其中，但没有人会怀疑，正是它将所有南斯拉夫人团结在塞尔维亚旗帜下的政策怂恿了这样的罪行，这种局势的形成，对我的家族和我的领土来说是一种长期威胁。"[1]他总结说，塞尔维亚必须被消灭，其对巴尔干地区的政治影响力必须被消灭。

即使弗兰茨·约瑟夫没有那么强烈地想"消灭"塞尔维亚，他那些更好战的伙伴，特别是他的外交部部长贝希托尔德伯爵（Count Berchtold）和参谋长康拉德·冯·赫岑多夫将军（Conrad von Hotzendorff），也会怂恿他这样做。与君主本人一样，政治和军事上的当权者也相信，维护君主制，要依靠对塞尔维亚的镇压。

♛

弗兰茨·约瑟夫要做的第一件事是确保威廉二世对自己的支持。没有威廉二世的支持，他就不敢对塞尔维亚采取行动。奥地利大使在一次优雅而悠闲的午餐会上获得了这一支持，当时的很多外交活动都是在午餐会上进行的。德皇不等他的首相同意，就向奥地利大使保证，无论发生什么事，弗兰茨·约瑟夫皇帝都会得到他的全力支持。他的盔甲随时都能上身，他的长剑随时都能出鞘，他的旗帜随时都能展开。与弗兰茨·约瑟夫一样，威廉二世也认为必须镇压塞尔维亚人，甚至不惜承担引发全面战争的风险。

但威廉二世怀疑事情不会发展到那一步。第二天，他对一位高级军事将领说："我不相信会有任何严重的战争发生。（俄国）沙皇不会把自己放在弑君者一边的。"

在做出这一极不准确的预测后，德皇开始了他每年一次的挪威海岸巡航。威廉大街①和总参谋部集体松了一口气。至少有三周时

---

① 威廉大街是柏林的一条街道，是德国的行政中心，首相府和外交部均在此。德国本国一般用威廉大街代指德国政府，其他国家则习惯用其来代指德国的外交部。

间，他们不用被君主那种不断改变的随风倒的政策方向影响。

从这时起，事情发展的势头越来越猛。奥地利得到了德国的支持，或者说得到了德皇的"空白支票"，于是起草了一份给塞尔维亚的最后通牒。"我们必须令塞尔维亚面对最严厉的最后通牒，"弗兰茨·约瑟夫称，"如果他们不屈服，我们就会开战。"

这份最后通牒确实被刻意起草得十分尖锐，任何有自尊心的国家都不可能接受其条款。在"霍亨索伦"号游艇上的威廉二世也收到了一份通牒副本，他称其为"一份坚决有力的照会"，而英国外交部部长爱德华·格雷爵士则宣称，他从未见过一个国家以如此强硬的措辞对待另一个国家。

奥地利的最后通牒于 1914 年 7 月 23 日发出，即在弗兰茨·斐迪南大公被暗杀的二十五天后。最后通牒本可以提前四天送达，但由于法国总统雷蒙·普安卡雷（Raymond Poincaré）正在对其盟友尼古拉二世沙皇进行国事访问，所以奥地利人将最后通牒推迟到法国人从圣彼得堡启程后才发出。不能让协约国的盟友有任何协商的机会。

在接下来的十天里，欧洲被势不可当地扯入了战争中。

♛

然而，在当时看来——至少对最直接相关的君主来说——战争并不一定是无法避免的。塞尔维亚对奥地利最后通牒的答复是卑躬屈节的，但在维也纳看来还不够卑躬屈节。因此，两国之间的外交关系中断了。弗兰茨·约瑟夫在听到这个消息时嘀咕道："终究还是这样了。"但他又安慰自己说："断绝外交关系仍然不意味着战争。"

德皇甚至更加乐观。或者，他可能只是更加务实。从海上回来后，威廉二世收到了驻伦敦大使的警告：如果欧洲发生战争，英国是否中立，并没有保证。这让他感到不安。他突然从战争领主变为和平之人，表达了他听到塞尔维亚答复中的和解语气后的欣慰之情。他写道："这是维也纳在道义上的巨大胜利，所有战争的理由都随之消失了。"最后这句话他画了下划线表示强调。

他决心要维护和平，于是给俄国沙皇发了一封电报——用两位君主在个人交流中一贯使用的英语——请"尼基"看在"我们双方从很久以前就以牢固的纽带联系在一起的真诚而温柔的友谊"，帮助他"努力平息仍然可能会出现的麻烦"。他在信上署名"维利"（Willy）。

尼古拉二世也同样担心。他对一名随从说："必须尽一切可能来挽救和平。我不会对一场骇人听闻的屠杀负责。"

但是，俄国当然不得不向塞尔维亚提供援助。它不仅是斯拉夫人的传统保护者，而且作为一个大国，它不敢再遭受 1908 年奥地利吞并波斯尼亚和黑塞哥维那时的那种屈辱。在听到奥地利对塞尔维亚的最后通牒时，尼古拉二世就向塞尔维亚的亚历山大王储承诺："殿下可以放心，俄国在任何情况下都不会对塞尔维亚的命运无动于衷。"

然而，沙皇又向法国大使保证："尽管表面上如此，但威廉皇帝十分谨慎，不会让他的国家进行一些疯狂的冒险，至于弗兰茨·约瑟夫皇帝，他唯一的愿望是在和平中死去。"

但是，这显然不是弗兰茨·约瑟夫皇帝唯一的愿望。1914 年 7

月 28 日，他否决了塞尔维亚对其最后通牒的答复，并向塞尔维亚宣战。第二天，尼古拉二世在一如既往的微微犹豫不决之后，下令部分动员俄国军队——仅动员沿奥地利边境的军队。

这一举动，促使尼基和维利之间的电报如猛烈的狂风暴雪一般往来不断。但这一切都毫无意义。7 月 30 日下午，尼古拉二世的外交部部长萨佐诺夫（Sazonov）劝说他，代替部分动员的全面动员命令不能再拖延了。

"想想你建议我所要承担的责任，"尼古拉二世抗议道，"记住，这将意味着让几十万俄国人去送死。"

但最终，他还是屈服了。萨佐诺夫后来写道："沙皇保持沉默，他的脸上显示出内心正在进行可怕的挣扎。最后，他艰难地说：'你是对的。我们别无选择了，只能准备好迎接对我们的攻击。下达……我的（全面）动员令。'"

尼古拉二世的这一命令所引发的连锁反应是任何事情都无法阻止的。君主和外交官们可能会让自己放心，动员并不一定意味着战争，但将军们对此更加了解。一旦烦冗复杂的动员过程开始，战争就几乎不可避免了。

德皇在听到沙皇的动员令后，宣布"战争迫在眉睫"，并起草了一份最后通牒，要求俄国在特定时间内停止一切军事准备。另一份最后通牒发给了俄国的盟友法国，要求如果发生德俄战争，法国须保持中立。第三份最后通牒发给了比利时，其中明确指出，无论是否得到比利时的允许，德国军队都将从比利时过境进入法国。

由于俄国无视最后通牒，德国向其宣战。日期是 1914 年 8 月 1 日，时间是晚上七点刚过。

　　即使在这个晚期阶段，德皇也希望冲突能被限制在东线。几天前，即 7 月 26 日，他的弟弟海因里希亲王乘游艇到了考斯，顺路去白金汉宫拜访了他们的表弟乔治五世。在八分钟的谈话过程中，乔治国王表达了对英国在即将发生的战争中保持中立的希望。"但如果德国向俄国宣战，我担心我们会被拖入其中。"国王解释说。

　　海因里希亲王又去见了妹妹，希腊的索菲王后，她正带着孩子们在英国的伊斯特本度假，然后海因里希亲王回了德国。他就像前一年所做的那样，平静地向德皇保证，英国国王说英国将保持中立。德皇出于对王者权力的不可动摇的信念，将此解读为英国对保持中立的官方保证。当冯·蒂尔皮茨上将（von Tirpitz）对英国不参战表示怀疑时，德皇给出了坚决的答复。

　　"我有一个国王的承诺，这对我来说就足够了。"威廉二世称。

　　正因如此，当最终明确英国不会保持中立时，德皇发了脾气。在一连串的旁注中，他辱骂英国人是"一群卑鄙的开小商店的"，他们的外交部部长是"一个没教养的坏蛋"，而乔治五世是"一个骗子"。他甚至抨击了已故的舅舅爱德华七世，认为爱德华七世对德国被群敌环伺负有责任。"爱德华七世死后，依然比我这个还活着的人强大。"德皇抨击道，舅舅的恶毒工作"最终由乔治五世完成并投入运作"。

　　但是，即使在不情愿地签署了总动员的命令之后，威廉二世还抱着只在俄国前线作战的希望。有人耐心地向他解释，重新部署已

经在向比利时边境移动的一百万人是不可能的。一旦军事机器开始
运转，一旦著名的"施利芬计划"付诸实施，就没有办法让它停下
来了。

　　然而，忧心忡忡的德皇仍然给乔治五世发了一封电报，解释说
由于"技术原因"，总动员不能被撤销，但"如果法国向我表示中
立——必须由英国舰队和军队做担保，我当然会避免进攻法国，把
我的军队用到其他地方去。"

　　同样忧心忡忡的比利时国王阿尔贝也在与德皇联系。在收到德
国最后通牒的前一天，他给威廉二世写了一封个人呼吁信。阿尔贝希
望德皇能够给他某种私人保证：一种威廉二世出于政治原因无法公开
做出的保证。这封信是阿尔贝国王在伊丽莎白王后的协助下起草的。

　　当时和他们在一起的范德埃尔斯特男爵说："她的所有评论都
非常合理，显露出一种确定的判断力，以及那种特殊的事实，这种
事实往往使女性比男性更适合做心理学家。"他说，她说话声音很
柔和，几乎透着羞怯，以提问的形式提出观点。这封重要的信中的
每一个字、每一个词都是经过深思熟虑的。完成后，王后建议由她
来把信从法语翻译成德语。为了确保翻译的最大准确性，她从隔壁
房间取来一本字典，放在旁边的扶手椅上，然后跪在一张矮桌前开
始写。在她身后，阿尔贝国王不安地俯身越过她的肩膀看着她书
写。国王夫妇完全满意之后才把信发出去。

　　在收到德国最后通牒的同一天，德皇对信件的答复电报也到
了，只是又一次试图让比利时国王接受德皇的条件。威廉二世的电
报十分淡定："正如已经明确的情况，维持我们曾经拥有的并且现
在还拥有的关系的可能性，仍然掌握在陛下的手中。"换句话说，
阿尔贝需要同意德国军队通过比利时。

"他把我当成什么了？"阿尔贝罕见地表现出了愤怒。一怒之下，他下达了炸毁默兹河①上的桥梁的命令。

就这样，势力联盟不可避免地被桎梏在各自位置上。8月1日，德国向俄国宣战。8月3日，德国向法国和比利时宣战。8月4日，随着德国侵入比利时，英国履行了长久坚守的捍卫比利时中立的承诺，向德国宣战。8月5日，奥地利向俄国宣战。8月12日，英国向奥地利宣战。三国同盟的第三个成员意大利，目前仍未表态。

在德意志帝国此时汹涌的好战狂欢的洪流中，只有德皇没有受到影响。所有这些好战的姿态，在他的帮助下创造了一种战争的气氛，突然间暴露了它们的本质。"我从未见过一张比我们的皇帝在那些日子里的脸更悲惨、更受摧残的脸。"冯·蒂尔皮茨上将说。在柏林旧宫坐下来签署让军队开始向边境进发的命令的那一天，德皇带着一种几乎是注定要失败的表情。

"先生们，"他对聚集在他办公桌旁的陆军和海军负责人说，"你们将来会为此后悔的。"

威廉二世总是时而凄楚悲怆，时而又突然转变情绪。后来，他愤愤不平地宣称："想想看，乔治和尼基竟然把我耍得团团转。如

---

① 默兹河发源于法国，流经比利时和荷兰，注入北海，在比利时有一段靠近与德国的边界。另外，在法国的部分，默兹河流经凡尔登要塞，这里也是两次世界大战的重要战场。

果我的外祖母（维多利亚女王）还活着，她绝不会允许这种事发生的。"[2]

♛

在被第一次世界大战的狂风裹挟的十二位君主中，只有三位可以说对战争负有某种责任。他们是弗兰茨·约瑟夫、尼古拉二世和威廉二世。但他们负有多大程度的责任呢？

从理论上讲，他们本来是有可能阻止战争发生的。弗兰茨·约瑟夫本可以接受塞尔维亚对其最后通牒的和解性答复。尼古拉二世本可以怀着将战争限制在奥地利前线的希望，坚持他的只进行部分动员的命令。甚至威廉二世也可以拒绝下令进行全面动员。但实际上，他们能做的很少。他们可能是独裁或半独裁的君主，但也在很大程度上受制于各自国家内部的军事集团。他们并非将军、政客和军火制造商的主人，而是这些人的仆人。

考虑到这三位皇帝被宪法赋予的地位所具有的权力，如果他们是更果断、更精明的人，也许能够更有效地塑造或控制事态。但是，这三个人都是低效的人，只是表现各不相同：弗兰茨·约瑟夫过于固执，尼古拉二世过于优柔寡断，威廉二世过于没有安全感。

在这三个帝国中，都有一种感觉，即内部问题——政治、社会和经济问题——可以通过一场胜利的战争来解决；战争是团结全体人民支持君主的唯一途径。这些君主让自己相信，为了他们王朝的生存，为了他们国家的威望，战争不仅是必要的，而且是不可避免的。面对决心不陷入军事劣势的总参谋部的催促，这些君主几乎束手无策。

对战争最为热切的是德国。德国的政治家和军事家对俄国日益增长的实力感到恐惧，对法国同样感到恐惧，只是程度稍轻，所以他们都决心要尽早进行一场战争。弗兰茨·斐迪南大公的被杀恰恰给了他们等待的借口——他们看起来是受害方，可以发动进攻。刺杀弗兰茨·斐迪南大公的刺客在牢房里说："即便我没有这样做，德国人也会找到另一个借口。"

因此，当德皇以其反复无常的方式尽力防止战争或至少限制战争规模的时候，他的政治家和将军们却在忙着助长战争。德皇所有的疯狂努力，所有强调的指示和潦草的旁注，所有那些发给尼基和乔治的絮叨的电报，全都毫无意义。德皇的想法或行动在很大程度上并不重要。他的主意是别人为他定的，尤其是还要受到比他强悍很多的皇后的影响，同时他还恐惧被好战的继承人威廉皇储指责为懦夫。

"我不相信德皇想要战争，"乔治五世向即将离任的德国大使坦言，"但他害怕他儿子拥有的民心。他的儿子和政党促成了这场战争。"这可能是一个简单的推理，但确实包含了一些真相。

同样不重要的是德皇与尼古拉二世和乔治五世的亲戚关系。在民族主义和军国主义的力量面前，这些血缘关系毫无意义。

事实上，到了1914年，欧洲已经发展成为一系列相互敌对的权力集团，彼此之间都在相互竞争，都在努力成为比对方更大、更强、更伟大的国家。每个国家都想拥有规模更大的海军，军力更强的陆军，更有利可图的市场，比其他帝国更强大的帝国；每个国家都急于取得对邻国的外交胜利。一场大爆发几乎不可避免。

在这样的巨浪中，在这样如山高的波涛中，君主们只能像许多软木塞一样随波逐流。正如历史学家戈洛·曼（Golo Mann）所说："那些在全世界看来是战争无情的制造者的人，并不知道他们身上发生了什么。"

　　但他们所知道的是，或者说，他们开始怀疑的是，他们帮助释放出了一些东西，而这些东西最终将是他们无法承受的。三位皇帝似乎都察觉到他们的日子屈指可数。"如果君主制注定到了末日，"弗兰茨·约瑟夫平静地对他的参谋长说，"至少让它体面地倒下。"[3]

　　后来成为奥地利外交部部长的切尔宁伯爵（Count Czernin）对中欧君主制秩序的垮掉过程做过一个更加犀利的评论。他在战后说："我们注定会死，我们可以自由选择死亡的方式，而我们选择了最可怕的方式。"

第三部分

王冠与大炮

第十一章

被分裂的家族

第一次世界大战的爆发，一锤定音地证明了欧洲各个统治家族之间的家族纽带是无关紧要的。欧洲的大多数重要君主都是近亲，这对事态的发展没产生丝毫影响。事实上，尽管维多利亚女王的直系后裔坐在至少七个欧洲王位上[①]，且她在科堡家族的亲戚坐在另外两个王位上[②]，欧洲大陆却承受着有史以来规模最大的战争的蹂躏，这说来真的非常讽刺。

[①] 这里说的七个欧洲王位包含王后，分别是英国国王乔治五世、德皇威廉二世、希腊的索菲王后、俄国的亚历山德拉皇后、罗马尼亚的玛丽王后（此时还是王储妃）、西班牙的维多利亚·尤金妮亚王后、挪威的莫德王后（Queen Maud of Norway）。

[②] 科堡家族的两个王位即比利时国王阿尔贝一世和保加利亚沙皇斐迪南一世。葡萄牙王室本来也属于科堡家族，但在 1910 年葡萄牙君主制被推翻了。

　　他们不仅没有从这种密切的关系中受益，反而因此受苦。对这些皇室亲戚来说，这些日子将是令人心碎的日子。一夜之间，他们的世界被一分为二。

　　在战争爆发前的最后几个小时里，正在度假的皇室成员们全都仓促上路，匆匆忙忙地赶回自己的国家。德皇的弟弟，普鲁士的海因里希亲王，不得不缩短他在考斯逗留的时间；他们的妹妹，希腊的索菲王后，不得不离开伊斯特本，把两个孩子留给了表兄乔治五世照顾。尼古拉二世的母亲玛丽亚皇太后正在探望她的姐姐亚历山德拉王后，她试图乘火车穿越敌对的德国，但被柏林拒于门外，不得不绕道经哥本哈根返回圣彼得堡。在欧洲的每个宫廷里的法国家庭教师、英国保姆和德国女仆都收拾好他们的手提箱，前往火车站。

　　回到家后，这些皇室亲戚中的大多数人在未来四年内都没有再见过彼此。战前的那些大型聚会——在达姆施塔特举行的洗礼仪式、在哥本哈根举行的家庭聚会和在柏林举行的婚礼——全都戛然而止。所有私人访问也都终止。他们不仅不能再见面，而且同一家族的成员之间也往往彻底疏远了。堂兄弟、表兄弟发现彼此在战斗，兄弟姐妹站在对立阵营。他们中很少有人能逃脱被割裂的忠诚带来的痛苦。

　　黑森三姐妹——亚历山德拉皇后、埃拉大公夫人（Grand Duchess Ella）和巴滕贝格的路易斯王妃（Princess Louis of Battenberg）——与她们的兄弟黑森大公（Grand Duke of Hesse）断绝了联系，也与嫁给德皇弟弟海因里希亲王的姐妹伊雷妮公主

(Princess Irene) 断绝了联系。① （不过，路易斯王妃和海因里希王妃确实很有远见，在战争爆发时交换了女仆；路易斯王妃的德国女仆去了德国的基尔，而海因里希王妃的英国女仆去了英国的怀特岛。）

泰克的亚历山大王妃（Princess Alexander of Teck），本来是奥尔巴尼的爱丽丝公主②，有一个在英国出生的弟弟③，即科堡公爵，现在在德国军队中，正在俄国前线作战；而她的丈夫，也就是英国的玛丽王后的弟弟，则隶属于英国驻比利时阿尔贝国王处的使团。爱丽丝公主称，这场战争在相当程度上粉碎了她弟弟的生活。科堡公爵在德国被指责为英国人，在英国被指责为德国人。与阿尔贝国王的军队在一起的还有波旁-帕尔马家族的西克斯图斯王子（Prince Sixtus of Bourbon-Parma）和格扎维埃王子（Prince Xavier of Bourbon-Parma），这两位法国王子的妹妹嫁给了他们的奥地利敌人弗兰茨·约瑟夫皇帝的继承人。

比利时的伊丽莎白王后出生在巴伐利亚王室，她的妹夫是巴伐

---

①　亚历山德拉皇后兄弟姐妹共七人，亚历山德拉皇后行六，黑森大公行四。埃拉大公夫人，全名为伊丽莎白·费奥多罗芙娜大公夫人（Grand Duchess Elizabeth Fedorovna of Russia），是他们的二姐，她的丈夫是俄国的谢尔盖·亚历山德罗维奇大公（Grand Duke Sergei Alexandrovich of Russia），也是尼古拉二世的叔叔。巴滕贝格的路易斯王妃是大姐维多利亚公主，她的丈夫是巴滕贝格的路易斯亲王，前任英国女王伊丽莎白二世的丈夫菲利普亲王（Prince Philip）是他们的外孙。伊雷妮公主是三姐。

②　即前文提及的阿斯隆伯爵夫人。第一次世界大战中，英国为了去德国化，将泰克亲王的头衔改为了阿斯隆伯爵。具体参见本书第十四章相关内容。

③　爱丽丝公主的弟弟卡尔·爱德华（Karl Edward）继承的是伯父阿尔弗雷德（即罗马尼亚的玛丽王后的父亲）的萨克森-科堡-哥达公爵爵位，阿尔弗雷德唯一的儿子在二十四岁时死亡，没有留下子嗣，所以爵位传给了卡尔·爱德华。

利亚的鲁普雷希特王子（Prince Rupprecht of Bavaria）①，此时正指挥着德国第六和第七军团，与比利时的盟友法国作战。在战前，德皇曾试图唤起伊丽莎白王后对其出生地的忠诚，以打破阿尔贝国王一丝不苟的不偏不倚，但她的回答简洁得令人沮丧。"我的丈夫和我是一体的，"她说，"我遵从他的决定。"威廉二世一向全心全意地赞同妻子对丈夫的顺从，这将是他唯一一次不赞同的时刻。比利时和德国正在交战，伊丽莎白王后毫不含糊地认同了丈夫的国家。"我和他们之间的关系终结了，"她在谈到德国的亲戚时说，"从今以后，我们之间降下了一层钢铁帘幕。"

　　英国国王乔治五世虽然对自己的祖先有些不安，但通常会抵制许多臣民过度狂热的反德行为。然而他不得不剥夺了几个德国亲戚的英国荣誉军衔，并将他们的名字从军队名单上删除，其中包括德国皇帝和皇储，以及亚历山德拉王后的妹夫坎伯兰公爵（Duke of Cumberland）②。他还不情愿地同意从温莎城堡内的圣乔治教堂移走嘉德骑士团中各敌方成员的旗帜，并将他们的名字从骑士团勋章的名单上抹去。而且，他不得不违背个人更好的判断，接受他的近亲巴滕贝格的路易斯亲王被迫辞去第一海务大臣的职务，原因无非是他有一个德国名字。玛丽王后也不得不淡化自己对已故父亲的家族——符腾堡家族——的成员的关注和感情。

---

　　①　伊丽莎白王后的妹妹玛丽·加布丽埃勒（Marie Gabrielle）在 1900 年时嫁给鲁普雷希特王子，于 1912 年去世。鲁普雷希特王子是巴伐利亚王位的继承人，但在 1918 年，巴伐利亚君主制被推翻，因此他并没有机会继承王位。

　　②　即恩斯特·奥古斯特二世（Ernst August Ⅱ），他的妻子是丹麦的提拉公主（Princess Thyra of Denmark），与英国的亚历山德拉王后和俄国的玛丽亚皇太后是姐妹。他们的儿子恩斯特·奥古斯特三世是不伦瑞克-吕讷堡公爵，也是威廉二世的女儿维多利亚·路易丝公主的丈夫，前文提及的德皇女儿的婚礼便是他们的婚礼。

德皇特意通过离任的英国大使将他的英国陆军元帅和海军元帅
的证章还给了乔治五世。威廉二世认为英国背信弃义，每每想到
此，就几乎无法抑制自己的厌恶之情。他痛苦地说，这就是普鲁士
在滑铁卢帮助英国人后得到的感谢。

但是，要消除人们对拥有外国血统的王室成员可能会暗中同情敌
人的普遍怀疑，需要的不仅仅是这样的姿态。当一贯开朗健谈的德皇
被看到用英语与英国战俘交谈时，他被指责为亲英。在俄国，亚历山
德拉皇后出身德国，关于她对其祖国的同情的传言沸沸扬扬。有这样
一个故事：有一天，一位将军在冬宫遇到了沙皇太子，他正痛哭流涕。

"怎么了，我的小男子汉？"将军问。

"俄国被打败的时候，爸爸就哭。德国被打败的时候，妈妈就
哭。我该在什么时候哭啊？"孩子说。

这个故事是无稽之谈，但它被广泛地传播，不断被讲来讲去，
这一点便说明了问题。

然而，如果亚历山德拉皇后不担心在德军之中的哥哥黑森大公
的命运，那就不是人类的正常表现了。"我没有我哥哥的消息，"她
曾给沙皇写信，"想到威廉皇帝可能会出于报复把他送到俄国前线
来，我就不寒而栗。他完全会做出这种骇人听闻的行为。"

有些感情的表达比她强烈得多。梅克伦堡-施特雷利茨老大公
夫人，英国出生的剑桥的奥古丝塔公主（Grand Duchess of Meck-
lenburg-Strelitz，Princess Augusta of Cambridge）①，在临终前有机

---

① 剑桥的奥古丝塔公主死于 1916 年 12 月，是战争正胶着之时。她和维多利亚女王
是堂姐妹。梅克伦堡-施特雷利茨大公国是德意志帝国的属国，此时在位的大公阿道夫·
弗里德里希六世是奥古丝塔公主的孙子。

会给乔治五世传了一句话。

"告诉国王，"她从德国传来消息，"停止跳动的，是一颗勇敢的英国老心脏。"

　　　　　　　　　　　　　　♔

　　到了 1914 年时，君主们已经不再亲自带领军队作战。他们指挥国家武装力量的权力也像神赋予的权力一样消失了。这也是好事。无法保证君主们会成为优秀的士兵或军事战略家，就像无法保证他们会成为优秀的统治者一样。从理论上讲，君主仍然是最高指挥官，但战争的实际运作却被委托给了将军们。自拿破仑时代以来，还没有一个重要的君主亲自指挥过一场战斗。现在，君主们要么牢牢地待在自己的宫殿里，偶尔去军队看一看，鼓舞一下士气，要么就在前线后方的某个乡间别墅里，身边围绕着侍从武官、秘书、随员、男仆、杂役和厨师等，他们可以关注每天发生的大事。不管是哪种，当代君主对战争的安排执行几乎没有发言权。

　　比利时的阿尔贝国王是一个例外。在战争爆发后的几天内，他就证明了自己不仅在军衔上是比利时军队的总司令，而且在实践中也是。这符合比利时宪法的规定。"士兵们，"他发布的第一条振奋人心的动员令中说，"我离开布鲁塞尔，让自己走到你们前面去。"

　　在 1914 年 8 月、9 月和 10 月这三个月中，阿尔贝国王从一个尽管善意但表面上毫无个性的君主，变成了一个大胆而坚决的领袖，成为小小的比利时对抗强大而无情的侵略者的象征。当盟友英国和法国在犹豫不决的沼泽里徘徊时，他的国家首当其冲地承受着德国人的攻击，而他则为自己赢得了"勇敢的阿尔贝"的称号。

在确定德国人已经越过边界后，阿尔贝认为自己已经有权放弃他的国家严格遵守的中立原则，向法国和英国求援了。阿尔贝相信协约国会赶来帮助他，准备在援军到来之前阻挡住敌人的进攻。但阿尔贝没有预料到的是，英法两国并没有计划增援比利时。法国一心想要夺回 1870 年输给德国人的阿尔萨斯和洛林，决心在法德边境上大举进攻。英国在犹豫不决了一段时间之后，派出了四个师去支援，但不是支援比利时人，而是法国人。就这样，在两个多星期的时间里，阿尔贝国王的军队独自面对着骇人的猛攻。

在这两个多星期里，阿尔贝被迫做出了一系列重大的决定。这些决定在做出时不得不面对来自他的盟友、他的总参谋部、他的军队和平民的充满敌意的批评，这就使得这些决定更加重要。影响他行动决策的因素主要有两个：一是他必须保护他的小军队，二是他必须尽可能长时间地把军队留在比利时境内。

其中第一个决定是阻止之前在列日击退敌军的比利时军队立即发动反击。头脑冷静的阿尔贝意识到，任何这样的进攻都是自杀性的。另一个决定是拒绝德皇的提议：比利时已经通过这种英勇的抵抗"维护了自身荣誉"，现在可以允许德国军队过境了。他拒绝了这个诱人的建议，导致列日不断被敌军的炮火轰炸，最后投降，德国军队跨过默兹河，冲到对岸。

阿尔贝再次做出了一个明智但不受欢迎的举动。他命令军队撤退到安特卫普市要塞，从而使比利时中部，包括布鲁塞尔，落在敌人的铁蹄之下。

"这不是为了把我们自己关在一个固若金汤的营地里，而是为了在最终的反击之前缓上一口气。"阿尔贝向法国人解释说，法国人希望比利时军队能退到法国，加入他们的左翼。

因此，当他与伊丽莎白王后和三个孩子以及比利时政府留在安特卫普时，德国人占领了布鲁塞尔，并根据"施利芬计划"，绕了一个大圈向南挥师法国。阿尔贝在等待盟军的救援期间，所能做的就是骚扰敌人的侧翼——结果，等待只是一场空。

在这些骚扰性的攻击中，人们总是能看到阿尔贝的身影出现在战斗最激烈的时候。他在士兵中公开活动，鼓励他们，与他们有难同当。尽管他从不爱惜自己，但对军队极为珍惜。他的冷静，他的常识，最重要的是他毫不张扬的勇气，赢得了士兵的信任和全心全意的奉献。"在这些紧张而悲剧的日子里，国王和王后的态度非常值得称颂，"在这个时候去探访了被围困的安特卫普的温斯顿·丘吉尔写道，"这位严肃、冷静的士兵国王主持会议，为军队和指挥官提供支持，在他的王国的废墟中保持着不可征服的威严，这种印象永远不会从我的脑海中消失。"

阿尔贝的王国正在被摧毁，这是毫无疑问的。德国被比利时最初的抵抗激怒，正在对这个国家进行冷酷无情而有条不紊的恐怖活动。德军的进攻已经延迟，"施利芬计划"被扰乱了；为了防止比利时的进一步抵抗，德军不得不对平民进行恐吓。阿尔贝国王无能为力地看着国家遭受了一系列暴行——掳掠烧杀、大规模处决、古城鲁汶被摧毁——在欧洲战争中，人们从未经历过类似的事情。

德皇在给美国总统伍德罗·威尔逊（Woodrow Wilson）的电报中抗议说："我的心在流血"，因为比利时所受的苦难，是"比利时人的犯罪和野蛮行动造成的"。他声称，他们的抵抗是由比利时政府"公开煽动"和"精心组织"的。[1]

但世界上的其他人都更加了解真相。如果说到目前为止，人们对战争的原因还有任何疑问的话，那么德国对比利时的蹂躏已经消除了这些疑问。因为不仅比利时的中立地位受到了侵犯，而且它面对强大而无情的侵略者时的顽强立场为它赢得了广泛的同情和敬意。发表在《笨拙》（*Punch*）上的一幅漫画体现了比利时人的这种抵抗精神。在饱受蹂躏的比利时的废墟上，德皇和阿尔贝国王面对面对峙。

"你看，"德皇说，"你已经失去了一切。"

"我的灵魂还在。"阿尔贝国王说。

此时，威廉二世已安顿在卢森堡的德国公使馆。起初人们认为，他会像乔治五世、尼古拉二世和弗兰茨·约瑟夫等其他君主一样留在首都，作为国家的核心处理政治和外交事务。但是，对至高无上的战争领主来说，任何这样的想法都是不可能的：他的位置在他的军队里。而且无论如何，他——以及欧洲的几乎所有其他君主——都认为战争只会持续几个星期而已。他曾向即将出发的军队保证他们会在落叶之前回家，不是吗？

威廉二世的意图是留在西线，直到法国被打败（"施利芬计划"预计在1914年9月9日之前取得全面胜利），然后再前往东线参加俄国战役的最后阶段。"在巴黎吃午饭，在圣彼得堡吃晚饭"，这就是德皇对其计划的简洁总结。

就这样，在众多随行人员的包围下，威廉二世建立了总部，先是在科布伦茨，然后在德军席卷比利时之时，转移到了卢森堡。

即使曾经有人认为威廉二世会成为阿尔贝一世那样的最高统帅，这种假设也没有维持多久。随行人员与德皇朝夕相处，很快就认识到了他在军事上和性情上的不足。他的总参谋长冯·毛奇将军同样对德皇的领导素质感到幻灭。尽管威廉二世在和平时期的态度是好战的，但他展现出来的对军事战略的理解并没有胜过大多数其他君主。冯·穆勒海军上将（von Muller）指出："他觉得来自前线的血腥细节很有趣，但他对整个局势的严重性没有表现出什么理解。"

他也不具备一个军事指挥官所需的任何素质：他太优柔寡断，太缺乏自信，太不现实。他的情绪摇摆不定，忽而是令人振奋的乐观主义，忽而陷入深深的沮丧，忽而精神和勇气都慷慨万分，忽而又只想野蛮地报复。前一刻他还在预测即将到来的胜利，下一刻就会担忧耻辱的失败。

他格外敏感。有一次，在东线的消息很糟糕时，他和两名军官在花园里散步，想要坐在长椅上休息，其中一个人没有坐在他身边，而是拿来了一把椅子，因为长椅太短了，容不下三人。"难道我已经是这样一个被人蔑视的人了，都没有人愿意坐在我旁边吗？"[2] 威廉二世感叹道。

但来自东线的坏消息并没有持续很久。为了阻止俄国人出人意料的进攻，毛奇任命已退休的保罗·冯·兴登堡将军（Paul von Hindenburg）全面指挥俄国前线，并任命埃里希·鲁登道夫将军（Erich Ludendorff）听命于他。在被任命后的几天内，这两位将军在坦嫩贝格战役中取得了对俄的巨大胜利。从那时起，兴登堡和鲁登道夫的权势不断壮大，直到最后，他们几乎完全盖过了优柔寡断的德皇。

然而，与东线的胜利相伴的是西线的失败。到了9月9日，即"施利芬计划"中应该看到最后胜利的日子，德军却在撤退。德军的混乱，加上法国人的顽强抵抗——以著名的"马恩河出租车"的运兵服务①为典型代表——彻底破坏了"施利芬计划"。毛奇的士气被英法盟军在马恩河的胜利击垮，他把责任交给了一个下属。德皇行使其特权，任命了一位新的参谋长。这将是他最后一个具有意义的军事决定。威廉二世选择了宫廷宠臣冯·法金汉将军（von Falkenhayn）。在新参谋长的指挥下，德军的防线稳定了下来，军队也站住了脚。西线的冲突现在发展成了一场"施利芬计划"所要专门避免的长期的消耗战。

随着战争陷入战壕战，德皇再次搬家——这次是搬到了查尔斯维尔，住在一个富有的工业家的家里。但是，就他与军事行动的所有接触而言，在这里和在柏林没有什么区别。偶尔，他会乘着皇家专列或装甲汽车去访问前线——那火车本来是蓝色、奶油色和金色的，现在涂上了一层卡其色和绿色相间的油漆作为伪装。更多的时候，他留在查尔斯维尔，完全被忽视。

"如果德国人认为我是最高指挥官，那他们就大错特错了。"他曾经抱怨说，"总参谋部什么都不告诉我，也从不征求我的意见。我喝茶，散步，锯木头……"[3]

当德意志第二帝国的战争领主被远远地挡在所有战斗之外时，

---

① 在马恩河会战时，法军调动了火车和所有可以用于军队运输的交通工具，但依然运力不足，于是征召了巴黎市内的出租车用于运兵。有至少600辆出租车响应号召志愿为军队运兵，加上此前已经被征用的出租车，共有约3 000辆出租车服务于军队。

爱好和平的比利时国王阿尔贝却投身在了军事荣誉中。

协约国在马恩河上的胜利并没有给仍坚守在安特卫普的阿尔贝国王带来解脱。法军和英军仍牢牢地留在法国；而德军在集中力量进攻安特卫普，他们不能冒险让固守的比利时军队留在自己的右翼。面对德军无情的轰炸，阿尔贝坚持了三个星期，但到了1914年10月5日，他意识到，如果他不尽快撤走军队，退路就会被切断，与协约国盟军会合的所有希望就会破灭。两天后，比利时军队离开安特卫普向南逃去。比利时人持续了两个月之久的震惊世界的抵抗此时似乎结束了。除了为协约国赢得了一点时间，这种牺牲看上去是徒劳的。

阿尔贝国王和伊丽莎白王后与混乱而士气低落的军队一起向法国进发。局势已经发展成一场溃败。平时不爱说话的阿尔贝国王十分消沉；一向活泼的伊丽莎白王后被发现在奥斯坦德附近的玫瑰园里哭得撕心裂肺。两人都意识到，他们的王国将不得不被放弃，而被剥夺了独立地位的比利时军队将于集结在西线的大军中销声匿迹，不再拥有名字。

但到了10月13日，阿尔贝的情绪发生了变化。他决定不再撤退，和军队一起留在比利时的土地上。

在奥斯坦德南面几英里处，伊瑟河流入大海；向内陆几英里处，它与伊普尔运河相连。这两条水路共同构成了一道天然屏障。在这两条河和法国边境之间，有几平方英里的比利时领土。在国家最后的这块领土上，在比利时最西南处的一个小小角落，阿尔贝国王决心要全力一战。

拿定主意后，阿尔贝向军队发布了一份恢宏的宣言：他们将不再后退。从这一刻起，他似乎成了一个不同的人。一个当时的人写道："这位领导人，原本总是愿意接受建议，喜欢去说服别人，而不是直接下令，此时变成了主宰型的人格，听从自己的建议，以最大的决心行事，说话的声音坚决严厉，甚至连那些与他关系密切的人都对这种变化感到惊讶。"[4]

阿尔贝新下定的决心很快就受到了考验。10 月 18 日及随后的十二天里，德军对比利时沿伊瑟河的阵地发动了大规模进攻。已经损耗很多、精疲力竭的比利时军队进行了出色的反击。伊瑟河战役是一次非凡的胜利，借此，比利时军队阻止了德军沿英吉利海峡海岸的推进，从而挽救了法国的港口。比利时军队亦由此重振军威，保证了独立，并与从瑞士一直延伸到英吉利海峡的协约国战线连接起来，形成其最左翼。同时，这一战确立了阿尔贝国王的声望，他由此成为第一次世界大战中最睿智、最顽强的军事领导人之一。

在进行了一个多星期几乎超出人类能力的努力后，比利时人被迫离开了伊瑟河的左岸，此时，阿尔贝又做出了一个高明的决定。10 月 29 日晚，他下令打开尼乌波特的英吉利海峡水闸，放水淹没了伊瑟河谷。从此之后，他的军队与敌军之间便隔着一片浩瀚的水面。

由于伊瑟河战役的胜利，比利时军队和阿尔贝国王得以留在比利时的土地上，他们将在这片 20 平方英里的阵地上坚守四年，直至战争结束。

尽管欧洲统治家族之间密切的家族关系未能阻止战争，但人们还是想象，这种关系可能有助于实现和平。中立的君主——三位斯堪的纳维亚国王、西班牙国王阿方索十三世和荷兰女王威廉明娜（Queen Wilhelmina of the Netherlands）——非常愿意充当调解人。

第一个这样做的人是丹麦国王克里斯蒂安十世（King Christian Ⅹ of Denmark）。克里斯蒂安十世与英国的乔治五世、俄国的尼古拉二世为亲表兄弟，与希腊的康斯坦丁一世是亲堂兄弟，而作为一个中立的独立国家的君主，他也能与德国的威廉二世和奥地利的弗兰茨·约瑟夫保持直接联系，所以，他经常充当这些对立家族之间信件往来的中间人。

1914 年 11 月，他提出要为乔治五世、尼古拉二世和威廉二世组织一场调解战争的和平谈判。尽管在那个阶段，德皇对与英国达成协议毫无兴趣，不过他告知克里斯蒂安十世，他可能会考虑与俄国接触。威廉二世解释说，他一直高度重视与沙皇的友谊。

丹麦国王的使者前往沙皇村拜访尼古拉二世，发现沙皇同样是持支持态度的，尽管带着典型的犹豫不决。为了使事情更进一步，克里斯蒂安十世建议德皇和沙皇各自派代表到哥本哈根进行公开谈判。

但这一计划始终未能成为现实。到 1915 年春天，由于英国和俄国极有希望在加利波利取得胜利，尼古拉二世再次沉迷于那个长久以来都有的近东幻想——夺取君士坦丁堡。所以他拒绝了丹麦国王的提议。

但威廉二世仍然很乐观。他相信沙皇迟早会改变主意。他还相信和平是需要由国王和皇帝来创造的东西，完全罔顾他自己受到了政客和将军们冷待的事实。当伍德罗·威尔逊总统的一名使者来到德皇的总部，提出进行调解时，威廉二世不屑一顾。调停真的不是共和党人能做的事。

　　"我和我的乔治表弟还有尼古拉表弟将在适当的时候实现和平。"他这样说。

　　当尼古拉二世最终拒绝了克里斯蒂安十世的调停提议时，他已经获得了对俄国军队的直接指挥权。那是 1915 年 8 月，此前，沙皇一直在家中控制国家事务。俄罗斯军队一直由尼古拉二世的一个叔叔指挥，他便是高效、得人心、身体强壮的尼古拉大公（Grand Duke Nicholas）①。沙皇对军事的参与仅限于拖长停留在总部（俄语中称 Stavka，最高统帅部）的时间，在这里，他要小心翼翼地避免破坏尼古拉大公的权威。尼古拉二世经常由十一岁的沙皇太子阿列克谢（Tsarevich Alexis）陪同，他非常享受这些访问。经历过沙皇村里强烈女性气质的幽闭氛围之后，他在军事总部感受到了一些令人振奋的阳刚之气。这些访问也让他暂时忘记了首都政治生活的压力。

　　英国将军约翰·汉伯里-威廉斯爵士（Sir John Hanbury-Williams）在最高统帅部第一次见到沙皇时，对他放松的态度印象特别深刻。"沙皇单独接待了我，"他写道，"他穿着非常普通的卡其

---

　　①　尼古拉大公是尼古拉二世的堂叔，和尼古拉二世的父亲亚历山大三世是堂兄弟。他的父亲也叫尼古拉，是尼古拉一世的儿子，和尼古拉二世的祖父亚历山大二世是亲兄弟。

色军装，外套穿在他身上更像件罩衣，还穿着蓝色马裤和黑色长马靴，站在一张高高的写字台前。当我敬礼时，他立即上前来，热情地与我握手。我立刻就因为他与我们自己的国王之间惊人的相似而震撼，他微笑着，脸上洋溢着光芒，仿佛接见一个人对他来说是一种真正的快乐。他的第一个问题是询问我们的国王、王后以及王室成员的情况……我一直把他想象成一个有些悲伤、形容焦虑的君主，国家和其他事情的忧虑沉重地笼罩着他。我发现，与此相反，他有一张明亮、热情、快乐的脸，相当有幽默感，喜欢户外活动。"

但尼古拉二世对事情的态度并不像他表面上那样满意。事实上，他对自己的地位非常不满意。他更想亲自指挥军队，而不是仅仅作为最高统帅部的访客。他觉得他的角色应该是"战士沙皇"，而不是温顺的国家元首。

不满之中的尼古拉二世受到了亚历山德拉皇后的怂恿。这个充满激情的女人甚至比他更强烈地觉得，独裁君主的位置应该是在军队的前面的。让看起来更有威严的尼古拉大公占据这个权力无限的位置肯定是大错特错。假以时日，他是否会让身材矮小、性格温和的沙皇黯然失色？亚历山德拉皇后一直在不遗余力地照顾伤员，她感觉到自己已经成为忠诚而朴实的俄罗斯士兵的母亲；而尼古拉二世，只有将自己置于军队的领导位置，才能真正成为他们的父亲。

鼓励亚历山德拉皇后这么想的是拉斯普京。在战争爆发前那些紧张的日子里，"明星"曾试图说服沙皇不要让俄国卷入冲突。他在电报中说："让沙皇不要计划战争，因为随着战争的到来，俄国和你们自己的末日也会降临。"在尼古拉二世看来，如此表现是不爱国的，他的反应十分愤怒，从那时起，他对拉斯普京的建议便都抱有一定的怀疑。但亚历山德拉皇后仍然像以前一样迷恋着"明星"。由于拉斯普京与她一样不信任尼古拉大公（大公曾威胁要绞死拉斯普京），所以他挑起了皇后对大公的不满。

俄军取得了成功（如果说它在与德国人的对抗中只是做到了自保，那么在与奥匈帝国的对抗中则是赢得了彻底胜利），因而，皇后和拉斯普京对于摆脱尼古拉大公几乎无能为力。但是，到了1915年春天，面对德国的坚决猛攻，俄军开始后退，他们的地位得到了加强。在一封又一封给丈夫的信中，亚历山德拉皇后恳求他听从"我们的朋友"的建议，罢免尼古拉大公，自己担任最高指挥。在1915年8月华沙落入德军之手后，尼古拉二世终于下定决心接受他们的建议。尼古拉大公被罢免，沙皇不顾大臣们的请求和大多数其他君主的行事范例，开始亲自指挥军队。

亚历山德拉皇后欣喜若狂。"你为你的国家和皇位进行这场伟大的战斗——独自一人，勇敢而果断。"她虚张声势的说法滔滔不绝，"他们以前从未在你身上看到过如此坚定的态度……上帝在你的加冕礼上为你涂膏，他让你站在你的位置上，你履行你的职责，确信——非常确信——他不会抛弃他的受膏者。我们的朋友日夜为你向天堂祈祷，上帝会听到这些祈祷的……这是你统治的伟大荣耀的开始。他这样说，我也绝对相信。"

但绝不是每个人都相信这个伟大荣耀就在眼前。随着军队的控制权从尼古拉大公坚定的手中转到沙皇尼古拉二世的手中，胜利的可能性似乎越来越渺茫。而随着独裁的国家元首前往战场，从首都消失，一个危险的真空便存在于首都。对于填补这个真空，亚历山德拉皇后感到越来越有信心。沙皇管理军队，她管理政府。他们将共同为他们的儿子拯救神圣俄罗斯和独裁制度。

如果她那意志薄弱的丈夫被证明不能胜任自己的伟大任务，亚历山德拉皇后就督促他要更坚定、更大胆、更独裁。她坚持说："要做主人，做主宰，你是一个独裁者。永远不要忘记，你是独裁的皇帝，而且将来也必须是。"

而她会证明自己能够胜任她认为属于她的神圣使命，对此，亚历山德拉皇后从未怀疑过。在这方面，她还有狡诈的拉斯普京的支持。皇后和"明星"自信满怀地上手管理俄罗斯帝国的事务，但结果是灾难性的。而且，万一皇后对拉斯普京有任何保留，拉斯普京就会提醒她自己在她生命中的重要性。

"我既不需要沙皇，也不需要你，"他会说，"如果你把我抛弃给我的敌人，这不会让我忧虑。我完全有能力应付他们。但沙皇和你都不能没有我。如果我不在这里保护你们，不出半年，你们就会失去儿子和皇位。"[5]

第十二章

选择阵营

东南欧的君主们是渐渐被卷入这场战争的。一些在准备着，等待着，看敌对双方中的哪一方提出的领土瓜分协议更有吸引力；另一些则面临着痛苦的个人决定。开始时，只有三位年高德劭的君主投入战事：奥匈帝国的弗兰茨·约瑟夫为一方，塞尔维亚的彼得和黑山的尼古拉为另一方。而在这三个国家中，只有彼得国王与他的军队一起出现在战场上。

就在战争爆发前，七十一岁的彼得国王的健康每况愈下（他对自己的形容是"一个在坟墓边缘的年老体衰的人"），他已经任命儿子亚历山大王储为摄政。然而，这并没有阻止他在战争中发挥尽可能积极的作用。在战争最初的几个星期里，他的军队打得非常漂亮，两次击退了入侵的奥匈帝国军队，到 1914 年 9 月底，一支塞尔维亚和黑山的联合军队实际上已经攻入了奥地利的领土。但奥地利的第三次入侵迫使塞尔维亚军队后退，在 10 月底，贝尔格莱德的塞尔维亚军队不得不疏散撤离。

随着军队转为守势，老彼得国王开始发挥自己的作用。几乎在一夜之间，他就成了塞尔维亚抵抗的象征。他手握步枪，爬入战壕，与手下士兵并肩作战。有一次，他步履蹒跚地走到一支在敌人持续的炮火下犹豫动摇的军队前，"以荷马史诗中的将领的方式"，劝勉士兵要坚守。

"英雄们，"他喊道，"你们曾经许下两个誓言：一个是对我，你们的国王，一个是对你们的国家。第一个誓言，我可以为你们解除，而第二个誓言，没有人可以为你们解除。"[1]然而，彼得国王一向都清楚他的农民臣民难以驯服的性情，接着向他们保证，如果他们决定返回家园，也不会受到惩罚。

他们没有回家去。相反，他们通过近乎超人的努力，一路打回了贝尔格莱德。当他们在飞扬的尘土中不断战斗、奋力前进时，彼得国王也在其中。他坐在一辆破旧的汽车里，不断呐喊着催促司机："快一点！再快一点！"到 1914 年 12 月中旬，塞尔维亚人已经夺回了他们的首都。飘荡在宫殿上方的匈牙利国旗被扯下来，放在大教堂的台阶上。彼得国王在去参加庆祝伟大胜利的弥撒时，雄赳赳地踩在了上面。

即便这位老君主在内心深处知道他的国家的胜利只是暂时的，也从未公开承认。相反，他表现得像个胜利者一样自信。一位编年史学家说，对臣民来说，塞尔维亚国王彼得一世现在完全是一位勇士国王。

被誉为勇士国王的还有一个看似更不可能的人：小个子的意大利国王维克托·伊曼纽尔三世。战争爆发后，尽管皇帝弗兰茨·约瑟夫要求意大利国王履行其条约义务，但维克托·伊曼纽尔和他的政府还是选择了中立。维克托·伊曼纽尔明白，如果意大利想不辜负其自称的大国之名，迟早要参战，但他决定等待时机。

维克托·伊曼纽尔的主要野心仍然是完成意大利复兴运动。因此，他不仅准备让自己的国家与任何一个承诺给意大利"未收复土地"（那些仍由奥地利控制的讲意大利语的人所居住的土地）的国家结盟，而且他必须确定承诺会被兑现；用最简单的说法来说就是：意大利会选择能胜利的一方。在听到维克托·伊曼纽尔的中立决定后，威廉二世感叹道："这个小贼，总想再吞下点什么。"[2]

英法盟军在马恩河的胜利帮助他下定了决心。很明显，德皇的军队不会在树叶落下之前就胜利回乡。维克托·伊曼纽尔选择加入协约国而不是同盟国是比较明智的。1915 年 4 月 26 日，意大利与协约国结盟，签署了《伦敦条约》。条约中约定：意大利不仅被许诺可以得到特伦蒂诺和的里雅斯特，还能得到奥地利所拥有的亚得里亚海沿岸的大片土地。一个月后，意大利向奥地利宣战；或者，正如弗兰茨·约瑟夫更大言不惭的说法："意大利国王向我宣战了。"直到 8 月，维克托·伊曼纽尔才鼓起勇气向德国宣战。

德皇的反应是可以预见的。有人提出维克托·伊曼纽尔的举动可能是被手下政客们强迫的，威廉二世拒绝相信。国王的举动绝对不会被政客强迫。德皇称，当审判日到来时，意大利国王不能通过指责他的政府来逃避自己的责任。上帝会对他说："不，不，我的小家伙，这说服不了我。谁让你成为国王的？你的大臣们？你的议会？不，是我把你放在这个崇高的位置上的，你只对我负责。下地狱去吧，或者至少去炼狱吧。"[3]

都已经 1915 年了，这种强烈的独裁主义情绪听起来确实非常奇怪。而从本身也和别人手中的傀儡差不多的威廉二世嘴里说出来，就更奇怪了。

在整个战争期间，维克托·伊曼纽尔一直与军队在一起。他任命舅舅热那亚公爵（Duke of Genoa）为摄政，主持政府事务。维克托·伊曼纽尔被誉为"士兵国王"，但非常明智地将战争的实际运作留给了将军们。但是，他也像比利时的阿尔贝国王和塞尔维亚的彼得国王一样，与士兵的关系变得密切起来。维克托·伊曼纽尔身处意大利和奥地利相接的山区里的前线，与士兵们在一起，赢得了勤勤恳恳、勇敢无畏、关怀下属的声誉。

他通常住在弗留利山谷中的利努萨别墅，每天从这里出发去巡视。这个小小的身影——穿着长及脚踝的大衣，戴着高高的尖顶帽——出现在每一个地方，检查设施，询问问题，分发雪茄，吃装在锡铁饭盒里的饭，喃喃地说着鼓励的话，照顾病人，安慰垂死的人。在任何天气、任何条件下，维克托·伊曼纽尔都履行着他自己设定的职责。士兵们称他是"步兵中的步兵"（Il Fante dei Fanti）。关于他的勇敢和仁慈的轶事不胜枚举。

来访的英国大使写道："看到维克托·伊曼纽尔国王在他的军队中，用和蔼的话语和友好的微笑来鼓励士兵们，真让人幸福。你会觉得，当战争结束后，他在每个村庄都会有朋友。""士兵国王"

的称号并没有完全让自由主义国王的光辉暗淡下去。

农民新兵们对君主每天出现在自己中间感到惊奇，感叹说："国王就像上帝一样无所不在。"[4]

随着时间流逝，随着奥地利前线的战争陷入胶着拖延，毫无结果，杀戮却不断，夺走了意大利人的生命和士气，维克托·伊曼纽尔三世国王几乎发展成了一个传奇性人物：一个无论他内心深处的感受是什么，看起来总是平静、自信、不屈的君主。他的声誉从未如此之高过。而且，他的声誉再也没有这么高过。

还有一位君主也准备要先玩上一场等待的游戏再对某一方做出承诺，他就是大阴谋家保加利亚沙皇斐迪南。他的立场与维克托·伊曼纽尔三世的立场几乎相同。他准备将他的国家与承诺提供更好战利品的一方联合，无论是哪一方，只要它们现在或将来有一天能够提供这些战利品。

斐迪南最为关心的目标是收复第二次巴尔干战争后被塞尔维亚夺走的马其顿地区。他愤愤不平地说："我一生的目的，就是消灭塞尔维亚。"对于协约国来说，这造成了一个相当大的问题。一方面，塞尔维亚是他们的盟友，似乎没有什么能让塞尔维亚人相信把他们最近赢得的领土——哪怕是一寸——让给敌国保加利亚是明智的。另一方面，同盟国很乐于向斐迪南提供他觊觎的马其顿地区，理由很充分，因为那片土地本来也不属于它们。

然而，斐迪南对德国或奥匈帝国都没有真正的好感。他与威廉二世的关系一直很紧张，而在最近一次访问维也纳之后，他把哈布斯堡的皇帝弗兰茨·约瑟夫描述为"那个白痴，老糊涂"。

德奥两方都意识到，虚荣的保加利亚君主喜欢被巴结，因此，德奥都向索非亚派出了重要的使者，试图赢得他的支持。（如果使者身边碰巧陪同着一个年轻英俊的金发副官，他获得发表建议以赢得支持的机会就会极大增加。）为了有助于吸引保加利亚沙皇加入协约国阵营，法国外交部派出了斐迪南的亲戚吉斯公爵（Due de Guise）①。吉斯公爵，身为波旁-奥尔良的王子，法国未来的"伪王"，被认为能极出色地完成他的任务。还有谁比他更适合去说服一直为自己的波旁血统、为自己对法国的责任而自豪的斐迪南呢？

这次任务涉及皇家义务和忠诚的整个问题。一个多世纪以前，当路易十六（Louis XVI）在法国大革命中失去王位时，毫无疑问，他认为自己——别人也认为他——首先是一个国王，其次才是一个法国人。但现在情况已经发生了变化。所有君主的忠诚都首先是对国家的忠诚，高于对等级制度的忠诚。例如，被废黜的法国波旁王朝，感情首先是向着法国的，而法国恰好是一个共和国，不会首先偏向恰好是君主国的德国或奥地利。

因此，斐迪南沙皇有充足的理由抗议说，他的首要责任是针对他所统治的国家——保加利亚，而不是他的母系祖先的国家——法国。对于作为法国波旁王朝的后裔加入法国的敌人是叛国行为这样的指责，他会正当地反问，英国的乔治五世和俄国的亚历山德拉皇后是否会被指责"背叛"了他们的德国血统。无论如何，他是他母亲的儿子，但同时也是他父亲的儿子，不是吗？既是德国的科堡家

————————————

① 吉斯公爵的外祖父是路易·菲力浦的第三个儿子，和斐迪南沙皇的母亲是兄妹。

族的人，又是法国的波旁家族的人，不是吗？而且，双方阵营中不是都有科堡家族的人在作战吗？

斐迪南具有敏锐的讽刺感，应该已经察觉到这样一个十分搞笑的事实：法兰西共和国认为有必要派一位王子来争取他；而且，这位王子和斐迪南本人一样，正是法国在 1848 年推翻的路易·菲力浦国王的后代。斐迪南在听取了吉斯公爵的陈说后，拒绝做出承诺。

"现在你已经履行完你的使命了，"他平静地说，"你必须得变回我的外甥了。"

斐迪南的摇摆不定，或者说，他对于加入同盟国的犹豫不决，激怒了威廉二世。德皇威胁说："如果他不恢复理智，我就把他从军团的荣誉上校名单中除名。"

德皇的一名随从嘲讽地指出："这当然能让他恢复理智喽。"[5]

就像维克托·伊曼纽尔加入协约国的决定受到先前协约国盟军在马恩河战役中胜利的影响一样，斐迪南拿定主意是由于同盟国在 1915 年夏天取得的胜利。德军在俄国前线获得了惊人突破，又恰逢协约国在加利波利败于土耳其人之手（土耳其于 1914 年加入同盟国），这令斐迪南十分震撼。1915 年 9 月 6 日，保加利亚加入同盟国阵营。在惊讶的英国大臣即将离开索非亚时，斐迪南沙皇对他说，他希望战争不会影响他与乔治五世之间友好的个人关系。

10 月，保加利亚人对马其顿地区的塞尔维亚人发动攻势。这一战役战果辉煌。德奥联军从北面进攻，保加利亚人从东面进攻，塞尔维亚人被打得很惨。到 12 月底，整个塞尔维亚属马其顿都已经落入保加利亚的手中。保加利亚在第二次巴尔干战争中受到的耻辱已经被洗雪。斐迪南沙皇的决定被证明是明智的。

　　为斐迪南锦上添花的是，1916 年 1 月，他在塞尔维亚的尼什与德皇威廉二世进行了隆重的会晤。德皇乘坐新的德国—巴尔干快车抵达，这列列车是同盟国崛起的豪华象征，每周两班车，从柏林开往君士坦丁堡。两位君主在站台上相会，看起来很不协调——德国皇帝比想象中要矮小得多，而且也胖得多，保加利亚沙皇身材高大，长着鹰钩鼻，但走路时"像鸭子一样奇怪地摇摇摆摆"。两人身上都挂满了奖章。在这个胜利的时刻，他们忘记了彼此的敌意，两个人挽着手臂走向等待他们的汽车。

　　这种新实现的和谐弥漫在当晚的宴会上，威廉二世在宴会上授予斐迪南普鲁士军队元帅的封号。在只有一秒钟的短暂时间中，人们怀疑狡猾的斐迪南可能在拿他的君主朋友开玩笑。

　　"万岁，最高统帅，恺撒与王，胜利者与荣耀者……"保加利亚沙皇吟诵道，德皇平静地微笑着。斐迪南的拉丁语真的如此不好吗，他不知道荣耀者（gloriosus）这个词普遍被接受的含义是吹牛吗?[6]

♛

　　当保加利亚的斐迪南沐浴在胜利的阳光下时，塞尔维亚的彼得正遭受着最黑暗的失败岁月。面对德国、奥匈帝国和保加利亚军队的联合力量，塞尔维亚人被迫放弃了他们刚刚夺回的首都。尽管他们像以往一样英勇作战，但要阻止敌人的进攻，几乎是无能为力的。法国和英国盟友承诺的帮助从未实现。在 1915 年 11 月的"黑鸟平原"战役后，塞尔维亚人不得不承认战败。但他们决心保存军

队的剩余力量，以便他日再战，于是决定向西撤退到亚得里亚
海岸。

　　塞尔维亚军队的撤退构成了第一次世界大战中伟大的英雄事迹
之一。这支看似无穷无尽、衣衫褴褛的队伍，在布满车辙的道路上
蹒跚而行，构成了一幕非同寻常的景象——由于他们携带的东西，
这一景象变得更加不寻常。为了防止早已死去的历代国王的圣体落
入敌人手中，他们把棺材从修道院中搬了出来，装在牛车上，如果
路况太差，就由随行的修士扛到肩上。在路上颠簸的不仅仅是已经
死去的国王的尸体。彼得国王年事已高，又患有风湿，无法行走，
不得不坐在牛车上，或是被担架抬着；他的儿子摄政亚历山大王储
因阑尾炎不得不在路边的小屋中做了手术，在行进中也只能和父亲
一样。

　　丽贝卡·韦斯特的书中说："一个即将死亡的国家在走向死亡
的旅途中，承载着它的国王，活着的国王，死去的国王，都平躺
着，一动不动，这就像拜占庭壁画中的一些梦幻般的细节，不大可
能是真实的，几乎不可能，却是真相的确凿象征。"

　　撤退中最煎熬的部分是穿越隔开塞尔维亚和亚得里亚海的山
脉，塞尔维亚军队希望到达亚得里亚海岸，在法国和英国的帮助下
重整旗鼓。在骇人的条件下，在泥泞、积雪和十二月的刺骨寒风
中，他们饥饿、疲惫、萎靡不振，奋力翻越崎岖起伏的山峰。在这
次史诗般的旅程中，死亡人数将近一半。

　　而给他们的绝望困境雪上加霜的是彼得国王的盟友兼岳父，强
盗般的黑山国王老尼古拉。在战争开始时，尼古拉曾给彼得发电
报，向他承诺会支持他直到死亡。在最初的几个星期里，塞尔维亚
和黑山的军队并肩作战，但后来，莫名其妙地，尼古拉撤回了他的

军队。人们认为，这个老狐狸一如既往地狡诈，肯定与奥地利人达成了秘密协议。

第二年年底，当塞尔维亚军队为前往海边艰难翻越黑山的山脉时，一道国王的命令传给了黑山军队和警察，禁止他们向饥饿的塞尔维亚人提供或出售食物。尽管尼古拉的军队在洛夫琴山又与奥地利人打了一仗，但黑山突然投降，这一举动只令塞尔维亚人对尼古拉背叛他们事业的怀疑进一步加强。1916 年 1 月，当威廉二世和斐迪南沙皇在尼什胜利会晤时，尼古拉国王已经放弃了军队，逃离黑山。

尼古拉去了法国，在时尚的巴黎郊区讷伊建立了一个流亡朝廷。他依靠法国、英国和俄国政府提供的丰厚补贴生活，总是穿着黑山的彩色民族服装，并且得到了一个盟国君主应有的所有礼遇。他被容许参与视察西线的官方行程；他对巴尔干局势的看法会有人奉承地倾听。

但是，由于尼古拉一直是一个防范损失的人，他很谨慎，没有切断与胜利中的奥地利人的所有关系。他的次子米尔科王子（Prince Mirko）在维也纳，同样依靠慷慨的补贴生活，对他的殷勤巴结几乎没有减少。尼古拉对此的解释是他的儿子在奥地利首都治疗结核病，并没有骗过几个人。这个老强盗只是在确保，无论战争的结果如何，他的王朝都将得到拯救。毕竟，自保是君主的首要职责。

与此同时，折损严重的塞尔维亚军队，以及队伍中担架上的老国王彼得，到达了亚得里亚海。亚历山大王储向俄国尼古拉二世沙皇求救。沙皇回答说："我怀着痛苦的心情，一直关注着勇敢的塞尔维亚军队跨越阿尔巴尼亚和黑山的撤退。在如此艰难困苦的情况下，在敌众我寡的情况下，殿下能领导着队伍击退攻击并撤退，我要表达对殿下这种战术技巧的由衷惊叹。"[7]

接着，沙皇承诺，他将再次呼吁法国和英国将塞尔维亚军队运送到安全地带。

援助最终到来，塞尔维亚军队被法国和英国的船只运到了科孚岛。军队人马重振士气，为反击积蓄力量，而此时，老彼得国王已经把所有有效权力移交给亚历山大王储，由他控制着局势。塞尔维亚人几乎做到了最好。亚历山大王储警觉似小公鸡，镇定又决绝，是理想的战时领导人。他前往罗马、巴黎和伦敦，恳求协约国能坚决地助他夺回他的国家。

与此同时，彼得国王来到希腊。在战争的余下时间里，他一直待在那里。他留着长长的白胡子，看起来像个东正教的牧师，他活下来了，看到"大塞尔维亚"的梦想在战后实现——南斯拉夫的建立，并得知他被宣布为塞尔维亚人、克罗地亚人和斯洛文尼亚人的国王。但那时他已经过着隐居的生活。

下一个加入战争的君主是罗马尼亚国王斐迪南。

他的伯父，罗马尼亚坚毅的老国王卡罗尔，已经于 1914 年 10 月去世。在这位霍亨索伦家族出身的君主在世时，罗马尼亚加入协约国的希望不大。卡罗尔国王特别召开的部长会议也不允许他履行与同盟国的联盟关系。罗马尼亚因此保持中立。

但现在卡罗尔的王位由他意志薄弱的侄子斐迪南接替，更重要的，其实是被斐迪南意志坚定且亲英的妻子玛丽接替，情况由此变得不稳定了。罗马尼亚首相，精明的扬·布拉蒂亚努（Ion Bratia-nu），当然准备利用这场战争为国家谋利。因此，交战的双方势力都立即开始向布加勒斯特输送使者，并承诺提供大量的领土回报（由于玛丽王后对英俊的男人很关注，所以德国还向罗马尼亚宫廷派出了很多英俊的官员，就如之前派去保加利亚宫廷见斐迪南沙皇的一样多）。

但是，斐迪南国王并不容易被说服。他当然不像玛丽王后那样对协约国充满全心全意的热情。事实上，他甚至都不像首相那样对这些国家委婉迂回地表示过支持。和已故的伯父卡罗尔国王一样，斐迪南也是霍亨索伦家族的一员。他不仅有兄弟为德国方面作战，而且他对德国军队的不可战胜有着不可动摇的信念。他也意识到，自己的国家处于一个非常糟糕的战略地位，不利于对同盟国发动战争。英国和法国远在天边，西边是奥匈帝国，南边是保加利亚，罗马尼亚几乎被敌人完全包围。而与罗马尼亚的东北边境相接的俄国虽然也是盟友，但正忙于其他战事，无法给罗马尼亚提供多少帮助。

另一方面，斐迪南大多数的臣民与玛丽王后一样渴望加入协约国。首先，罗马尼亚人感到与法国的拉丁同胞存在着一种密切的关系（布加勒斯特不就被称为"东方巴黎"吗?）；其次，战胜可恨的奥匈帝国将使他们获得特兰西瓦尼亚——这里本来是罗马尼亚的腹地，现在被匈牙利占领着。保持中立可能看起来是更明智的做法，但只有拿起武器反对同盟国，罗马尼亚人才有希望实现他们"大罗马尼亚"的梦想——扩张国家，统一所有人民。

但是，斐迪南仍然犹豫不决，这也是完全可以理解的。在给威廉二世的一封信中，他概述了自己的困境。他向德皇解释说："尽管他有个人的感情和同情，但他首先是与他的人民站在一起的，他的人民正在高呼着要解放生活在匈牙利统治下的罗马尼亚人……尽管他有原本的（对德国的）忠诚，但他首先是他国家的国王，并有义务为了国家牺牲一切。"[8]

　　威廉二世仍然不以为然。他的回应是通过布加勒斯特向他的妹妹希腊的索菲王后转发电报，且是明文电报，索菲的丈夫康斯坦丁国王也同样不愿意加入同盟国，威廉二世在电报中威胁要对反对他"胜利的军队和德意志的神"的所有国家进行报复。令随员都吃惊的是，德皇甚至猜测，罗马尼亚之所以在加入同盟国的问题上犹豫不决，是由于玛丽王后在战前访问柏林时他的招待不够好。

　　斐迪南这边在和德皇书信往来，玛丽王后——应首相布拉蒂亚努的要求——则在给她的堂兄乔治五世和表兄尼古拉二世写信，而且感情更加激昂。她用很大的篇幅描述自己所处的僵局（"我的处境很微妙，需要我费尽心机，我自己的同情心和感情必须好好地隐藏起来"，她在给堂兄乔治五世的一封信中如此宣泄），然后用更大的篇幅提出了罗马尼亚对领土的期望。

　　乔治五世的回答一如既往地简约。玛丽王后觉得，他极有可能根本不了解罗马尼亚的领土野心的复杂性。她说："地理不是乔治的强项。"但尼基的地理没有任何问题："我必须坦率地承认，我们对贵国的高要求深感惊讶。"

　　但是，最终，由于协约国准备为得到他的支持付出几乎任何代价，包括最终的领土收获（协约国仍然对让保加利亚沙皇从指缝中溜走感到痛心），加之臣民也渴望入侵匈牙利，斐迪南下定了决心。1916 年 8 月 27 日，罗马尼亚向同盟国宣战。"我一直都知道最后会是这样，"玛丽王后在给乔治五世的信中说，"事实上，我确信不会有别的结果，但斗争是艰难的，（可怜的斐迪南）做出了巨大的牺牲——一个国王、一个人能被要求做出的最大牺牲……"

决定终于被做出，五十岁的斐迪南国王接过了国家武装力量名义上的指挥权。他的形象并不高大。他的优秀品质——诚实、无私、坚定不移的责任感——在这种特殊情况下并没有显示出优势。他的兴趣也不适合这个时代。斐迪南喜欢书籍、植物学和安静的闲谈。他在战时就像在和平时期一样，依然保持着淡定和谦逊，准备接受政府、总参谋部，尤其是妻子的指导。

随着战争的爆发，罗马尼亚的玛丽王后开始得到认可。在此之前，她主要是以其戏剧性和矫揉造作的风格而闻名。玛丽王后非常清楚自己的美貌，她用尽一切办法来强化美貌。她的举止很张扬（英国的王太后记得，她的美貌和活泼就是如此张扬，即便是身处最杰出的人群之中，"当玛丽王后进入一个房间时，所有的目光都会立即转向她"[9]），她的衣服是舞台化的，她著名的金色房间被布置成一种仿拜占庭式同时又刻意偏向波希米亚的风格。欧洲各个宫廷都充斥着关于她的情事的谣言；德皇称她为"那个多管闲事的小骚货"或"那个英国妓女"[10]。但现在这一切都被她甩到身后了。沉浸于戏剧性的玛丽王后可能仍然存在，但随着局势的变化，她表现出了诸多伟大品质：勇敢、富有同情心、热情、坚韧、认真负责。

所有这些，以及其他一些品质，都是她在未来几年中需要的。从一开始，这场战争对罗马尼亚来说就是灾难。罗马尼亚为了解放在特兰西瓦尼亚的同胞发起了一次坚决的进军，但几乎被直接遏止了。俄国盟友迟迟不来援助他们（尽管玛丽王后给沙皇写了敦促信），罗马尼亚还面临着两支入侵军队——一支来自北部和西部的德国和奥匈帝国，另一支来自南部的保加利亚。四处的军队都在混乱地撤退。罗马尼亚人抛弃了医院、武器和仓库，向东北方仓皇撤退。1916 年 12 月 6 日，在罗马尼亚宣战仅三个多月后，德皇的军队胜利进入布加勒斯特。

这时，斐迪南国王已经把自己连同家人、政府和他那支残破的军队的总部都安排在离俄国边境不远的一个省城雅西。在某种程度上，他的处境与比利时国王阿尔贝相似。一旦俄国最终向他伸出援助之手（俄国人和罗马尼亚人之间其实并没有什么深厚感情），德军的推进就会受到遏制，前线就会稳定下来。因此，罗马尼亚军队要守住其国家的部分土地。

随着战争陷入僵持的战壕战，前线后方的生活渐渐稳定下来，形成了一种沉重而士气低落的日常。情况十分骇人。在 1916 年年底至 1917 年年初，这里经历了五十年来最寒冷的一个冬天。到处都是管理不善和效率低下。斑疹伤寒在军队中肆虐。食物缺乏，医生太少，病床也太少。人们担心罗马尼亚人可能会被迫放弃他们国家所剩无几的东西，并撤退到俄国。

玛丽王后仍然是罗马尼亚无边的黑暗局势中一束明亮的火焰。她穿着雪白的护士服，臂章上有鲜艳的红十字，鼓舞着所有人，是坚韧的直接象征。她从不允许自己流露出丝毫的不乐观，她在泥泞的道路上颠簸，在肮脏的医院工作，给受伤的人带来安慰。

然而，有些时候，即使是具有不屈不挠精神的玛丽王后也似乎要放弃了。她曾在日记中坦言："一切似乎都太艰难了，太困难了，十足的可怕，可能任何人都无法承受这样的压力而不向绝望屈服。但我将忍受它，我已经发誓要忍受到最后，哪怕是痛苦的结局，但最后也有可能是一个光荣的结局；在我灵魂的最深处，我仍然相信

将是一个光荣的结局，尽管我必须承认，目前没有什么能证明这种
乐观主义。"

　　在欧洲东南部这个动荡的角落里，还有一位没有表态的君主：
坦白率直而务实的希腊国王康斯坦丁。他不打算加入任何一方。康
斯坦丁相信，希腊应该保持中立。希腊已经因为不久前的巴尔干战
争消耗过多，实力大损，需要一段和平时期来巩固其成果。康斯坦
丁意识到自己和军队之间存在着强大联系，不想让军队面临更多的
危险和艰难。反正这场冲突并不直接涉及希腊；希腊没有理由站在
任何一方。希腊确实同意过给塞尔维亚援助，但前提是塞尔维亚受
到的是另一个巴尔干国家的攻击；塞尔维亚和奥匈帝国之间的战事
与希腊没有关系。康斯坦丁的观点得到了他的总参谋部和许多希腊
人民的认同。

　　在战争爆发前，德皇给康斯坦丁发了一封电报，以"家庭纽
带、友谊和他是德国军队的元帅"为由，呼吁他加入同盟国，希腊
国王拒绝了。他提出的保持中立的理由之一是，如果希腊与同盟国
结盟，就得面临协约国舰队的肆意侵略。

　　德皇认为康斯坦丁的理由是"胡扯"，给他发了一封更强势的
电报。"谁要是反对我，事情就会变得很糟糕。"威廉二世在电报中
如此威胁。但康斯坦丁坚持自己的立场。

　　希腊国王的中立主义观点没有得到首相埃莱夫塞里奥斯·韦尼
泽洛斯（Eleftherios Venizelos）的认同。韦尼泽洛斯是一个精明而

有野心的爱国者，自 1910 年以来一直手握大权，希腊在巴尔干战争中加入联盟，取得惊人成就，很大程度上该归功于他。韦尼泽洛斯急于取得更惊人的收益——实现"伟大理想"，即建立一个强大的希腊帝国的梦想——他极力主张加入协约国。由于土耳其现在与德国结盟，希腊似乎没有理由放弃通过与英法结盟而最终从土耳其人手中赢得君士坦丁堡的策略。

由于国王和首相之间的这种意见分歧，国家分裂成了两个不可调和的阵营。协约国急于得到希腊的支持，立即利用了这一情况。在韦尼泽洛斯的鼓励下，英法罔顾希腊是中立国的事实，一支英法联合军队于 1915 年 10 月在希腊北部的塞萨洛尼基登陆，意图从这里向被敌人占领的塞尔维亚发动进攻。他们的到来导致了康斯坦丁和韦尼泽洛斯之间的又一次冲突，从而导致了首相的辞职。

现在出现了一种非同寻常的政治局面。雅典和国家南部由国王控制着；而在塞萨洛尼基和北部，协约国表现得好像这个国家是他们的一样。他们从塞萨洛尼基的坚固阵地出发，攻击塞尔维亚和保加利亚边境的敌军，同时，也在攻击身处雅典的康斯坦丁顽固的中立主义立场。

英国和法国怀疑康斯坦丁暗中与同盟国结盟，不放过任何一个谴责他的机会。由于最显然的污蔑他名誉的方式就是指责他亲德，协约国翻出了所有可能将康斯坦丁国王与德皇联系起来的东西。例如，战前他在威廉二世任命他为德国陆军元帅的宴会上发表的讲话，现在被作为国王亲德倾向的"无可辩驳的证据"。康斯坦丁穿着德国陆军元帅制服的照片被用来支持这一指控。

康斯坦丁可以抗议说，乔治五世经常穿着德国陆军元帅的制服，而威廉二世经常穿着英国的制服，也可以辩解说，他所宣称的对德国军队的钦佩并没有使他成为德国的同情者，就像他表达过的对英国海军的钦佩也没有使他亲英一样。难道他在面对德皇的威胁时没有坚定立场吗？德国的盟友土耳其和保加利亚不正是希腊最仇恨的敌人吗？但这都是徒劳的。

当然，康斯坦丁和德皇之间一个不可否认的联系是索菲王后。作为威廉二世的妹妹，她处于一个不得人心的位置。1916年时，四十六岁的索菲王后具有一般人认为的普鲁士品质：高效、严谨、不屈不挠。由于挺拔的身姿、高高盘起的头发和严厉的表情，她看起来难以亲近。在懒洋洋的希腊，索菲王后被认为是一个具有军事作风的人。著名的宴会女主人罗玛·利斯特（Roma Lister）对第一次见到索菲王后时的印象做了这样的描述："我注意到，这是一个比大多数女性王室成员都要强势的人。她对所有人都很友好，很亲切，但她身上隐藏着一种潜在的力量，就像她哥哥（德皇）一样——仿佛是中世纪的君主重现，穿透了生活的平庸。"

但这些完全不意味着索菲王后能够理解共情威廉二世。恰恰相反，兄妹之间从来没有什么默契，他们一直争吵不休。早年，威廉二世对他们英国出生的母亲——维多利亚女王的女儿，腓特烈三世的皇后——十分冷酷，而索菲总是站在皇后一边。事实上，索菲认为威廉二世的浮夸令人难以忍受，他自负到荒唐的地步。另一方面，她对表兄乔治五世的感情以及对他的国家的感情都很热烈。索菲反复地表达过她对英国制度和英国方式的钦佩之情。英国一直是她的第二故乡，但德国不是。她解释说，她"心爱的英国"是她最希望生活的地方。

所有这一切，即便有人知道的话，也都被涌向索菲王后的谩骂的洪流冲走了。在她的批评者眼中，在法国和英国媒体以及那些同情韦尼泽洛斯的希腊报纸上，她被说成一个狂热的亲德分子，一个心狠手辣的悍妇，决心迫使意志薄弱的丈夫为德皇作战。对她不利的故事都十分离奇，根本不足为信。比如，她只允许那些赞成德国事业的人见国王。她在塔托伊的乡村住所安装了一条与德国潜艇联系的私人线路。1915 年，康斯坦丁的疾病（胸膜炎）几乎夺走他的性命，这是由于在他们就希腊加入德国的问题争执时，索菲抓起一把匕首刺入了他的胸膛。

1916 年秋天，希腊的不幸局势达到了顶峰，因为韦尼泽洛斯开始与协约国亲密无间地合作，公开违抗国王。塞萨洛尼基爆发了支持协约国方面的暴动，韦尼泽洛斯便离开雅典，公开宣布支持协约国事业。抵达塞萨洛尼基后，他组建了一个临时革命政府，与康斯坦丁在雅典的政府对立。

这种对君主的侮辱，令康斯坦丁的表兄弟乔治五世和尼古拉二世都感到严重震惊。他们突然意识到自己也被君主们的团结和国家利益两种不同因素撕扯着。"在我看来，"忧心忡忡的沙皇用习惯的英语给英国国王写信，"保护国（英国和法国）在试图维护涉及希腊中立问题时我们一方的利益的过程中，慢慢地、过多地陷入了希腊内政中，而这伤害到了希腊国王。"[11]

在康斯坦丁的两个弟弟，希腊的乔治亲王（Prince George of Greece）和安德鲁亲王（Prince Andrew of Greece）①访问乔治五世以后，英国国王采取了不寻常的步骤，就这个问题与他的首相进行了接触。他问道："我们有理由干涉一个中立友好的国家的内政

----

① 安德鲁亲王的妻子是巴滕贝格的路易斯王妃的女儿爱丽丝，他们的儿子菲利普即前任英国女王伊丽莎白二世的丈夫。

到如此程度吗?"他不由自主地感到:"我们让法国过多地主宰了一项政策,而作为一个共和国,它即使不急于废除希腊的君主制,也可能是无法容忍君主制的。"[12]

乔治五世的忧虑是有道理的。1916 年 11 月 24 日,韦尼泽洛斯正式向同盟国宣战。由于康斯坦丁仍然顽固地拒绝放弃中立,法国表现出来的威胁态度越来越狰狞。法国舰队之前已经在雅典附近停泊了几个月;现在一支军队在比雷埃夫斯登陆,向雅典进军。令他们惊讶的是,他们遭到了忠于国王的希腊军队的抵抗。由于协约国方面的宣传导向,他们并没有预料到会出现这种情况。经过短暂的小规模战斗,法军被逼退。

康斯坦丁给乔治五世发去电报,为其军队的行动辩护,只得到了一个冷淡的正式答复。无论英国国王的个人感情如何,作为一个立宪制君主,他必须响应其政府,捍卫法国的行动。

法国在陆上进攻失败后,采取了从船上炮轰雅典的战术。当这种仗势欺人的策略也未能胁迫那些忠于国王的希腊人加入他们时,协约国采用了另一种方法。他们实施了严格的封锁。在接下来的八个月里,希腊人几乎都在挨饿。

"比利时在德国人手里遭受的痛苦会比我们受的苦多吗?"索菲王后愤愤不平地质问。

到了这个阶段,康斯坦丁比协约国的俘虏好不了多少。他的一举一动都受到监视;他几乎从不离开王宫。之前一年他染上了胸膜炎,康复得很慢。患病后的三年里,他的背上一直插着一根管子,有毒的分泌物通过肺部的一个切口排到管子里,从管中流出。这个化脓的伤口渐渐削弱了他曾经强健的体魄。据他的弟弟克里斯托弗亲王(Prince Christopher)说,他"失去了身上大部分的活力和干脆利落的决策能力，他过去凭借着这些渡过了许多难关。他不再是局势的掌控者"。曾经那么有活力、急脾气的康斯坦丁变得萎靡不振，终日昏昏欲睡。

看到他为希腊所做的一切努力被毁，人民被侵扰，忍饥挨饿，他深感沮丧。"真是厌烦这些肮脏的政治！"康斯坦丁当时给一位朋友的信中写道，"我反复不断地感觉到厌恶和倦怠，这几乎使我眼泛泪花……"

而引发所有这些巴尔干地区动乱的中心却一片平静，在维也纳郊外的美泉宫，八十六岁的弗兰茨·约瑟夫皇帝的漫长生命即将结束。这位年迈的君主向塞尔维亚发出的最后通牒引发了整个可怕的战争，此时他已经不再掌控军事或民事事务了。

现在一切都由将军们和政客们管理。在他最后的日子里，奥匈帝国恰好出现了奇怪的平静。塞尔维亚和黑山已经被征服，俄国和意大利的战线处于稳定状态，罗马尼亚已经被攻陷。随着奥地利的帝国议会在1914年被废除，政治上也出现了沉默。在各个种族群体中煽动动乱的消息几乎没有渗透到皇宫的墙内。在维也纳，民众是冷漠的，厌战的。

但是，这位老皇帝一直让自己忙碌到了最后。1916年11月21日，在生命的最后一天，他像往常一样天没亮就起床，用冷水擦拭身体，穿上制服。整整一天，尽管身体不适，他还是一直坐在办公桌前，读文件、写信、签名。当他的继承人，他的侄孙年轻的卡尔大公（Archduke Karl）及其妻子齐塔大公夫人（Archduchess Zita）来见他时，皇帝告诉他们，他必须好起来，现在不是生病的时候。当晚六点钟后不久，他的女儿玛丽·瓦莱丽女大公发现他脸色泛红，就让他去睡觉。侍从请求指示时，弗兰茨·约瑟夫要求像往常一样，在第二天早上三点半将他叫醒。

当天晚上九点刚过，弗兰茨·约瑟夫就去世了。新皇帝卡尔带着老皇帝的长期伴侣凯瑟琳娜·施拉特进来看他的尸体。她在他的胸前放了两朵白玫瑰。

葬礼过程体现了哈布斯堡宫廷的特色，极尽巴洛克式的隆重盛大。所有的一切——缓步行进的军队、黑色羽毛装饰的马匹、精心布置的灵车、绣花柩衣覆盖的巨大棺材——都是按照长期以来的传统进行的。

但是，在战前，欧洲的每一位君主都会跟随遗体穿过维也纳的街道，而此时，保加利亚沙皇和巴伐利亚国王是队列中仅有的重要统治者——当然，还有新皇帝和皇后。甚至德皇威廉二世也没有出席，他曾说弗兰茨·约瑟夫是"我在这个世界上唯一活着的朋友"。尽管葬礼是在维也纳，但"安全原因"决定了他不应该参加任何公共仪式。这恰恰是好事。威廉二世因最近在罗马尼亚取得的胜利欣喜不已，他的心情很难与这个场合相匹配。

因为老皇帝的葬礼是一个特别哀伤的场合。数以万计的民众冒着冬季的寒冷排列在街道两侧，他们很少有人记得弗兰茨·约瑟夫没有统治他们的时候。又有多少人会想到，在两年后，他们将目睹传承了六百年的奥匈帝国灭亡呢？

第十三章

不安的首脑们

到了 1916 年年底，欧洲的主要君主对他们所卷入的冲突的性质有了更充分的认识。这场战争并不是他们初期想象中的那种速战速决的辉煌战役。他们的军队没有在 1914 年圣诞节前回家，此时即将在战壕里面对第三个冬天。他们可能曾经梦想过场面壮观的进军、闪电般的袭击、声势浩大的胜利游行，然而，所有梦想都早已消逝：陷入困境的君主们现在发现自己只能无能为力地眼睁睁看着这场有史以来世界上最可怕的战争。

曾经，战争只是外交的延伸，是纠正存在冲突的主张和维持利害关系平衡的可靠手段，这种日子已经一去不复返了。国王们不再能够在一次重大失败后向其他君主交出剑投降，战争也不会因为一些小小的领土调整而结束。全面战争的概念，无条件投降的概念，战斗到底的概念，已经深入人心。它已成为一场灭绝性的战争。

随着各条战线上的战事都陷入僵局，数以万计的人在大规模的战斗中丧生，通常只是为了几百码的得失。凡尔登战役、索姆河战役以及俄国前线的战役等一系列残忍战役的伤亡名单令人震惊；在巴尔干山区、意大利山区或加利西亚平原上进行的一些不太知名的战役同样令人绝望。一百万又一百万的人正在被屠杀。到 1916 年年底，战争的结果和两年前一样不确定。德皇私下承认："这场战争的结局不会是一场伟大的胜利。"

君主们能深刻地感受到不断增加的死亡人数。这些国王和皇帝可能偶尔被误导，缺乏想象力，但没有一个是无情之人。乔治五世在阅读伤亡名单或探望伤员时，经常处于流泪的边缘。亚历山德拉皇后给沙皇写信说："我总是想着失去这些生命对你的心意味着什么。"据说，威廉二世有时会因为担心死者和伤员而睡不着觉。"我从来没有想过要这样，我从来没有想过要这样。"有人曾听到他如此喃喃自语。

王室意识到事情已经失控，君主们必须重新确立自己的位置，国王们必须趁还来得及尽早恢复控制权，因此在这一时期出现了数次和平试探。

1916 年春天有了第一次这样的举动，这次试探笼罩着一层神秘的面纱。在高度保密的情况下，黑森大公，也就是俄国皇后亚历山德拉的哥哥，前往沙皇村面见尼古拉二世沙皇。这一步似乎是在德皇知情的情况下进行的，却是对德国最高统帅部的蔑视。这可以解释为什么后来黑森大公从未承认过此行。时至今日，黑森州的档案都否认存在此次访问。但德皇的女儿不伦瑞克-吕讷堡公爵夫人和他的儿媳塞西莉皇储妃（Crown Princess Cecilie）在数年后都提到了这件事。

不伦瑞克-吕讷堡公爵夫人写道："我侄子萨克森-阿尔滕堡的弗里德里希·恩斯特王子（Prince Friedrich Ernst of Saxony-Altenburg）① 坚持认为黑森大公在我父亲的授意下，亲自找到沙皇，以获得单独媾和，并且他是以图尔恩-翁德-塔克西斯（Thurn-und-Taxis）的假姓氏去了俄国。沙皇给他的大舅哥安排了一个护卫，这个护卫发誓会绝对保密。在黑森大公路经穿过边境线必须要经过的一处中转站时，他被护卫的一个朋友认了出来，自然，这个人也被要求发誓完全保密。"

但这次会面没有任何结果。今天，主要的关注点在于，会面数年后，安娜·安德森（Anna Anderson）② 在冒称沙皇女儿阿纳斯塔西娅女大公（Grand Duchess Anastasia）时，提到 1916 年在沙皇村见到了"欧内斯特舅舅"（Uncle Ernest），即黑森大公。由于这次访问是高度机密的，只有德国和俄罗斯皇室的少数成员知道，所以安娜·安德森自称沙皇女儿的说法引起了不小的轰动。

在后来的日子里，德皇的家人坚持说，威廉二世和尼古拉二世双方都急于谈判达成俄德之间的单独媾和，但他们的努力一再被法

---

① 弗里德里希·恩斯特（1905—1985）是一位历史学家。

② 安娜·安德森真名弗兰齐斯卡·尚斯可夫斯卡（Franziska Schanzkowska），曾声称自己是俄国沙皇尼古拉二世的小女儿阿纳斯塔西娅·尼古拉耶芙娜。直到 DNA 技术的出现，借由沙皇的尸体以及亲戚们的相关 DNA 才最后证明安德森不是沙皇的直系亲属。

国和英国当局阻挠。

威廉二世在 1916 年 12 月又进行了一次和平试探，这次采取了更公开的姿态。他同意了首相贝特曼-霍尔韦格的建议，即由德国提出和平建议。由于罗马尼亚首都在当月早些时候落入德军之手，德皇认为同盟国的形势大好，正好可以站在强势的位置上提出和平建议。

原因还不止如此。德国平民感受到了英国封锁产生的压力，正变得越来越饥饿，也自然越来越不满。德国只有容许进行无限制的潜艇战才能打破封锁，而这种战略是威廉二世竭力要避免的。和平则可以避免这种需要。此外，美国的威尔逊总统即将提出他自己的和平倡议，所以德国急于在他之前提出。

1916 年 12 月 12 日发布的德国和平照会故意采取了含糊暧昧的语气。正因为如此，渴望和平的乔治五世担心他的新首相，冲动的劳合·乔治（Lloyd George），可能会断然拒绝，"从而使我们陷入困境"，并"疏远同美国温和派的感情"。他恳请首相给予最仔细的考量。

在各国审议德国和平照会的期间，威尔逊总统向对立的各方势力都发出了邀请，请他们各自陈述其和平条件。这两项举动都没有取得任何成果。协约国——现在这个称呼包含原本的协约三国及现在交战中的合作国——认为德国的和平建议不过是装装样子而已，拒绝了它。然而，它们自己应威尔逊总统之邀拟定的和平条款又十分不现实，以至于威尔逊总统都觉得自己不能讨论它。而且，德国人当时已经拒绝了威尔逊总统的邀请。"我不去参加讨论，"德皇宣布，"肯定不去参加由他主持的讨论。"

对于协约国拒绝德国的和平建议，德皇的反应同样是横暴的。

他以其特有的唐突多变，一下子又从和平缔造者转变为战争领主，宣布德国的战争目标现在必须扩大。"不向法国让步，不允许阿尔贝国王留在比利时，佛兰德斯海岸必须是我们的。"[1]他咆哮道。

德皇这些大胆的言论本来可能会更令人印象深刻，只是现在他已经完全屈从于兴登堡和鲁登道夫二人的专制统治。威廉二世不仅在军事问题上没有什么发言权，而且对民事事务的控制权也正在落入他们二人手中。从长远来看，他们的专制主义对君主制来说是灾难性的。

👑

这一系列和平举措中的下一个，来自欧洲最新的君主——奥匈帝国的卡尔皇帝。

卡尔接替伯祖父弗兰茨·约瑟夫皇帝继位时二十九岁，在许多方面都是一个令人钦佩的人：诚实、脾气好、善解人意。在维也纳绍滕中学的一段经历，以及在各驻军城镇和意大利及俄国前线的两年时间，使他对普通人的愿望有了一定了解。反过来，人们也被他的平易近人和朴实吸引。正是因为这一点，以及他之后在宫廷民主化、政权民主化方面的努力，他被称为"人民的皇帝"。

即便一些愤世嫉俗的人认为这位年轻的统治者有点天真，有点轻信他人，但他无疑能够激发出臣民强烈的忠诚和爱戴。卡尔皇帝以其俊美的外表、孩子气的微笑和有魅力的举止为奥匈帝国的皇位带来了人的气息；在弗兰茨·约瑟夫漫长统治的后期的无趣岁月中，是明显缺乏这种人的气息的。尽管卡尔怀着几乎骑士式的理想主义（他在布达佩斯举行的加冕仪式非常有中世纪特性），但他也给保守守旧的哈布斯堡宫廷带来了现代化氛围。与弗兰茨·约瑟夫不同，卡尔对速度很快的汽车和电话等现代发明很有兴趣。

新皇帝年轻而正派的光环，因他的妻子——二十五岁的齐塔皇后的存在而大大增强。齐塔皇后是波旁-帕尔马的罗伯特公爵（Duke Robert of Bourbon-Parma）之女，罗伯特公爵是欧洲最知名的不当政的王室家族首领，两任妻子一共为他孕育了至少二十四个子女，齐塔皇后是其中之一，她美丽、睿智而有才华。卡尔与齐塔于 1911 年结婚，他们将有八个孩子。尽管齐塔皇后在某些方面很像其他那些意志坚定的皇家配偶，如俄国的亚历山德拉皇后、希腊的索菲王后和罗马尼亚的玛丽王后，但她绝非协约国的宣传中所暗示的那样统治着自己的丈夫。齐塔比卡尔更活泼、更自信、更直言不讳，给人的印象是她是主导者，但事实上，她很愿意听从丈夫的领导。她的政治兴趣具有强烈的家族偏见：她的波旁血统令她无比自豪，而这导致她对法国的偏爱必定会高于对普鲁士的偏爱。

这对年轻夫妇身上，淋漓尽致地体现了欧洲王室团体的世界主义、谦恭礼让和自律性。

即便说这位哈布斯堡的新皇帝既没有钢铁般的意志，也不博学睿智，然而，他确实有一种强烈的使命感。卡尔对王朝和帝国的奉献精神是毋庸置疑的。他也很聪明，知道国家需要彻底的改革；某种联邦化的补救措施对于拯救帝国是必要的。事实上，他的改革思想大大超前于时代。他不仅急于摒弃古老的哈布斯堡秩序中潜在的专制主义，让自己成为一个立宪制君主来统治国家，而且还准备接受在联邦制国家中存在共和制的邦国。

但是，任何这样的计划都不可能在战时实施，而且无论如何，奥匈帝国正处于被战争撕裂的严重危险之中，所以卡尔开始考虑结束敌对行动。作为一个虔诚的、热爱和平的人，他希望"在尽可能短的时间内，消除战争的恐怖和牺牲"，他在第一次公开声明中就如此明确地表示。

这并不容易。卡尔意识到，任何公开的和平之举都会被他的德国盟友扼杀。因此，他，这个最坦诚的人，不得不诉诸阴谋手段。登基后没几天，卡尔就开始了著名的和平行动，因此，他后来不仅被称为"人民的皇帝"，而且被称为"和平皇帝"。

在某种程度上，卡尔皇帝的和平计划是对旧世界外交的回归。这是一种典型的皇家姿态，是 20 世纪君主对国际事件产生重要影响的最后尝试。已经厌战的欧洲充斥着恐惧和无能为力的绝望，卡尔的和平计划带来了一丝旧制度的气息。

参与人物都是王室成员：卡尔皇帝、齐塔皇后、齐塔的母亲波旁-帕尔马公爵夫人以及齐塔的两个哥哥，西克斯图斯王子和格扎维埃王子。在战前的巴黎，这两位认为自己是法国人的波旁-帕尔马王子在社交圈和外交界都是知名人士。西克斯图斯王子是一个有政治意识的年轻人，他的名字将与和平计划产生特别的联系。西克斯图斯深知波旁血统所承担的责任（他说，"波旁王朝的人总是法国人"），他一直赞成奥法联盟；与妹妹齐塔一样，他对普鲁士统治下的德国没有什么好感。由于法兰西第三共和国的法律禁止法国王室的任何成员在国家军队中服役，所以波旁-帕尔马的王子们加入了比利时国王的军队，在其中担任炮兵中尉。

在 1917 年年初，他们的妹夫，新任哈布斯堡皇帝，将一项更重要的工作委托给了他们。他们要向法国当局试探以谈判方式谋求和平的可能性。虽然卡尔并不赞成单独媾和，但如果不得不这样做，他也会考虑。同时，卡尔计划暂时不让德皇知道关于谈判的任何信息。由于从理论上讲，两个妻兄是卡尔的敌人，所以他不得不利用复杂的皇家关系网来联系他们。他的岳母，波旁-帕尔马公爵夫人，通过卢森堡大公夫人与比利时的伊丽莎白王后取得了联系，伊丽莎白王后又安排阿尔贝国王传话给两位波旁-帕尔马王子，让他们隐藏身份到瑞士去见他们的母亲。

接下来的几个星期都是高度秘密的外交活动。假身份文件、机密信件、秘密会议、进出中立国瑞士的旅行，波旁-帕尔马的两位王子留下了一串密谋的浪漫光晕，充当着卡尔皇帝及其外交部部长与法国总统及总理之间的联络人。普安卡雷总统甚至一度建议他们去见尼古拉二世沙皇：他们身为王子，可以直接见到沙皇，并对其产生相当大的影响。

这些狂热举动的最高潮，是哈布斯堡皇帝和波旁-帕尔马的两位王子的一次秘密会面。会面发生在 1917 年 3 月的一个雪天，地点是维也纳南部的哈布斯堡家族的老城堡拉克森堡。

两位王子发现他们的妹夫脸色苍白，忧心忡忡：他的头发已经泛出灰色。"绝对有必要实现和平，我不惜一切代价都希望能实现和平。"卡尔如此说。如果德国盟友不合作，那么奥地利就不能"继续为普鲁士国王而战"[2]。

卡尔、齐塔和两位王子家人间的问候结束后，奥地利外交部部长切尔宁伯爵加入了他们。虽然切尔宁也同意对德国盟友隐瞒谈判的所有情况，但他与卡尔不同，对奥匈帝国单独媾和的可能不予考虑。第二天，在会谈结束时，卡尔交给两位王子一封他亲笔写的信。在信中，他同意恢复被敌方占领的比利时和塞尔维亚的主权，更重要的是，同意他所谓的法国对阿尔萨斯-洛林的"正当主张"。

这封"皇帝信函"，切尔宁后来声称他没有看过，也没有批准过，没过多久就会给可怜的卡尔带来巨大的痛苦。

法国和英国当局对卡尔皇帝的提议的反应是令人安心的。劳合·乔治对卡尔的提议特别感兴趣，他建议三个协约国的元首——乔治五世、维克托·伊曼纽尔三世和普安卡雷总统——及各国首相（或总理）共同开会讨论这一问题。他还安排西克斯图斯王子见了乔治五世。会面非常顺利。乔治五世在日记中写道："如果（和平谈判）能够实现，那将是一件了不起的事。"

反对派阵营中的进展较小。事实上，根本没有任何进展。1917 年4 月 3 日，卡尔和齐塔前往德皇位于洪堡的总部，借口是介绍两位皇后相识。在几周前德皇访问维也纳期间，卡尔已经隐晦地提到了他的和平建议；现在他希望能更充分地讨论一下。他始终未能成功。不知为何，合适的时机从未出现过；威廉二世似乎不愿意进行任何严肃的讨论。也许他被警告过不要这样做。"如果我们在德国有一个朋友，那就是威廉皇帝，"齐塔皇后后来说，"但他完全受制于他的将军们。"[3]

维克托·伊曼纽尔三世也被别人支配着。虽然他赞成谈判，首相松尼诺男爵（Baron Sonnino）却不赞成。意大利政府根本不准备与奥地利谈判，除非是在意大利取得胜利之后。协约国承诺会给意大利瓜分从哈布斯堡帝国获得的大量好处，这一诱惑使意大利离开了同盟国阵营，所以，如果得不到承诺的好处，那么意大利是不会满足的。卡尔皇帝虽然很乐意把德国占领的土地交给法国，却不太愿意把自己继承来的领土交给意大利。意大利毕竟是奥匈帝国的主要敌人；对奥匈帝国来说，对意大利的战斗是整个战争中唯一"得民心的"部分。

尽管如此，卡尔意识到必须做出一些牺牲，同意满足意大利的某些要求。他写了第二封信，在信中提出让出特伦蒂诺。但是，对意大利来说，这还不够。意大利想要回所有的"未收复领土"。因此，无论维克托·伊曼纽尔三世对卡尔皇帝的提议有什么想法，作为一个立宪制君主，他都不得不同意首相的意愿。

于是，由诸多王室成员主导、通过谈判实现和平的希望再一次破灭了。这也许是中欧的君主们挽救其王位的最后机会。还有一些其他的和平试探，如通过教皇调解实现和平，或通过中立国西班牙的阿方索十三世国王、荷兰的威廉明娜女王和丹麦的克里斯蒂安十世国王的调解实现和平，但也都注定要失败。因为到那时，战争的进程已经发生了急剧的变化。

1917年年初，德皇的和平举动失败，正好给他的最高统帅部——兴登堡和鲁登道夫——提供了他们所需要的开启无限制潜艇战的借口。他们认为，这将使英国在六个月内屈膝投降。但这一举动引得美国加入战争。1917年4月6日，在几艘美国商船被德国潜艇击沉后，美国向德国宣战。

美国加入战争还有另一方面的原因。威尔逊总统主张这场战争是一场民主与专制之间的斗争，是议会制自由主义与君主制军国主义之间的斗争，这一观点本来没有太多根据，却由于一个重要障碍的消除而变得可信起来——1917年3月15日，在美国宣战前三周，独裁的俄国沙皇尼古拉二世被迫退位。

"有传闻说俄罗斯宫廷有很严重的麻烦。"1917年1月8日，在沙皇退位前两个月，罗马尼亚的玛丽王后在日记中写道，"据说，备受憎恨的拉斯普京被杀了……而皇室家族正在造皇后的反，吵着要把她送进修道院。她承受着极大的憎恨，肯定还有一些我不知道的事件给这种憎恨推波助澜，将其推向了高潮。总之，那里正在发生一些离奇而可怕的事情……"

玛丽王后是对的。在俄罗斯宫廷里确实发生了一些离奇而可怕的事情。1917 年 1 月 1 日，拉斯普京的尸体被发现于首都附近涅瓦河的一条支流的冰面下。他死于三天前，行凶之人是以年轻的费利克斯·尤苏波夫王子（Prince Felix Yussoupov）① 为首的一伙密谋者。

德皇发挥其弯弯绕的心思，将拉斯普京被杀看作对他与沙皇单独媾和计划的蓄意打击。威廉二世声称，"明星"一直赞成这种和平。"反对他的团伙中包括亲王们、由议会组织的民族主义资产阶级，以及以英国大使乔治·布坎南爵士（Sir George Buchanan）和军事指挥官诺克斯上校（Colonel Knox）为核心的英国好战分子。当这些对手认识到拉斯普京的影响力时，他们就开始工作了。拉斯普京一被谋杀，沙皇的帝国就被英国支持的民主革命消灭了。"[4]

这是一派胡言。拉斯普京被杀，从头到尾都是君主主义行为：君主主义者为拯救君主制而做出的绝望尝试。气质阴柔的尤苏波夫王子和另一位主要密谋者德米特里·帕夫洛维奇大公（Grand Duke

---

① 尤苏波夫家族虽然不是俄罗斯的皇室，却是一个非常有影响力的贵族世家，十分富有，在俄国各地共有 50 多处宫殿。他们是诺盖汗国的可汗玉素甫（Yusuf）的后裔，在 16 世纪中期迁到俄国。诺盖汗国是由成吉思汗的长子术赤的后裔建立的，其国民是突厥化的蒙古人。

Dmitry Pavlovich)① 都是皇室家族的成员；即便拉斯普京被杀实际
上没有得到其他家族成员的认可，但看到"明星"的生命结束，他
们也不会感到难过。他们希望通过杀掉他来削弱甚至摧毁皇后的力
量，使沙皇能够走上一条不那么专制、不那么灾难性的道路。

♛

　　俄国需要采取某种坚决的行动，这一点从一段时间前就已经很
明显了。亚历山德拉皇后和拉斯普京把政府变成了一个笑话。他们
决心坚持独裁原则，认为大臣的存在应该只是为了执行沙皇的意
志，所以罢免了——或者说坚持让沙皇罢免了——所有与他们意见
相左的人。一个又一个有能力的大臣被无名小卒取代。甚至那些毫
无疑问地忠于独裁理念的大臣，也因为拉斯普京对他们的反感下台
了。最后，政府主要由拉斯普京推举的人组成。

　　皇后和拉斯普京二人合力的干预并没有局限在对大臣的任命和
罢免上。国家生活中的任何一个方面，都没有逃过他们的关注。
"明星"还就经济和军事问题向皇后提出建议。他的指示，来自上
帝，由亚历山德拉转达，被源源不断地传递给了饱受折磨的尼古拉
二世沙皇。如果尼古拉二世在执行这些指示时犹豫不决，亚历山德
拉就会用充满威胁的信来促使指示的执行。

　　"要坚定，"她曾如此写道，"人们想感受你的手——多久了，

---

　　①　德米特里·帕夫洛维奇大公是尼古拉二世的堂兄弟，他的父亲是亚历山大二世
最小的儿子保罗，母亲是希腊的亚历山德拉公主，是康斯坦丁国王的妹妹。

多少年了，人们总是对我说同样的话——'俄国人喜欢感受鞭子'，这是他们的天性——温柔地爱，然后用铁手去惩罚和引导。我多么希望能把我的意志注入你的血管……你要成为彼得大帝、伊凡雷帝（Ivan the Terrible）、保罗皇帝（Emperor Paul）——让人们都在你手下服服帖帖……"

到 1916 年年底，担当俄罗斯帝国神经中枢的，是皇后在沙皇村中的著名的淡紫色闺房，而不是沙皇在最高统帅部的木棚屋。亚历山德拉完全没有意识到自己的局限性，沉迷于她对神圣俄罗斯的不准确描述，相信她所做的一切都是为了国家的利益，她一直在战斗着。皇后不是一个邪恶的人，也不是一个无情的人，甚至也不是一个完全愚蠢的人，却是一个被严重误导的人。

不可避免地，她被指控为拉斯普京的情妇。有人坚持说，如果不是这样，那她为什么会与这个举止粗鲁、好色淫荡的农民如此亲密？而且，同样不可避免的是，德国出身的皇后被指控与拉斯普京一起为德国工作。亚历山德拉与其他君主一样，因为属于欧洲相互有亲戚关系的皇室家族而付出了代价。她的哥哥黑森大公不是在德国军队中作战吗？她的一个姐姐不是嫁给了德皇的弟弟吗？事实上，德皇不就是她的表兄吗？

人们很巧地忘记了，皇后也是维多利亚女王的外孙女；她的母亲就是维多利亚女王的女儿爱丽丝，由于母亲早逝，亚历山德拉青少年时在维多利亚女王的宫廷中度过了大量时光。而且，乔治五世当然和威廉二世一样是她的表兄，不是吗？

正如她的表姐希腊的索菲王后被指控与德皇直接接触，亚历山德拉也遭到了这样的指控。据说，沙皇村的宫殿里安装了秘密的无线电设备，皇后和拉斯普京通过这些设备与敌人进行交流。她甚至有一条直接和德皇相通的电话线。丈夫闲谈时无意泄露的军事信息，要么被她直接传送给德皇，要么由拉斯普京卖给德国当局。否则，该如何解释俄国的军事灾难？如果不是为了把国家出卖给德国人，那到底为什么民众会遭受如此严重的粮食短缺？

随着饥饿和不满情绪的蔓延，反对"女叛国贼"的呼声也越来越高。在大街上，人们会公开称皇后为"那个德国女人"，甚至更加直接，"那个德国婊子"。

1917 年 1 月初，拉斯普京被杀，但并没有缓和民众对亚历山德拉的普遍仇恨。那些认为"明星"的死亡会结束皇后的政治影响力的人很快就被证明是错误的：她比以往任何时候都更积极地发挥作用。对于任何要求她退出政治舞台的建议，沙皇都充耳不闻。他也不听任何关于选择一个更容易被杜马接受的政府的说法。皇室家族成员、大使们和政治家们一次又一次地警告他，皇后的态度不仅会使王朝走向灾难，而且会牵连整个俄国。

杜马主席罗江科（Rodzianko）是最后一批警告沙皇关于皇后坚持专制统治的危险的人之一，他恳求说："陛下，不要强迫人民在你和国家的利益之间做出选择。"

有一瞬间，沙皇似乎动摇了。他问道："有没有可能，我努力争取了二十二年想要的好结果，在这二十二年以来，全部都是一个错误？"

"是的，陛下，"罗江科坦率地回答，"二十二年来，你一直遵循着错误的路线。"

但尼古拉二世的自我怀疑的发作——或者说，对独裁原则的怀疑——是短暂的。他与亚历山德拉皇后的想法完全一致，决心将独裁制度传给他们的儿子，不允许它被民主玷污。

由于沙皇拒绝听从劝告，人们开始偷偷议论用更激烈的方法来摆脱亚历山德拉。皇室家族又一次感到，需要由他们来拯救君主制。沙皇的大公们决定发动一场宫廷革命：皇后将被逮捕，沙皇将被迫让位给儿子，而尼古拉大公则被宣布为摄政。几个星期以来，这一阴谋成为首都的话题。

法国大使写道："昨天晚上，加布里尔·康斯坦丁诺维奇王子（Prince Gabriel Constantinovich）① 为他的情妇（以前是个女演员）举办了一场晚宴。客人包括鲍里斯大公（Grand Duke Boris）② ……一些军官和一群优雅的高级妓女。整个晚上，唯一的话题就是阴谋——可以依靠的近卫团，最有利的爆发时机，等等。所有这一切都伴随着仆人们的进进出出、妓女们的注视和倾听、吉卜赛人的歌声，所有人都沐浴在源源不断的酩悦皇室香槟的气息中。"[5]

但这一切都没有什么结果。1917 年春天，沙皇回到前线，皇后继续通过完全不称职的大臣们进行统治。

暴风雨于 1917 年 3 月 8 日爆发。直接原因是首都的食品和燃料极端缺乏。一群又冷又饿的暴徒闯入几家面包店。在接下来的日子里，暴乱变得更加严重，工人们开始罢工。3 月 12 日，士兵

---

①　加布里尔·康斯坦丁诺维奇王子也是尼古拉一世的曾孙，他的祖父和尼古拉二世的祖父是兄弟。

②　鲍里斯大公和尼古拉二世是堂兄弟，他的父亲弗拉基米尔和尼古拉二世的父亲亚历山大三世是亲兄弟。

们——其中许多是没有纪律、心怀不满的新征召入伍的士兵——开
始加入暴徒行列，一个又一个的军团开始公开反对自己的军官。到
第二天，几乎整个首都都落入了革命者的手中。帝国政府崩溃，权
力移交给了杜马。一个对立的议会——由激进的克伦斯基创建的
"士兵和工人代表苏维埃"（Soviet of Soldiers' and Workers' Depu-
ties）——与相对温和的杜马分庭抗礼。3 月 14 日，沙皇的最后堡
垒——皇家卫队——向杜马宣誓效忠。领导海军警卫队前往支持杜
马的是皇室家族中第一个与沙皇决裂的成员：他的堂弟西里尔大公
（Grand Duke Cyril）①。革命②已经取得了胜利。

　　然而，革命的胜利，不仅让沙皇感到大吃一惊，而且让革命领
袖们自己都感到吃惊。左派的人也许一直在筹备革命，但 1917 年 3
月的革命并不是他们发起的。

　　尼古拉二世刚回到军事总部时，革命就爆发了。起初，他拒绝
认真对待此事。500 英里外的首都发生的暴乱，汇报给他时的描述
是"街头骚乱"；而对沙皇来说，街头骚乱并不是新鲜事。终于意
识到情况比他想象的要严重后，他的反应是派出军事增援部队，并
暂停杜马会议。直至收到了皇后的电报和弟弟米哈伊尔大公的电话
后，他才决定返回沙皇村。3 月 13 日，即杜马掌权的第二天，沙皇
离开了前线。

　　他的火车始终未能到达沙皇村。火车不得不在首都以南约 100
英里处的普斯科夫停了下来。当沙皇在那里等待的时候，局势在不
断恶化。3 月 15 日上午，尼古拉二世听说临时政府决定他必须逊位

---

　　①　西里尔大公和鲍里斯大公是亲兄弟。
　　②　此时按照俄国历法算还是 2 月份，所以一般称这次革命为"二月革命"。

给他的儿子，并由他的弟弟米哈伊尔大公担任摄政。这一决定得到了指挥各条战线的将军们的支持，他们纷纷发来电报敦促他放弃皇位。

由于没有政客们和将军们的支持，尼古拉二世别无选择。在这个最高危机的时刻，沙皇展示了他惯有的尊严、谦恭和宿命论，同意退位。在皇家列车上寂静的客厅里，他不仅放弃了自己的权力，而且放弃病弱的儿子的权力。他不敢让这个患血友病的男孩承受统治俄国这样一个国家的严酷考验。

当天晚上，他在日记中写道："为了俄国，为了让军队留在战场上，我决定采取这一步。"[6]

俄罗斯帝国的皇冠传给了米哈伊尔大公。他的执政时间非常短。不过几个小时，无能为力的米哈伊尔沙皇就被说服退位了。

令全世界都大吃一惊，令欧洲君主们惊慌失措的是，拥有三百年历史的骄傲强大的罗曼诺夫王朝就在一个星期的时间里崩塌覆灭了。

第十四章

贬值的王位

　　沙皇尼古拉二世被推翻的消息像丧钟声一样传递在欧洲的各个宫廷中。无论君主们如何告诉自己，或告诉彼此，俄国是一个特例，沙皇倒台的背景是特殊的，真正应该受到指责的是皇后和拉斯普京，无论这样的话说多少遍，他们都不由自主地开始担心自己的王位。推翻独裁统治者——或者说，推翻任何统治者——可能会被证明具有传染性，不是吗？

　　年轻的卡尔皇帝当然这么认为。这令他寻求通过谈判达成和平的努力更加急迫。"我们正在与一个比协约国更危险的新敌人作战，"他警告威廉二世说，"我们正在与国际化的革命作战，革命在普遍的饥荒中找到了最强大的盟友。我恳请你不要忽视这个问题的预兆，并考虑一下迅速结束战争——即使是以沉重的牺牲为代价——这会使我们有机会去成功面对即将到来的动荡。"

他接着说，如果同盟国的君主们不能在接下来的几个月里缔结和平，那么"人民就会踩到我们的头顶，革命洪流的浪潮会卷走我们的兄弟和儿子们战斗和牺牲的全部目的"。[1]

他们所有的"兄弟和儿子"是否都在为维护君主制而战是值得商榷的，但更开明的君主主义者们逐渐意识到，即使是半君主制的日子也已经所剩无几。威尔逊总统在美国加入战争时铿锵有力地宣布的和平目标进一步强化了这种认识。威尔逊的眼睛里闪烁着理想主义的狂热，他声称美国人是在"为民主而战，为那些服从权威的人能在自己的政府中拥有发言权而战，为小国的权利和自由而战……"

他的宣告并没有被德皇的首相贝特曼-霍尔韦格忽视。在威尔逊讲话的三天后，兼任普鲁士首相的贝特曼提议立即实行普选制，以取代目前普鲁士议会中的贵族选举权。德皇在复活节文告中对这一提议表示支持，大意是："在整个国家都在这场可怕的战争中做出巨大贡献之后，我确信，普鲁士已经没有阶级选举的存活空间了。"

兴登堡和鲁登道夫却不以为然。他们先是设计解除了贝特曼的职务，确保任命了一位更顺从的首相，然后又确保"阶级选举权"保持不变。他们也不理会帝国议会提出的妥协性和平建议；至少，在它以最无害的措辞出现之前没有理会。

卡尔皇帝同样发现实行宪法改革是很困难的。如果说他对尼古拉二世沙皇被推翻的第一反应是敦促德皇缔结和平条约，那么第二反应就是给他自己国家的政权带来一些民主的影子。在战争开始时暂停的奥地利议会现在匆忙召开。卡尔皇帝没有打算就此罢休。这位仁慈而明智的君主已经赦免了许多政治犯；现在他计划采取更大胆的措施。他将给予奥匈帝国的所有人民以民族自治，但保守的政客们不愿接受。由于没有力量亲自推动这些全面变革，也没有一个志同道合的首相为他做这件事，卡尔皇帝不得不让步。他的立宪制计划被搁置了。

与和平计划的失败一样，卡尔皇帝没有能力改革帝国，这意味着他与一个极好的机会失之交臂。通往地狱的道路通常是由良好的意图铺就的，但比这次更好的意图是非常罕有的。

其他君主，如罗马尼亚的斐迪南国王，采取了更坚决的行动，也有可能是别人鼓励他这么做的。为了阻止罗马尼亚农民的任何革命起义，斐迪南国王向军队做出了一个"历史性的"承诺。他站在雅西城外的平原上，冒着早春风中的寒意，向集结在一起的士兵保证，战后将有一次更公正的土地分配。大庄园将被拆散，分给农民。他们还将被允许在公共事务中发挥"很大的作用"。

这是一个大胆的举动，特别是对一个巴尔干半岛的君主来说。冒着惹怒富有的地主阶级的风险，君主放松了与其天然的支持者的密切联系。但这是必须采取的一步。不仅是罗马尼亚国王，而且是所有君主都必须采取这一步。只有通过与保守的贵族阶层保持距离，并发展成一个超国家的机构，君主制才有希望平安渡过已经在其头上爆发的风暴。如果一个君主过于依赖军事精英和平民精英[①]的支持，他就注定会失败，如德皇。通常是君主主义者自己拒绝扩大君主制的基础，从而削弱了君主制。

---

① 本书中出现的平民一词，均不是指和贵族相对的普通民众阶层，而是指和军人相对的非军职人员，平民精英指的也是贵族阶层。

爱丁堡公爵菲利普亲王（Prince Philip，Duke of Edinburgh）^①在晚年时说："欧洲的大多数君主制，实际上是被其最重要、最热心的支持者摧毁的。是由于最反动的人试图去固守一些东西，不让它发展变化。"[2]

甚至连乔治五世这个表面上看起来不可动摇的君主，也体会到了一种明显的忧虑。早在 1915 年，爱德华七世统治时期的智囊伊舍勋爵就曾警告玛丽王后："战后王位可能会贬值。"现在，俄国皇位已经贬到一文不值，伊舍勋爵的警告变得更加有意义了。一场庆祝沙皇统治垮台的群众大会于阿尔伯特音乐厅举行，在一些人看来，这似乎预示着革命的共和主义在英国的诞生。随后，著名作家 H. G. 威尔斯（H. G. Wells）在给《泰晤士报》的一封信中称，现在是"让我们摆脱王位和权杖的古老束缚"并建立共和社会的时刻。

在王宫之内，人们意识到必须采取一些措施来抵制这种弥漫在空气中的反君主主义寒意。乔治国王的私人秘书斯坦福德哈姆勋爵（Lord Stamfordham）写道："我们必须努力诱导有思想的工人阶级、社会主义者以及其他人，永远不要把国王仅仅当作一个'傀儡'，当作一个他们所谓的'不算数的'机构，而是当作一种活生生的力量……"[3]乔治五世的助理私人秘书克莱夫·威格拉姆（Clive Wigram）突然醒悟到，应该更多地利用迄今为止被忽视的媒体来宣传国王和王后在战时的不懈努力。

因为毫无疑问，国王和王后完全认同他们国家的斗争。虽然乔治五世没有积极参与战争中的军事行动，但他非常关注战争的进

---

① 菲利普亲王即前任英国女王伊丽莎白二世的丈夫。

展。他曾五次渡海前往法国与军队共处数日；其中一次，他还从马背上摔下来受了重伤。在国内时，他全身心地投入似乎没有尽头的艰巨任务中：检阅部队、视察海军基地、授予勋章、参观军工厂、探访医院。

但是，即使是尽职尽责完成的任务也无法抵消国王不是全心全意支持协约国事业的谣言。与其他君主一样，乔治五世遭受了复杂的血统带来的麻烦。到了 1917 年，由于德国的胜利似乎一如既往地遥远，他的德国血统——以及所谓的对德国的同情心——已经成为恶意诽谤的对象。威尔斯大声疾呼，反对"没有鼓舞作用的外国王室"；对这种讥讽，乔治五世回应："我可能是没有鼓舞作用的，但打死我我也没想到自己是外国的。"

然而，乔治五世非常重视对他德国血统的批评，所以做出了一个重要的决定：他将改变自己的家族名。他是以萨克森-科堡-哥达家族成员的身份登上王位的［尽管当时征求纹章院的意见时，纹章院认为用韦廷（Wettin）甚至维珀（Wipper）更好①］。无论如何，最终人们达成一致，国王应该采用"温莎"（Windsor）这个不折不扣的英国名字。讨论结束，新王朝名于 1917 年 7 月 17 日宣布。

总而言之，这次王朝更名是一个极其民族主义和爱国主义的举动。正如斐迪南沙皇认为他对保加利亚的责任超过了对波旁王朝祖先的责任，乔治五世同样将国家置于王朝家族之前。

这次更名也并不局限于国王的直系亲属。泰克和巴滕贝格的诸

---

① 萨克森-科堡-哥达家族是根据地名命名的，这并非家族的姓氏，这一家族的姓氏实际上是韦廷。

多亲王王子也都将姓氏和头衔巧妙地英语化，如改为蒙巴顿、剑桥、阿斯隆、米尔福德黑文和卡里斯布鲁克；而维多利亚女王的两个外孙女，石勒苏益格-荷尔斯泰因的两位公主，按照国王的直接要求，只称名字海伦娜·维多利亚和玛丽·路易丝，而没了家族出身（Helena Victoria and Marie Louise of *Nothing*）。①

对于这次更名，并不是所有人都满意。有些人认为这是对君主的宗族的背叛，甚至将其描述为乔治五世"失去了勇气"[4]。泰克的亚历山大亲王（Prince Alexander of Teck），已经被改头换面为阿斯隆伯爵（Earl of Athlone），宣称他对这一改变感到"愤怒"。"他认为那是愚蠢和小气的伪装。"他的妻子爱丽丝公主说。而另一位有王朝意识的观察者，巴伐利亚贵族蒙特格拉斯的阿尔布雷希特伯爵（Count Albrecht von Montgelas）认为："在 1917 年的那一天，乔治五世仅仅为了一场战争就改了名字，真正的王室传统便死亡了。"[5]

最巧妙的回应也许该说是德皇的。他讥讽地说，莎士比亚那部著名戏剧的名字都要改成"萨克森-科堡-哥达的风流娘儿们"②。

---

① 这两位公主的母亲是维多利亚女王的三女海伦娜公主（Princess Helena of the United Kingdom），父亲是石勒苏益格-荷尔斯泰因的克里斯蒂安亲王（Prince Christian of Schleswig-Holstein）。石勒苏益格-荷尔斯泰因本来是两个公国，1867 年被普鲁士吞并，合并为一个省。克里斯蒂安向海伦娜求婚时，维多利亚女王要求他必须常住英国，所以，这个家庭始终都生活在英国。在王朝更名后，虽然克里斯蒂安亲王也不再提及石勒苏益格-荷尔斯泰因，只称亲王，但实际上，石勒苏益格-荷尔斯泰因依然是他的采邑。

② 莎士比亚的剧作原名为《温莎的风流娘儿们》。

比利时的阿尔贝国王的国家已经缩小到仅有 20 平方英里，他几乎没有什么理由恐惧革命动乱。在比利时被占领的区域，德国人正竭尽全力地鼓励弗拉芒人的民族主义，希望能按种族将比利时分裂开，但总的来说，比利时人仍然忠于已经被赶到一角的阿尔贝国王。阿尔贝已经成为所有政治党派的成员心中比利时抵抗运动的象征，是他们美好未来的希望。

在前线，沙袋和铁丝网后面那片毫无特色的佛兰德斯土地上，阿尔贝国王深受士兵们的喜爱。国王一家——阿尔贝、伊丽莎白和他们的三个孩子——暂住在海边度假胜地德帕内的一幢简陋的小别墅里，这里离前线有八英里，离法国边境只有一箭之遥。房子简陋至极。当来访的阿斯隆伯爵夫人爱丽丝公主问伊丽莎白王后，她怎么能忍受年复一年地生活在如此不舒服的环境中时，王后解释说，让房子更舒适就意味着开始接受这里是家。她不允许自己相信他们会在那里住太久。

阿尔贝国王和伊丽莎白王后每天都会离开住所去履行他们自己设定的职责。尽管战争在很大程度上已成为一场消耗战，但比利时前线没有一天不发生一些行动，大多是轻微的，偶尔是大规模的。危险是无处不在的，同样无处不在的还有无聊、挫折和绝望。国王和王后平静地面对所有这些考验。伊丽莎白王后和罗马尼亚的玛丽王后相似，也是在欧洲大陆某个尽头的国家的一隅安顿下来，全身心地投入护理伤员的工作中。正是她鼓励医生们建立野战医院，并且在缺乏最基本的医疗设施的情况下，她直接给伦敦的哈罗德百货公司打电话，订购所需的东西。哈罗德百货公司在几天内就完成了订单。

伊丽莎白王后每天都去医院探望。她有时协助医生工作，有时安慰伤员。她在面对危险时的冷静总是令士兵们惊叹。无论是在病房里还是在战壕中，她都会坚持巡视，似乎不受炮弹爆炸的影响。有一次，当一所医院被击中并起火时，她拒绝被转移至安全地带。她不知疲倦地忙碌着，帮助护士们把病人从燃烧的建筑里救出来。突袭结束，伤员被安置在其他地方后，负责的医生对她的勇气称赞不止。王后露出一抹揶揄的微笑，反问道，她的勇气与护士们的勇气又有什么不同呢？

伊丽莎白王后身着白衣，将一个小时又一个小时投入在伤员们身上。她从一张床边走到另一张床边，微笑、询问、安慰。垂死的士兵们会像呼唤母亲一样呼唤她；许多人死在她的怀里。他们的小王后的面容是许多比利时士兵看到的最后一幕。

随着岁月的流逝，伊丽莎白王后越来越深刻地成为人们景仰的对象。有人说，她是那个灰色冬天中的太阳。尽管她是那么瘦小，那么脆弱，但她似乎就是国家斗争精神的缩影。她已经变成"伊瑟河的女英雄""军队的母亲""比利时的灵魂"。对那些年复一年困守在地狱般的战壕中的人来说，如果有预言说他们的王后有一天会被称为比利时的圣伊丽莎白，似乎一点都不过分。

然而，周围环境的阴暗和危险也不能压制伊丽莎白王后不寻常的个性：她天性中浪漫、戏剧化、波希米亚的一面。毕竟她是富有艺术性又离经叛道的维特尔斯巴赫家族的一员。在那座荒凉的住宅的院子里，她建起了一个可移动的小木屋。她在其中招待她总是愿意与之相处的那些诗人、音乐家和艺术家。其中一位客人法国作家皮埃尔·洛蒂（Pierre Loti）说，小木屋的内部四处悬挂着淡蓝色的波斯丝绸，装点着一抹玫瑰粉色，并装饰有代表清真寺门廊的大型图案。家具全都是矮沙发，色彩缤纷的垫子堆得高高的。在这里，伊丽莎白王后充满活力，犀利睿智，与他谈论东方的宗教。在欧洲，很少有宫廷能够讨论东方宗教，无论程度深浅。

阿尔贝国王赢得军队的忠诚的方式截然不同。到现在，这位害羞、不善交际且漫不经心的君主已经成为一个名望极高的人：他勇敢、果断、务实。然而，尽管享有世界盛誉，但他依然十分自谦，气质庄重而专注，表达自己的方式缓慢得令人痛苦。阅读他在伊瑟河畔这些凄惨岁月里所写的战争日记，可以对他的人格力量有一定的了解。他从潦草的书页中走出来，就像传说中的那样淳朴、谦虚、谨慎、理智和勇敢。他没有装腔作势，没有妄想，也完全没有恶毒的报复之心；他的整个基调是务实的，而他天性中强烈奔涌的那种愤世嫉俗又不时为他增添亮点。

尽管面前有种种诱惑，但他仍然保持着冷静的头脑，拒绝沉迷于其他一些君主身上具有的被他形容为"夸张的爱国主义"的东西，也拒绝沉迷于某些君主身上的失败主义态度。他自己极为诚实，所以非常厌恶协约国的一些政客的言辞。他不禁自问："为权利而战到底是什么意思？""为了文明的战争"又是要说什么？"坚持到底"是要表达什么？

阿尔贝的战争目标，从一开始到最后，一直保持不变。他致力于捍卫比利时的独立和比利时的中立。他既不寻求荣耀，也不寻求报复或利益。他只是在为他的国家能生存于和平之中、免于所有国际纠葛的权利而战。比利时政府中的一部分成员如今安顿在法国的勒阿弗尔城里，他们呼吁复仇，呼吁让德国付出代价，从而最终实现比利时的领土扩张，对此他完全不予理会。他是一个很好的欧洲人，也是一个很好的君主，不会加入要求灭绝之战的呼声中。

当协约国联合答复威尔逊总统询问战争目标的照会时，阿尔贝扛住了他的政府要求比利时加入联合答复的压力。他向大臣们解释说，比利时的战争目标与法国或英国不一样：比利时不是为了消灭德国而战。由于他的坚持，比利时单独向威尔逊总统提交了一份答复。

阿尔贝在与士兵们打交道时也很明显地表现出了同样非常人性化的特质。他后来写道："20 世纪的我们打着所谓自由的旗号向自由的人索取的东西，比在中世纪时向农奴索取的还要多很多——而他们却给了我们。"[6]意识到这一点后，他尽自己所能去减轻这些人的负担。他们日常生活中的方方面面都不是微不足道的，都是值得他关注的：他们够不够暖和？他们吃到了足够的蔬菜吗？他们那里闹老鼠吗？

与威廉二世或乔治五世等君主精心策划的访问截然不同，他总是出乎意料地出现在士兵中间，这样的故事比比皆是。"把该死的门关上！"当他带着特有的笨拙走进一间木屋时，一个士兵这么喊道。"小心那些沙袋！"当他凑近看另一个士兵在做什么时，听到这样的吼声。有一次他向一名士兵询问时间，结果发现这个人因为没有表而十分尴尬，于是让人在第二天早上给他送去一块表。

有一天，当阿尔贝经过军队分配给一名军官的住处时，他注意到这位年轻的军官正和妻子坐在花园里。这违反了规定，年轻女子已经来不及逃进屋里，军官赶紧上前为自己解释。

"陛下抓住我了，"他结结巴巴地说，"我妻子跟着我待在这儿。"

"我妻子也跟着我在这儿。"国王平静地回答。

还有一次，两名士兵在沙丘上转悠着寻找兔子，他们瞥到一名军官正蹒跚着向他们走来。

"是个将军！"一个人喊道，准备开溜。

"不是，"另一个回答说，大大松了一口气，"只是国王而已。"

他们行礼，阿尔贝严肃地回礼，然后大步走过沙丘。

也许对阿尔贝国王的坚毅精神最有说服力的赞誉来自他的传记作者埃米尔·卡默茨（Emile Cammaerts）。卡默茨写道："那些见过德帕内在等待的岁月中的情形的人永远不会忘记，那个高大而朴实的身影，在比利时最后的那片海岸上，面对着暴风雨的云层和波涛汹涌的大海，在漫长的守望中，以平静的勇气注视着，他的宫廷的所有王者的辉煌都被剥夺了，几乎所有的土地都从他无害的手中被夺走，他独自对抗着人类的盲目因子和不公正行为，除了他的王后，没有任何安慰，他被命运的力量席卷着陷入了和所有君主一样的低谷，也被对自己权力的信念和对自己事业的信心举到人所能到达的最高峰……"

一天下午，阿尔贝去探望战壕里的士兵们，询问他们是否有什么需要，一个士兵比其他人要大胆一些，反问道："陛下，你呢，你不需要什么吗？"

阿尔贝沉默了一会儿。然后，以他惯有的迟疑不决，给出了答案。"我想回布鲁塞尔。"他说。

众人整齐划一地向前走，簇拥在他身边。

"让我们送你回去！"他们喊道。

王族的自保本能在俄国沙皇的皇位垮塌时已经发挥过作用，而这种本能最生动的体现，也许莫过于乔治五世在处理关于沙皇未来问题时的表现。

最初听到尼古拉二世退位的消息时，乔治五世满怀同情。1917年3月19日，他给沙皇发电报说："上周发生的事情让我深感不安。我一直都思念着你，我将永远是你真正的、忠实的朋友，正如你知道的过去那般。"

威廉二世同样感到非常不安。他把沙皇视为伙伴，而非敌人，他下达密令，允许俄罗斯皇室自由通过德国防线，并要求为沙皇安排一辆专列和仪仗队。通过丹麦的克里斯蒂安十世的斡旋，他向俄国临时政府保证，任何载有皇室成员的军舰均可安全通过波罗的海。担任波罗的海海军总司令的是威廉二世的弟弟海因里希亲王，他被告知，要确保任何悬挂沙皇个人旗帜的船只不受干扰地通过。"我已经为不幸的沙皇和他的家人做了我力所能及的所有事情。"[7]德皇称。

因为人们普遍认为，尼古拉二世沙皇可以像其他大多数亡国君主一样被流放；而且——同样像其他许多亡国君主一样——他将在英国度过被流放的日子。

但事情不会如此简单。尽管俄国临时政府已经准备好将皇室成员送到安全的地方，但苏维埃——由士兵和工人的代表组成的更激进的议会——决定沙皇应该被囚禁起来。因此，皇室成员和一帮忠诚的随从仍被监禁在沙皇村亚历山大宫中的空旷房间，在这个过程中，俄国临时政府在考虑将他们送出本国的最好方式。

乔治五世给尼古拉二世的电报加强了俄国新任外交部部长的信念，即皇室成员应该去英国。他要求英国大使乔治·布坎南爵士将此事汇报给英国政府。在一系列越来越急迫的电报中，大使恳求英国政府同意俄国的请求。最后，在 1917 年 3 月 22 日，乔治五世的私人秘书斯坦福德哈姆勋爵出席了一次会议，会后，首相劳合·乔治决定为俄罗斯皇室家庭提供庇护。他的决定并非轻易做出的：这位自由党首相对垮台的沙皇没有什么同情心。但是，由于劳合·乔治对俄国新的革命政府有着最崇高的敬意，这个请求正是来自革命政府，而不是来自沙皇本人，所以他同意了。

乔治五世通过斯坦福德哈姆勋爵表达的保留意见，在这个阶段似乎只限于这件事情的一些实际问题。乔治五世不希望为接待和留住沙皇及其宫廷而承担费用。尽管如此，他还是同意了政府的正式庇护提议。

没过几天，乔治五世就改变了主意。3 月 30 日，在给政府的一封信中，他提到了自己的保留意见。尽管"对沙皇有强烈的个人情谊"，并愿意"在这一危机中做任何事情来帮助他"，但乔治五世现在怀疑为他提供庇护是否明智。政府礼貌地对君主的反对意见置之不理。邀请已经发出，现在撤回已经来不及。但乔治五世拒绝被搪塞。他接连不断地写信，恳求政府重新考虑邀请，每一封都比上一封更坚决。

最后他成功了。政府被说服撤回邀请。

为什么乔治五世如此坚决地拒绝为尼古拉二世提供庇护呢？毕竟，沙皇和皇后不仅是他的盟友，而且是他的亲表弟和亲表妹。其中有几个原因。乔治五世意识到，无论事情的真相如何，人们基本上都会认为是他提出了庇护建议。不管乔治五世自己对沙皇和皇后有什么看法，不可否认的是，在他的许多臣民眼中，这对皇室夫妇远非革命的无罪受害者。在左翼圈子里，尼古拉二世被认为是一个双手染满血污的暴君，他的下台是罪有应得。他们质疑，为什么要在热爱自由的英国给这个反动的独裁者一个家？庇护提议刚一公布，乔治五世就被来自"各阶层的"反对这一提议的信件淹没了。

而且，在几个月前，乔治五世就因为对他的另一对亲表弟亲表妹——希腊的康斯坦丁和索菲——的同情态度受到了相当多的指责。乔治五世近期接待了康斯坦丁的两个弟弟，这一行为引起了人们的强烈不满。根据协约国的宣传，整个希腊王室都是坚决的亲德派。人们普遍认为，俄国的皇后也是。在乔治五世的怂恿下，英国政府建议由法国为俄罗斯皇室提供庇护，但英国驻巴黎大使做出了毫不含糊的答复。

他写道："我不认为前沙皇和他的家人在法国会受到欢迎。皇后不仅在出身上是德国佬，在感情上也是。她尽其所能想促成与德国的谅解。她被视为罪犯或犯罪的疯子，而前沙皇也被认为是罪犯，因为他软弱，并屈从于皇后的煽动。"[8]

也正是在这一时期，乔治五世不仅要对抗针对他自己的德国血统和亲德感情的谣言活动，还要对抗共和主义的复兴。对一个担忧自身王位的立宪制君主来说，现在确实不是向一个刚刚被自己的臣民推翻的独裁沙皇和他所谓的亲德皇后伸出友谊之手的时候。乔治五世的首要任务是生存。在这种情况下，所有其他的考虑——同情心、个人忠诚、血缘关系、君主的团结——几乎都不算什么。

然而，尽管如此，乔治五世难道不能做一些事情来挽救他的亲戚们吗？两年后，一艘英国军舰从克里米亚救出了他的姨妈——沙皇的母亲玛丽亚皇太后；那么，在沙皇倒台后的那几天里，乔治五世难道不能敦促政府利用德皇提出的波罗的海安全通道的建议，派一艘类似的军舰去拯救俄罗斯皇室家庭吗？难道这个家庭就不能在某个中立国家——如丹麦或瑞士——找到庇护所吗？

但俄国临时政府不愿与苏维埃中的极端分子为敌，所以可能无法实施他们的计划。而且他们搁置的时间越长，实施计划的机会就越小。一个星期又一个星期过去了，临时政府对事务的控制越来越不稳定（此时列宁已经从流亡地回来了）；一旦失去这种控制，俄罗斯皇室将面临严重的危险。

如果说在革命初期沙皇享有临时政府的保护，是因为临时政府认为复仇不符合新的俄国政权的价值要求，那么现在，许多临时政府成员已经开始尊重沙皇这个人了。新任司法部部长亚历山大·克伦斯基对他印象特别深刻。克伦斯基作为司法部部长受命调查尼古拉二世的叛国指控，没过多久就意识到，这一指控是十分荒谬的。尼古拉二世是一个毫不含糊的民族主义者和爱国者。而且，尼古拉二世在囚禁期间的行为堪称典范。尽管被囚禁在沙皇村中是很屈辱的，但尼古拉二世仍然毫无怨言，彬彬有礼。包括克伦斯基在内的人本来以为会看到一个心狠手辣的独裁暴君，或一个头脑简单的软骨头，却惊讶地发现他是一个谦逊而理智的绅士。

甚至皇后的朴实无华和温顺也让他们感到惊讶。她远非大众传说中的悍妇。"你知道吗，亚历山德拉·费奥多罗芙娜，"有一天，一个普通士兵在花园里与她交谈后承认，"我曾经对你有完全不同的看法。我对你的看法是错误的。"

到了 1917 年 8 月，由于未能将他们一家送出俄国，克伦斯基决定必须尽快将他们从首都转移出去。因为他感觉不再能够保证他们的安全。他选择将西伯利亚西部的省城托博尔斯克作为他们的避难所。也许从这里出发，通过横跨西伯利亚的铁路，他们可以向东转移，最后前往日本。8 月 14 日，克伦斯基将皇室一家人安全地送上了开往托博尔斯克的火车，他感到如释重负。

并不是所有人都像他一样如释重负。罗马尼亚的玛丽王后写道："我们得到消息，沙皇和他的家人已经被送往托博尔斯克，没有人知道为什么要这样做。他们会怎么处理可怜的尼基呢？我很焦虑……"

第十五章

风起云涌

　　下一个失去王位的君主，是希腊的康斯坦丁国王。

　　自从 1916 年秋天，韦尼泽洛斯在协约国的鼓励下在塞萨洛尼基建立敌对政府以来，协约国一直在坚持不懈地努力迫使希腊国王放弃中立立场。他们有系统有组织地诽谤中伤康斯坦丁国王和索菲王后。他们首先向雅典进军，然后炮轰雅典。当这些被康斯坦丁的表哥乔治五世形容为"霸凌"的手段失败后，协约国势力对希腊实施了严格的封锁。他们决心用饥饿迫使希腊人屈服。

　　对康斯坦丁来说，这一切的影响是灾难性的。昔日那个善于控制形势的君主，巴尔干战争中的胜利者，"鹰之子"，已经消失了；如今的康斯坦丁是一个怏怏不乐、心灰意冷、彻底幻灭的人。希腊国王最基本的品质便是诚实，如今被迫生活在这种阴谋诡计的氛围中，他只感到恶心。

　　索菲王后也同样感到幻灭。但她天生就比丈夫更有朝气，所以她并没有那么认命。如果说在战争爆发时，关于她同情德国人的传言并无事实根据，那么到了 1917 年夏天，情况就不太一样了。这时的索菲王后即使不能说是亲德的，也肯定是反协约国的。她准备忘记过去与哥哥德皇之间的分歧，并向他寻求帮助。

　　在这段磨难的岁月中，唯一能支撑国王王后的，是他们大多数臣民的爱戴和忠诚。尽管协约国进行了各种宣传，康斯坦丁在大多数人民的眼中仍然是一个英雄。之前一年，康斯坦丁生病期间，人们认为他快要死了，痛苦的人群聚集在宫外默默地站立着，数天后才散去。作为最后的希望，能创造奇迹的蒂诺斯岛的圣母像被运来雅典。当圣母像被抬着穿过街道时，人们跪下来为国王的生命祈祷。许多人认为，他的康复是从圣母像被放在他的病房里的那一刻开始的。

　　但是，很显然，康斯坦丁和韦尼泽洛斯之间的国家分裂不能无限期地持续下去。协约国政府已经承认了韦尼泽洛斯，并向其临时政府任命了外交代表。他们估计，不需要等太久，原本支持康斯坦丁的人就会因为饥饿和沮丧而屈服。正如俄国公使在 1917 年 4 月向本国政府汇报时所称："希腊人已经准备接受任何投降条件，只要国王不受到影响。"

　　但协约国并不打算让康斯坦丁不受影响。他们决定，康斯坦丁国王必须下台，他的长子，同样被说成亲德派的乔治王储（Crown Prince George）也不能留下。1917 年 6 月，一艘法国军舰载着参议员夏尔·若纳尔（Charles Jonnart）抵达雅典附近，他的头衔十分花哨，是希腊保护国的高级特派员。若纳尔将希腊首相召上船，交给他一份最后通牒：要么康斯坦丁国王退位，要么雅典将被轰炸，希腊将被全面军事占领。但是，由于协约国计划保留君主制，所以康斯坦丁国王将被允许从长子以外的儿子中选择一个作为继承人。

首相来王宫递交了最后通牒，据康斯坦丁的弟弟克里斯托弗亲王说，他看起来"脸色惨白，面容憔悴"。康斯坦丁没有选择。他担心协约国只要企图登陆就会再次遭到希腊人的抵抗。康斯坦丁决心不能再让国家因为他而流血。一个女儿恳求他不要让步，康斯坦丁平静地回答说："我不要再造成流血事件了。你难道不明白牺牲的意义吗？"

然而，康斯坦丁对君主制的神圣性有着根深蒂固的信念，所以决心找到一种方法，使他能够在不必真的退位的条件下放弃王位。他最终决定，他和他的长子都不签署任何退位诏书：他们只是离开这个国家，王权暂时交给国王的次子，二十三岁的亚历山大王子（Prince Alexander）。康斯坦丁非常了解国民，知道在未来的某个时候，他们很可能会想要召他回来。

当天下午举行了一个伤感的小仪式，只有四个人参加——康斯坦丁、亚历山大、首相和从宫殿后门潜入宫中的雅典大主教。仪式上，新国王进行了宣誓。仅仅在四年多以前，正处于民心所向的巅峰的康斯坦丁，在穿着华丽法袍的神职人员和满面春风的大臣们的簇拥下宣誓。克里斯托弗亲王不禁自问，当时"为国王狂热欢呼的人群"现在在哪里呢？

他们比他想象的要近，而且他们的狂热程度也未减退。尽管国王即将离开的消息本应是保密的，但实际上已经迅速传遍了整个城市。已经有一小群人聚集在宫殿外。他们哀号着"一首希腊人用来宣告死亡和灾难的古老小调哀歌"，引得更多人从大街小巷匆匆赶来。到了晚上，宫殿外聚集了大量的人，都在喊："他不能走！他不能走！"他们无论如何也不愿散开。任何想把王室成员带走的企图都被高声呐喊的人群阻挠了。人们直接冲到道路中央，阻止汽车前进。康斯坦丁没有办法，只能发布了一项公告。"出于必须，并履行我对希腊的责任，我将离开我心爱的国家……"他解释说，"我恳请你们，如果你们爱上帝，爱你们的国家和我，就请你们接受，不要再做干预。"

他本应该可以让自己脱离麻烦，但人群拒绝移动。整个晚上，人群在王宫周围大量聚集。清晨，他们仍然在那里，他们的悲叹声越来越响亮。现在，在炽热的阳光下，悲痛变成了歇斯底里：有人喊道，与其让国王离开希腊，还不如杀了他。

最后，国王一家决定用诡计脱身。一个谣言在人群中传开：国王将从一个很少使用的后门溜走。几辆汽车开到后门门外时，另外几辆汽车开进了旁边的旧王宫的林地里。人群涌向宫殿后门，王室成员冲出前门，穿过一条马路，推开旧王宫的围栏上的一道门，扑向等在那里的汽车。在人群意识到发生了什么又涌回来之时，他们刚刚来得及发动汽车离开。

一家人乘车去了塔托伊乡间的住所。这里的气氛即便没有那么危险，人们的情绪也是差不多同样激动的。络绎不绝的人——"大臣们和上流贵族乘坐小汽车，工人们挤在卡车上，农民赶着简陋的乡村马车，自耕农骑着马，城市工人骑着自行车"——纷纷来到塔托伊。许多人带来了水果或鲜花作为礼物，所有人都恳求国王不要离开。

但他不得不走。第二天，1917 年 6 月 12 日，国王一家离开了希腊。若纳尔建议在怀特岛为国王、王后和王储提供庇护，但这一建议引起了乔治五世的"强烈反对"。在刚刚经历了沙皇避难计划的风暴之后，乔治国王不准备为了康斯坦丁国王去面对另一场风暴。因此，瑞士被选为流亡之地。国王一家虽然是从一个小渔港起航的，但现场的狂热程度几乎不亚于在雅典时。他们不得不再次穿过哀号的人群才能登上小船，摆渡到他们的游艇"斯法克特里亚"（*Sphakteria*）号上。一些人渴望能够看到国王最后一面，一直涉水到肩膀深的地方。克里斯托弗亲王说："整个岸边站满了男男女女，他们疯狂地向那个独自站在船尾的孤独身影挥手致意，而他的眼睛盯着他心爱的希腊海岸。"

"你要回来！"人群喊道。

"好的，"康斯坦丁国王呐喊着回应，"我肯定会回来的。"

当希腊国王康斯坦丁品尝被废黜和流亡的痛苦时，意大利国王维克托·伊曼纽尔三世正沐浴在突如其来的荣耀阳光中。

过去几年中，维克托·伊曼纽尔三世一直与他的军队在一起。事实证明，这是一段令人沮丧的经历。与其他协约国盟友一样，意大利人陷入了消耗战中。在多洛米蒂山脉，即充当意大利和奥地利之间分界线的南蒂罗尔山脉，局势十分骇人。温度只有零下，冰雪交加；地面一片泥泞，脚都拔不出来；大雾弥漫，空气潮湿，难以穿行。在这样的条件下，意大利军队进行着惨烈的战斗。这条防线是以数万人的生命为代价才守住的；所取得的进展微不足道，相对于人员和物资的损失来说根本不值。维克托·伊曼纽尔三世只能无奈地看着，而幻灭和失败主义在队伍中蔓延。"让战争见鬼去！"以及更令人恐惧的"革命万岁!"的呐喊越来越频繁。

　　雪上加霜的是，维克托·伊曼纽尔三世还意识到总司令卡多尔纳将军（General Cadorna）是一个暴虐而刻板的人，他显然对部下的痛苦视而不见。一位观察者写道："卡多尔纳是 17 世纪时的将军，在他的理解中，战争不过是一场大型围攻行动——士兵们在鞭子的抽打下坚守在岗位上的围攻。"[1]"士兵国王"尽其所能，表现出对士兵的待遇显而易见的亲自关注，以抵消这种严酷。不过，他的活动经常被简化为拍照。维克托·伊曼纽尔三世用他那台笨重的干片照相机记录下了战斗前线的场景，因此被称为"摄影师国王"。

　　经历了一次屈辱的失败之后，维克托·伊曼纽尔三世才展现出他最英勇的一面。1917 年 10 月底，意大利人在卡波雷托被德国和奥匈帝国的联合军队重创。近 60 万人丧生，而且随着敌军冲出山区，威尼斯和米兰面临着被攻陷的危险。各地的意大利人都在混乱地后退；意大利军队中出现了大量的逃兵。直到最后在距离威尼斯不到 20 英里的皮亚韦河沿岸重新建立起防线，加之法国和英国援军到来，溃败才被阻止。卡波雷托战役是意大利历史上最严重的一次军事灾难，意大利军队始终都没能从懦弱和无能的指责中恢复过来。

　　维克托·伊曼纽尔三世十分羞愧。他在日记中用英语问道："是什么造成了这一切?"他的耻辱感深重到了开始思考退位的程度。

　　然而，在绝望的黑暗中，诞生了意大利国王最光荣的时刻。英国和法国对意大利盟友遭受如此惨败同样感到惊骇，他们在加尔达湖畔的佩斯基耶拉举行了一次会议，以确定原因。出席会议的人包

括法国总理、英国和意大利的首相以及福煦将军（General
Foch）①。负责陈述意大利情况的是维克托·伊曼纽尔国王。

　　维克托·伊曼纽尔国王在奥地利占领时期的象征四方要塞旁边
的一座阴暗的建筑里接见了各国代表。劳合·乔治写道："单看身
体条件，他不是一个发号施令的人，但他在他的国家和他的王位处
于危险中时所表现出的冷静坚忍令我印象深刻。"随着会议的进行，
劳合·乔治发现自己又被意大利国王的一些特别品质打动了：他的
勇气、他的开朗、他捍卫士兵荣誉的决心。"他唯一关注的事情似
乎就是要消除任何关于他的军队在战斗中逃跑的印象。对于这次撤
退，他全是借口，却没有道歉的意思。"

　　维克托·伊曼纽尔国王非常有说服力地解释了战败的原因；他
令怀疑的听众相信，他的国家将继续与法国和英国盟友一起战斗，
直到最后的胜利。他削弱了他们对替换卡多尔纳将军的坚持，向他
们保证这个问题是已经决定了的。事实上，在整个会议期间，维克
托·伊曼纽尔三世证明了自己是一个能言善辩、精明能干、消息灵
通的人，最重要的是，他是一个绝对的爱国者。当意大利军队的声
誉处于最低点时，他几乎凭借一己之力挽救了它。

　　如果说对盟友来说，维克托·伊曼纽尔三世从佩斯基耶拉会议
中脱颖而出，成了一个令人印象深刻的人物的话，那么对他的国民
来说，他所呈现的形象便是一个英雄。意大利首相写道："这是好
事一件，意大利人民了解到了这个谦卑而默默无闻的战士……在国

----

　　①　福煦将军是法国的资深军事将领，他在此时担任法军总参谋长。1918 年 2 月，
福煦将军任协约国最高军事委员会执委会主席，负责协调西线协约国军队的作战行动，
同年 4 月任协约国军队总司令，对第一次世界大战的最后走向起到了至关重要的作用。

王身体中是一个鼓舞人心的、顽强的捍卫者，此时人们本来正流行
把军事上失利的原因归咎于（这个战士）。"[2]

随着时间的推移，维克托·伊曼纽尔三世在佩斯基耶拉的坚持
成了传奇，被渲染得大大超过了它本身的价值。维克托·伊曼纽尔
三世是个谦虚的人，他对此的意识非常清醒。他会说："佩斯基耶
拉？我做了什么？被夸大了很多……那不算什么的。"

但是，他也是一个精明狡黠的人。他有意识地充分利用国王的
职位，既为他的国家事业辩护，又提高个人声望。维克托·伊曼纽
尔三世表现出自己是意大利战士的捍卫者，不仅挽救了军队的荣
誉，也挽救了他自己的王位。

由于德奥联军在卡波雷托战胜了意大利人，德皇有机会去对一
个战区进行一次胜利访问。他前往奥地利的的里雅斯特海港，并从
这里出发去视察陆军和海军的各种设施。他还在此行中见到了奥匈
帝国的卡尔皇帝和齐塔皇后。这次君主们的聚会并不成功。德皇的
一名随行人员说："会面的气氛从头到尾都非常不愉快。这对年轻
夫妇发现德皇夸夸其谈、傲慢无礼，令人难以忍受（威廉二世曾经
问卡尔皇帝：'这个年轻人觉得他是谁？'）；他们也无法分享德皇对
最近胜利的喜悦。"对奥地利皇帝来说，卡波雷托战役只是挫败了
通过谈判迅速实现和平的所有机会。但是，由于不希望在兴高采烈
的客人眼里显得失败，奥地利皇帝夫妇将他们的谈话限制在礼节性
的一般问题上。

从奥地利出发，德皇的漆成绿色的火车继续在中欧漫游，仿佛在进行一次没有尽头的旅行。兴登堡和鲁登道夫急于让威廉二世别碍事，鼓励他进行广泛的旅行。威廉二世再次成为"帝国皇帝"，他的旅程从西南部的佛兰德斯到东北部的里加，从冰冷北海的赫里戈兰到艳阳高照的希腊边境。他在被德国占领的布加勒斯特向罗马尼亚国王卡罗尔的坟墓敬献了花圈；他在多瑙河火红的夕阳下在切尔纳沃达大桥旁与保加利亚的斐迪南沙皇会晤；他堂而皇之地驱车进入君士坦丁堡的耶尔德兹宫。他时而出现在上西里西亚的普莱斯城堡，时而出现在陶努斯山脉的霍姆堡，偶尔在波茨坦待上几个星期。

在随行人员看来，德皇似乎生活在一个幻想的世界里。他忽而陷入黑色的抑郁，忽而充满令人振奋的乐观主义，不断地在两者之间摇摆不定，而且变化越来越频繁。这一刻，他沉迷于琐事；下一刻，他就又在阐述关于欧洲未来的宏伟理论。他年事已高。当时的一位观察者写道，他的脸"是一个疲惫而衰弱的人的脸。他的头发是白色的，尽管小胡子仍然是可疑的黑色。他没有了以前那种活跃的姿态，迅速而紧张地转变着，反复无常……他手里拿着一块手帕，他一直在使用这块手帕，我后来注意到他似乎需要这块手帕来缓解他不断的咳嗽……"[3]

此时，德皇几乎生活在完全的政治真空中。在俄国，十月革命爆发，列宁推翻临时政府，布尔什维克掌握政权，这直接促成了威廉二世长期以来的野心的实现：与俄国单独媾和。为了巩固对国家仍然不稳定的控制，列宁几乎需要不惜一切代价来换取和平。但威廉二世并没有参与谈判的复杂细节。他所有的插手企图都会被最高统帅部制止。甚至连他的家人似乎也在抛弃他。皇后和皇储往往会支持兴登堡和鲁登道夫，反对他。事实上，在这一谈判时期的大部分时间里，德皇一直待在洪堡，远离任何活动的中心。

1918 年 3 月 3 日，他依然在洪堡，而结束德国和俄国之间战争的《布列斯特-立托夫斯克和约》于这一天签署。根据这份和约，德国在领土、人口和资源方面均收获颇丰。德皇称赞这份和约是德国"历史上最伟大的胜利之一，其意义之重大，只有我们的孙辈才能充分领会"。德国的子孙后辈们可能觉得更重大的意义是，德皇在喜悦之下给学校放了一天的假。

威廉二世对俄国革命的真正意义有多少了解？他当然不认为这是一个新时代的曙光或一个新的社会秩序的开端。他甚至一度认为，一旦两国之间签署了和平协议，德国就可以与俄国结成某种联盟。无论是沙皇统治被推翻，还是伍德罗·威尔逊著名的"十四点计划"的发表（美国总统在该文件中明确表示他同样希望看到德皇统治被推翻），都无法使威廉二世相信君主制在中欧的日子已经屈指可数。他仍然宣称，如果英国使者前来求和，来使必须在德意志帝国的旗帜前下跪，因为所发生的将是君主制对民主制的胜利。

盲目的并不只是德皇一人。尽管现在各个君主都意识到，如果他们想要维护自己的王位，就必须容许民主扩张范围，但他们无法真正设想君主制不是自然秩序的欧洲的存在。相反，甚至在这最后的时刻，他们中的一些人还在考虑君主制的扩张。

德皇此时的表现十分像拿破仑，他花了很多心思思考在最近征服的领土上建立新的王国。他想要下令在库尔兰、芬兰、波兰和立陶宛设置国王，并换掉比利时和罗马尼亚的国王。威廉二世特别热衷于让罗马尼亚摆脱斐迪南，斐迪南被他贬斥为"霍亨索伦的叛徒"。按照威廉二世的一名随从的说法，在"与宫廷中的女士们进行了一些讨论"之后，德皇提议由他最小的儿子约阿希姆王子（Prince Joachim）登上罗马尼亚的王位。当有人试探性地提出约阿希姆王子可能不具备合适的品质时，威廉二世给出了一个粗暴的回答。

"品质，"他一本正经地宣称，"并不是真正必需的。"

让德皇的这些白日梦变得现实一些的是奥地利外交部部长切尔宁伯爵。由于沙皇倒台，希腊、塞尔维亚和黑山的国王也纷纷逃离自己的国家，现在不是再行废黜的时候。他说："此时，欧洲市场上国王的价值有一定程度的贬损，我担心如果我们把更多的国王赶下宝座，可能会发展成一场恐慌。"所以斐迪南被允许保留他的王位。

然而，这种争论并没有影响新王位的设置或旧王位的复活。波兰现在摆脱了俄国的统治，德皇和卡尔皇帝都急于恢复原本的波兰王国。最有希望的波兰王位的候选者，被认为是五十六岁的奥地利的查尔斯·斯蒂芬大公（Archduke Charles Stephen of Austria）。中欧充斥着奥地利为确保大公当选的宣传。一篇报道说："成捆成捆的印刷品被散发出去，其中宣称他身上流淌着十六位波兰国王的血液，是一名天主教徒，能说一口流利的波兰语，并让他的孩子们接受波兰教育……"[4]

但是，关于恢复王位的最奇怪的建议可能来自乔治五世。这位英国国王对君主制作用的信念，从他相信印度的问题最好通过加强世袭亲王的统治来解决就已经可以看出。此时，他大胆地说，战争结束后，德意志帝国应该被拆分，各个国王、亲王、大公和公爵应该恢复他们受人尊敬的独立地位，正如半个世纪前俾斯麦的战争将德意志统一在普鲁士之下以前他们所享有的那样。

　　这是一个非常不切实际的想法。就在伍德罗·威尔逊倡导将共和主义作为新世界治疗旧世界弊病的良方时，旧世界——以乔治五世为代表——正在提议复兴至少二十五个君主。

第十六章

结局的开端

1918 年 3 月 3 日，俄国和德国签署《布列斯特-立托夫斯克和约》，最终使罗马尼亚的斐迪南国王和玛丽王后对胜利的所有希望全都破灭。

此前，陷入困境的罗马尼亚军队完全依赖俄国军队的支持，而自从一年前沙皇倒台后，这种支持就越来越不可靠了。随着俄国临时政府的垮台和列宁的布尔什维克的胜利，支持几乎完全停止了。成千上万的俄国士兵逃离罗马尼亚前线；到 1917 年 12 月中旬，俄国和德国之间签署了停战协议。德国人占领了罗马尼亚的大部分地区，罗马尼亚军队不可能在剩余的领土上再坚持多久。

局势的转变令斐迪南国王非常沮丧。他是迫于无奈才加入协约国的；他对战争没有兴趣；他是一个现实主义者，不敢想象他的军队能抗衡德国人。他认为继续下去没有什么意义。"我理解国王的绝望，"玛丽王后写道，"压力太可怕了，从来没有半点好消息，所有的希望被一次又一次地粉碎。希望越来越渺茫，而又毫无转机。"

来自玛丽王后的堂兄乔治五世的一封电报更进一步凸显了这种希望的渺茫，他提出英国为罗马尼亚王室提供庇护（罗马尼亚的君主与俄国或希腊的不同，在英国非常受欢迎）。而她的表兄威廉二世对被德国占领的罗马尼亚的正式访问更清楚地强调了这一点。德皇向先王卡罗尔国王的坟墓敬献了花圈，卡罗尔国王曾经一直渴望杰出的德皇来访，在他死后，国家被占领，他终于等来了德皇的拜访，斐迪南国王觉得这真是太讽刺了。

如果说斐迪南国王的精神已经崩溃，那么玛丽王后的精神则是一如既往地充满挑衅。她根本无法让自己相信德国必然会胜利。若说她实际上在享受这场战争自然是有些过分，但毫无疑问，战争给她带来了巨大的成就感。在履行许多职责，诸如访问医院病房、救济厨房、阅兵场，甚至战壕和战场时，玛丽王后一次又一次地感到自己正在完成伟大的使命，自己正在为国家的生命做出重大贡献。

士兵们将她作为偶像崇拜。她用她独有的那种自鸣得意但又莫名令人感动的笔法写道："他们看着他们王后的眼睛，发誓要坚守岗位，众志成城，保卫仍然属于我们的最后一块罗马尼亚领土。许多垂死的士兵用最后一口气对我低声说，他是为我而战的，因为我不正是他的家、他的母亲、他的信仰和希望吗？"

正因如此，她拒绝听任何关于放弃的说法。"我不知道如何接受失败，不要这种失败！"她大声喊道。任何人只要提到继续抵抗是无望的，就会遭到她滔滔不绝的狂热反驳。斐迪南国王静静地坐在一旁，美丽的王后会大声疾呼，有必要进行伟大的进军，伟大的行动，一些英勇的最后努力。身为君主，他们必须带着部分军队去切断俄国的"叛徒"与俄国南部"仍然忠诚的哥萨克人"的会合路径。她感叹道："坐以待毙，在俄国叛徒和德国仇敌之间窒息而死，实在是太凄惨了！"她也会说要进行"大激战"，国王和王后，身边围绕着他们忠诚的军队，战斗到最后一刻。如果有必要，她会像古代或中世纪的女英雄们一样，独自面对迎面而来的大军："我知道，这很离奇，几乎不属于我们的时代，但是可敬、勇敢且自由！"

"天啊，如果我是一个男人，拥有男人的权力和我这个女人身体里的精神，那该有多好啊！"她感叹，"我会向他们开火，进行孤注一掷的光荣抵抗，不惜一切代价！"

这一切都很好，但对事件的发展没有产生实质性的影响。玛丽王后仿佛在空荡荡的房子里演出的伟大的悲剧演员。罗马尼亚命运的决定权在其他地方。1918 年 1 月，德国人向斐迪南国王发出最后通牒。他需要派出一个代表团与他们谈判。斐迪南国王被容许在四天内做出答复。他的政府迅速辞职，新政府由一位将军领导，决定求和。他们也几乎别无选择。在接下来的几周里，德国提出了和约条款，条款内容非常苛刻。然而，奥地利外交部部长切尔宁警告说，如果斐迪南不接受这些条款，那么同盟国将把威胁付诸实施，用另一位德国王子取代他。这是"王朝最后的机会"。斐迪南接受了这个暗示。

面对德国人的要求是一回事，而面对玛丽王后则是另一回事。战争在某些方面可能使夫妻二人亲近了起来（玛丽王后曾称"我们已经成为最坚定的朋友"），在其他方面，却凸显出了他们之间的分歧。斐迪南国王意识到，在王后眼里，他太过冷淡，太过认命，太过失败主义。所以，在这些做决策的痛苦日子里，可怜的斐迪南一直都尽可能地躲避着妻子，又有谁能责怪他呢？他根本无法忍受她再做慷慨激昂的演讲。"我觉得我会吓到他，因为我的态度充满激情，"她自己也承认，"我永远不可能温暾。"

　　然而，他很难完全避开她。在国王要对最终和平条款做出接受还是拒绝的表态的那天早上，夫妻二人还是正面对峙了。在他去参加这场会决定命运的枢密会议的路上，她拦住了他。玛丽王后说："尽管是女人，但我有话要说。"她确实说了。然而，她自己也因为她的长篇大论感到尴尬，无法逐字逐句地把准备好的内容都说出来。她陈说的这段话给人一种得宜的英雄主义色彩。"如果我们要死，就让我们昂首挺胸地死去，不要让我们的名字出现在死刑执行令上，从而玷污我们的灵魂。让我们在抗争中死去，向全世界喊出我们对要强加于我们身上的耻辱的愤慨。"

　　她甚至派卡罗尔王储去往枢密会议，发表了一番充满敌意的最后抗议："以我的名义以及罗马尼亚所有女性的名义，反对这种形式的恐怖的和平。"如果说玛丽王后这么做只是确保她自己的历史地位，可能是不公平的。

　　她本来可以省点力气。在斐迪南国王召开枢密会议的当天，《布列斯特-立托夫斯克和约》签署，他毫无疑问受到了这一事件的影响，于是同意了和平条款。（正如德皇所说，他在谈判期间"像只哈巴狗一样呜咽"。）对玛丽王后来说，投降是她生命中最痛苦、最悲惨的时刻之一，她哭诉"黑暗，像死亡一样"。

　　"国王和我几乎无法面对对方，"她事后承认，"他已经彻底崩溃。我没有再试图争辩。我知道一切都结束了；我知道我被打败了。"

　　但她还不至于挫败到忽略了给堂兄乔治五世写信。在这封信中，玛丽王后小心翼翼地提请他注意罗马尼亚局势的无望，罗马尼亚军队的牺牲，罗马尼亚对协约国事业不可动摇的忠诚，以及最重要的，她自己要继续战斗的意愿。"我宁可与我们的军队同生共死，也不愿意承认自己被打败，因为我的血管里流淌着英格兰的血液，不是吗？"

她最后真诚地希望——这里是信的核心——乔治堂兄在最后的胜利时刻不会忘记罗马尼亚。

乔治堂兄的回答很简明。他的电报结尾处是这样说的："你可以相信，我们和我们的盟国将尽最大努力纠正罗马尼亚在我们为之进行战斗的伟大事业中遭受的严重错误。"

被玛丽王后矫情地形容为"几乎黑暗得无法想象的命运"，结果并不像她想象的那样黑暗。罗马尼亚国内的事务开始由一个亲德的新政府管理，而王室则留在了雅西。

正如那位坚定的君主主义者切尔宁伯爵所说，现在不是"把国王赶下王座"的时候，即使这些国王是自己的敌人。

不过，有些时候，国王最大的敌人，是他们自己。1918 年春天，君主制的形象遭受严重贬低，肇事者是那个迄今为止无可指责的君主——奥匈帝国的卡尔皇帝。

在那个阶段，哈布斯堡帝国的前途看似一片大好。塞尔维亚和黑山都被征服了，意大利在卡波雷托受到重创，与俄国和罗马尼亚达成了和平协议，德国在西线进行了一次新的巨大攻势，也就是所谓的"皇帝之战"，战事进展顺利。为了给这个光辉时刻锦上添花，切尔宁伯爵在维也纳发表了一场演讲，旨在表明法国饱受打击，急于结束战争。切尔宁吹嘘说，他最近拒绝了法国的和平提议，因为它的提议中包括将阿尔萨斯-洛林归还给法国。

法国活跃积极的新任总理乔治·克列孟梭（Georges Clemenceau）立即否认了这一点。他宣称，法国没有收到奥地利的这种回绝。但切尔宁拒绝沉默，继续虚张声势。他对法国的每项主张都进行了反驳。克列孟梭打出他的王牌，提到了迄今为止属于机密的"皇帝信函"，在其中，卡尔皇帝提及法国对阿尔萨斯-洛林的正当要求，而切尔宁否认皇帝写过任何这样的东西。

此时，卡尔本人也搅入了越来越混浊、越来越危险的水中。他不仅给德皇发了一封电报，否认他曾承认法国对阿尔萨斯-洛林的正当要求（威廉二世的回答是，他从未怀疑过盟友的忠诚），而且在几乎歇斯底里的切尔宁的逼迫下，愚蠢地签署了一份他认为是机密档案的文件。我们只能假设，厚道的卡尔得到了法国当局和切尔宁双方的保证，他的秘密和平谈判将会继续下去，并且相信他们。他应该更了解情况才对。切尔宁迅速公布了皇帝签字的否认声明，而克列孟梭也同样迅速地公布了"皇帝信函"的照片副本。

整个事件虽然比许多人想象的要复杂，但揭示了一个无可争议的事实：奥匈帝国的卡尔皇帝撒了谎。

卡尔的德国盟友十分愤怒，在他们看来，同样无可争议的事实是，他背着他们，擅自承诺归还阿尔萨斯-洛林。为了修补关系，卡尔匆匆赶往德国总部，现在是在比利时的斯帕镇。卡尔得到了原谅，但代价是失去了几乎所有的行动独立性。从现在开始，哈布斯堡帝国将被牢牢束缚在霍亨索伦帝国的脚下。在政治上、经济上和军事上，奥匈帝国都将屈从于德国：它将成为德国的一个卫星而已。

结果，这不仅破坏了奥地利与协约国单独媾和的所有可能性，而且破坏了协约国在战后保留哈布斯堡帝国的所有可能性。威尔逊总统著名的"十四点计划"中所倡导的那种对民族主义的捍卫——对各少数民族自治的捍卫——能够战胜那些希望维持多民族的哈布斯堡帝国的人。从现在开始，将奥匈帝国拆解开的决心几乎普遍存在于协约国阵营中。

对卡尔皇帝来说，"皇帝信函"事件也有深刻的个人意义。此事表明，他根本没有能力发挥马基雅弗利式的作用。他诚实正直，信任他人，是不应该卷入外交上的这种明一套暗一套的做法的。这既愚蠢，也不值得。君主不应该撒谎，或者至少不应该被发现对其他君主撒谎。埃德蒙·泰勒（Edmond Taylor）写道："在那些日子里，欧洲即使在死亡的阵痛中，也没有变得习惯于这种违反绅士准则的行为。"

实际上，可怜的卡尔皇帝所接触的一切似乎都在化为灰烬。他怀着最美好的愿望登上皇位，却继承了一个非常困难的局面：弗兰茨·约瑟夫皇帝长期执政期间积累的问题到了必须解决的时候，然而此时正处于最坏的情况下。作为一个和平人士，他不得不发动战争；作为一个民主人士，他与欧洲最专制的国家之一结盟；作为一个改革者，他被欧洲大陆上最保守、最官僚的一批政客环绕着；作为一个直率而深具道德感的人，他统治着世界上最复杂、最腐败的帝国之一。正如他的传记作者戈登·布鲁克-谢泼德所说："一切都失败了，因为一切都环环相扣。"[1]

而正是"皇帝信函"事件让他一败涂地。此事件不仅是对卡尔皇帝个人威望的致命打击，还以某种方式"玷污了已经在渐渐消退但依然围绕着哈布斯堡王位本身的魔力，而这种魔力是帝国的人民间仅存的联系"[2]。

罗马尼亚君主并不是唯一感受到《布列斯特-立托夫斯克和约》影响的人。对俄罗斯皇室来说，和平的到来同样令人不安，而且最终会带来无限的悲剧。

自前一年的 8 月下旬以来，沙皇、皇后、他们的五个孩子以及小小的家政团队一直住在西伯利亚托博尔斯克省长的房子里，生活相对舒适。但在签署和平协议后不久，一名新的专员来到了托博尔斯克。他名叫雅科夫列夫（Yakovlev），奉命要将皇家囚犯带到莫斯科。这样做的原因，沙皇一家只能猜测。也许沙皇将被迫签署和平条约；尼古拉二世认为，德皇更愿意与一个君主兄弟打交道，而不是与一个革命政府打交道。

这一想象令亚历山德拉皇后惊骇无比。像表妹罗马尼亚的玛丽王后一样，亚历山德拉无法忍受丈夫在胜利的敌人面前贬低自己的想法。她担心，没有她的支持，他可能会同意采取一些屈辱的行动。然而，她极有可能无法在他身边支持他。十三岁的阿列克谢在那年春天摔了一跤，如今仍然躺在床上。这孩子肯定不适合被移动。雅科夫列夫决定，沙皇将不得不独自前往莫斯科，不带着家人同行。经过一段痛苦的犹豫不决后，亚历山德拉决定陪同丈夫前往。毕竟，阿列克谢正在好转，他留下来，有三个姐姐和家庭教师吉利亚尔的悉心照料。皇后和女儿玛丽亚将和沙皇同行。

1918 年 4 月 25 日，这一小伙人出发前往莫斯科。他们始终都没能到达莫斯科。在鄂木斯克附近，他们的火车被拦下，改道到叶卡捷琳堡。在这里，尼古拉二世被送到了乌拉尔地区苏维埃的手中，这是一群冷酷无情、充满敌意的人，对他有着近乎病态的仇恨。这一切是否为布尔什维克政府摆脱令他们尴尬的囚犯的计划的一部分，至今未有定论。但可以肯定的是，不仅乌拉尔地区苏维埃，其他所有人现在也全都摆脱了对皇室的任何责任和义务。

不到一个月，沙皇全家都被关押到了叶卡捷琳堡中心的一栋双层建筑里。吉利亚尔和其他一些人获得了自由。沙皇一家在托博尔斯克的羁留环境相对宽松，条件没有令人不适之处，而在叶卡捷琳堡的监禁则既严厉又屈辱。他们的住所很狭窄；家中成员被严密看管；只允许在有围墙的院子里做短时间的运动；他们受到轻微的虐待和下流的羞辱。甚至是单人盥洗室也无法使年轻的女大公们免受看守者的粗暴对待：门必须敞开，墙壁上有皇后和拉斯普京的淫秽画像。

然而，沙皇一家的行为始终都堪称楷模。说来奇怪，逆境往往能激发出王室成员的最佳状态。在位时以残忍、愚蠢或专制著称的君主，在失去王位时往往会表现出非凡的谦逊、尊严和不屈。他们鲜少回顾昔日的荣耀，或抱怨环境今不如昔，或怨恨命运不公。相反，这些倒台的君主往往会展示出一种真正的高贵精神。被废黜的君主，如路易十六和玛丽·安托瓦内特（Marie Antoinette），或拿破仑三世（Napoleon Ⅲ），在黑暗时期表现出了与圣人相差无几的坚忍。

保加利亚的斐迪南沙皇在失去皇位后解释说："流亡中的国王在逆境中比普通人更达观；但我们的达观主要是传统和教养的结

果，不要忘记，骄傲是造就一个君主的重要因素。从出生那天起，我们就受到训练，被教导要避免任何情感的外露。我们的盛宴上总有骷髅为伴①。它可能意味着谋杀，可能意味着退位，但总是提醒我们注意意外。因此，我们做好了准备，发生的任何事情都不是灾难性的。生活中最重要的事情是有尊严地支撑身体流亡或精神流亡的所有状况。如果一个人带着悲伤进食，就不需要邀请全世界的人来看你吃饭。"[3]

尼古拉二世和亚历山德拉当然也是如此。在对上帝的坚定信仰以及对彼此和孩子们的深沉爱意的支撑下，他们毫无怨言地忍受着漫长的殉道之苦。当然，他们过去的生活经验令他们受益良多，二人本来就都不喜欢他们地位的浮华和表面，一直都愿意过平静的资产阶级的居家生活。尼古拉二世仍然是那个彬彬有礼、朴素、相信宿命论的人；即使穿着由皇后以高超技术缝补过的破旧衣服，他也能保持整洁和某种程度上的潇洒。至于亚历山德拉，她的虔诚、正直和真诚没有改变，达到了一种几乎崇高的平静。

很自然，他们希望自己能被释放或获救（随着俄国内战的爆发，一支强大的反布尔什维克军队已经向西奔袭向叶卡捷琳堡，这种可能性很大），但他们的主要品质似乎已经是顺从。如果说尼古拉二世和亚历山德拉在掌权的那些年里时不时地给君主制带来了不好的名声，那么他们现在则大大增加了君主制的光辉。

关于俄罗斯皇室成员迎来末日的日期和方式，近年来一直存在着相互矛盾的说法。可以肯定的是，白军的迅速逼近令布尔什维克

---

① 传说在古埃及的宴席上总是要放置一架骷髅，以提醒人们居安思危，喜庆之中不忘危险的存在。斐迪南沙皇此处应该只是比喻。

相信，必须在沙皇一家被解救、成为反革命运动的凝聚中心之前除掉他们。也许他们是在 1918 年 7 月 16 日晚上在叶卡捷琳堡房子的地窖里被全部射杀；也许皇后和女儿们被转移到其他地方，稍晚被杀死；也许阿纳斯塔西娅女大公确实逃脱了屠杀。毋庸置疑的是，当 1918 年 7 月 21 日叶卡捷琳堡落入白军手中时，他们所要营救的皇室家族已无踪影。

尼古拉二世被杀，令欧洲的君主们极为惊恐。对君主来说，失去王位并不罕见；对君主来说，倒在刺客的子弹或无政府主义者的炸弹下属于某种职业危险；对君主来说，甚至在一些政变中被杀或被一些狂热的暴民撕成碎片也是可以理解的。但是，在文明的 20 世纪的欧洲，一位君主被他的臣民冷血地杀死，在尼古拉二世的君主同伴们看来，这是卑鄙至极的罪行。自路易十六被送上断头台以来，再也没有发生过类似的事情。这场谋杀让他们第一次意识到，他们现在面临着的危险来自革命势力。这也会帮助他们下定决心要在决定性的那一天到来时退位并离开。

君主们不约而同地哀悼着尼古拉二世。德皇无法入睡，他的儿媳塞西莉皇储妃称是因为他想到了沙皇及其家人被屠杀的情景。"这是一场可怕的谋杀，"乔治五世指出，他碰巧忘记了他拒绝为沙皇提供庇护，"我衷心喜爱尼基，他是最善良的人，是个彻底的绅士，爱他的国家和人民。"[4]

"可怜的尼基！"罗马尼亚的玛丽王后在日记中写道，"想到你的结局，我就不寒而栗，你曾经品尝过所有的权力和荣耀，却这样死亡！……当然，上帝会认出你是个好人。只有他能公正地评判你在位期间所犯的错误，因为所有人都会犯错，而且你可能不得不为不属于你的罪而死。"

　　比利时的阿尔贝国王很少离开他的那片比利时土地。除了对法国和意大利前线的短暂访问外，他一直留在军队中。他的决定是一个明智之举。虽然有人认为他应该更多地利用国王的身份，对兄弟君主或其他国家元首进行正式访问，但毫无疑问，留在德帕内，阿尔贝国王维持住了在战争最初几个月赢得的巨大威望。一位观察者写道："因为他表现得仿佛谁也不欠他的，所以整个世界都感觉到欠了他的。"[5]

　　阿尔贝国王和伊丽莎白王后在战争期间的唯一一次王室访问是在 1918 年 7 月去伦敦参加乔治国王和玛丽王后的银婚庆典。他们受到了热烈的欢迎，对自己受到的热情接待，阿尔贝夫妇感到非常意外。《泰晤士报》上的报道充满了兴奋之情："对于比利时国王和王后，英国向他们忠于承诺的灵魂、未被长期不幸打倒的崇高精神与百折不挠的希望和信心致敬。"阿尔贝夫妇住在白金汉宫；他们参加了一个家庭午宴，英国王室所有能参加的成员都聚集在一起迎接他们；他们与乔治国王和玛丽王后一起去阿尔伯特音乐厅听音乐会。出现在皇家包厢时，他们得到了几乎压倒一切的热烈掌声。英国的国王和王后很得体地站在后面，以便使他们的客人成为众人关注的焦点。

　　"她看起来个子小小的，"当时看到这一切的黛安娜·库珀夫人（Lady Diana Cooper）如此描述伊丽莎白王后，"从头到脚都穿着闪亮的白色衣服。"在她身边的阿尔贝国王脸色发红，头发因长期风

吹日晒而泛白，他默默站在那里，困惑而不知所措，而大厅里的掌
声回荡着，回荡着。黛安娜夫人说，人们的欢呼声"是我以前从未
听到过的"。

　　最热烈的欢呼声出现在寇松勋爵（Lord Curzon）讲话时，他
透露了一个迄今为止被精心保护的秘密：比利时君主是乘坐水上飞
机抵达英国的。

　　阿尔贝国王夫妻告别了伦敦的狂喜之后便回到了德帕内红砖别
墅的沉闷生活中。比利时作家路易·迪蒙-维尔登（Louis Dumont-
Wilden）在拜访这处居所时注意到："不可能想象出比这里更伤感
的流亡之所了。"据他说，那里的窗户"面向被浓雾笼罩的灰色海
景：天空似乎与水面融为一体。已经持续了好多天的雨并没有停下
来的迹象，依然在下着"[6]。在那个阶段，甚至没有战事的刺激来
缓解单调的日子；似乎没有什么能够打破战壕战的惨烈僵局。阿尔
贝国王肯定会偶尔觉得，战争仿佛会永远持续下去。

　　但他从未抱怨过。他关心的是他的军队和国家，而不是他自
己。无论内心深处的感受是什么，阿尔贝国王从不允许自己表现得
不自信或不坚定，其他的君主也都类似。

♛

　　在这一阶段，德皇也将总部长期设在了比利时，在小小的水疗
胜地斯帕。相比于阿尔贝国王，他的住宿条件可以说是好到了极致。
他向一个比利时纺织业巨头征用了一座仿效中世纪风格的城堡——

塔楼、屋檐和拱门，全是中世纪风格，城堡坐落在一个占地 100 英亩①的庄园之中。城堡内大部分家具都来自阿尔贝国王在莱肯的宫殿；德皇的侍从武官和副官们穿着华丽制服，鞋跟笃笃地踩在擦得锃亮的地板上，匆匆忙忙地处理着君主的事务。只是事务的确切性质越来越不清晰。在照片中，这位至高无上的战争领主头戴尖顶头盔、身着长大衣视察军队，这些照片都是在庄园内拍摄的，为此人们专门用沙袋垒了一条战壕。而军事和政治决定则全都是由位于布雷藤尼克酒店的最高统帅部做出的。

德国在西线的被称为"皇帝之战"的重大攻势于 1918 年春天辉煌开启，到了夏天却逐渐偃旗息鼓了。威廉二世从未同意过以他的名义来命名这场攻势。在早期的成功阶段，"皇帝之战"这个称呼在某种程度上意味着威廉二世与之前的任何战役都没有关系；现在攻势失败了，他又很容易被与这场失败紧密联系在一起。

对于军队受到的这一最新阻挠，德皇很难接受。他曾对随从说："我是一个被打败的战争领主，你们必须对我表示同情。"同一天晚上，他出现了一个可怕的幻觉。他当政以来的所有大臣和将军，以及所有的皇室亲属，都列队出现在他面前，对他厉声斥责。只有挪威的莫德王后（Queen Maud of Norway），即乔治五世最小的妹妹，对他表现出一丝怜悯。这个醒着的噩梦向他暗示，他是"君主中的一个弃儿，一个被那些他曾经愿意相交的友人唾弃的戴着皇冠的恶棍"[7]。对于威廉二世这样敏感且本身的忠诚存在冲突的人来说，这样的景象是令人深感不安的经历。在他的火车停靠在比利时火车站时，他在餐车车厢这个难以置信的环境中讲述了那恐

---

① 1 英亩约合 0.4 公顷。

怖的一夜，在座的人都只能默默地听着。

1918 年 8 月 8 日，情况变得更糟了，协约国反攻取得成功，英国人突破了德军防线。这一天，被鲁登道夫称为"德军的黑暗日"，对德皇来说甚至更加黑暗。尽管他表现出了值得称赞的冷静和尊严，但他又开始谈论结束战争的问题。不到两个月前，当新上任的外交事务方面的国务秘书里夏德·冯·屈尔曼（Richard von Kühlmann）勇敢地暗示有可能与协约国接触和谈时，德皇迫于兴登堡和鲁登道夫的压力，将他免职了。而现在，鲁登道夫也陷入了沮丧，威廉二世对他坦白："事情不能无限期地这样下去，我们必须找到一个结束这一切的方法。"

但还没到时候。为了摆脱斯帕总部的紧张气氛，威廉二世去了卡塞尔附近的威廉高地，这里是帝国设座地①之一。差不多半个世纪前，在普法战争期间，战败的拿破仑三世曾被威廉二世的祖父威廉一世皇帝囚禁在这里。迁往卡塞尔的另一个原因是为了让威廉二世能够陪伴生病的皇后。多娜皇后的心脏让人担忧。然而，尽管自己的身体状况不佳，她还是一如既往地鼓舞着他。当威廉二世崩溃地躺在床上时，她强迫他起来。当他的老朋友犹太航运巨头阿尔贝特·巴林（Albert Ballin）来访时，她恳求巴林对待德皇要温柔。为了确保他做到这一点，多娜皇后始终都没有让二人有机会单独相处。她从来没有喜欢过巴林：她担心他不仅会让威廉二世更沮丧，而且会鼓励威廉二世日益增长的失败主义。

然而，在巴林看来，德皇似乎莫名其妙地与现实脱节了。威廉二世告诉朋友，他预计前线很快就会稳定下来。他收到了荷兰女王

---

① 设座，即设置王座，类似于离宫，甚至陪都。

威廉明娜的调停提议，但现在还不是接受这一提议的合适时机。一如既往，他希望德国的方针是以强势的地位为基础的。

德国再次处于强势地位的可能性越来越小。而且，在内心深处，威廉二世意识到了这一点。一天晚上，当人们坐在威廉高地城堡的阳台上时，有人拿出一幅画，问德皇是否是他画的。他说不是，然后告诉了他们这是谁的作品。

"你知道，"他低声补充道，"如果我有那个人的才华，我应该成为一个海景画家，而不是一个皇帝，我今天也便不会处于如此可怕的境地了。"[8]

第十七章

君主们的倒台

　　1917 年是浮夸的保加利亚沙皇斐迪南当政三十周年。尽管斐迪南很热衷仪式，但他决定不举行任何公开的庆祝活动。他的第二任妻子埃莱奥诺雷皇后已经病重。多年来，这位能干而善良的女性虽然一直遭到斐迪南可耻的忽略，但始终致力于保加利亚人民的福祉。她战时在索非亚的克莱芒蒂娜医院工作，不遗余力；一位亲历者说，她有"缓解痛苦的特殊天赋"。埃莱奥诺雷皇后于 1917 年 9 月去世，按照她自己的要求被埋葬在索非亚附近博亚纳的一座建于 12 世纪的小教堂中。

　　不过，不进行任何周年庆祝活动，还有一个原因。斐迪南和他的人民正陷入极端的战争疲倦。事实上，他们似乎根本没有理由继续参与战争了。他们的战争目标——征服马其顿——在 1916 年年底就已经实现了。威尔逊总统的"十四点计划"（后来又增加了四项原则）在保加利亚全国范围内广泛传播，使保加利亚人相信他们的事业是正义的。由于马其顿的居民主要是保加利亚人，用威尔逊总统的话说，吞并马其顿证实了保加利亚作为"一个明确的民族国家"的地位。

结束战争的愿望是一回事，能成功结束是另一回事。尽管斐迪南秉持着拜占庭的狡黠作风，与协约国进行了各种秘密谈判，但他从未敢公开违抗德皇。任何这样的举动都会招来德国占领保加利亚，导致几乎已经吃不上饭的人民遭受更多痛苦。事实上，直至1918年8月，为了取悦德皇，斐迪南还和威廉二世一起跪在洪堡教堂高高的祭坛前，发誓对盟友永远忠诚，"不管结果如何"。

但是，德国并没有给予保加利亚任何曾经承诺的军事支持。1918年6月，一直在希腊北部塞萨洛尼基养精蓄锐的协约国军队显然正准备对保加利亚前线发动进攻。保加利亚一再要求德国增援，然而这一请求被无视了。

尽管有这样的威胁，斐迪南仍然保持着热爱享乐的一贯作风。在他的宫殿里，日常生活仍然一丝不苟地遵循着规定的礼节和奢华的仪式。他的乡下住所的花园和温室仍然得到了精心的照料和爱护。他乘坐火车旅行时，条件仍然极度奢侈。直到战后，君主们才开始对他们的巨大财富和豪奢的生活方式感到愧疚。

已经五十六七岁的斐迪南也没有失去性欲。他对金发碧眼的年轻人的嗜好一如既往地强烈；事实上，战争为他提供了无尽的发现新人的机会。德国军事参赞的一名年轻通讯员被任命为"德文报纸的官方朗读者"，令斐迪南的其他随从都很惊愕。而令军队总司令更加惊愕的是，斐迪南坚持要求将一个候补军官晋升为正式军官，以便他可以担任君主的勤务兵。有一次，保加利亚战争部部长急于与沙皇讨论一些紧急军务，却吃惊地发现沙皇与司机一起出去了，车上满载美味佳肴，因为他要去年轻司机家简陋的村舍拜访其父母。

斐迪南还在鬼混，国家基业却即将燃起大火。1918年9月14日，协约国军队——其中包括塞尔维亚的老国王彼得的儿子亚历山大王储领导的塞尔维亚人——沿马其顿南部边境发起攻势。没用几天，他们就突破了保加利亚的防线。保加利亚人仓皇地翻山撤退，叛变的军队向索非亚进军，在此情况下，斐迪南同意了大臣们关于寻求停战的请求。保加利亚的和平代表前往塞萨洛尼基，并于9月29日达成协议，保加利亚和协约国之间停止一切敌对行动。

"有谈及关于我的事情吗？"停战代表团回国后，忐忑不安的斐迪南沙皇问负责人。

外交官回答："我不希望讨论这个问题，但协约国说到了对皇储的敬意。"

斐迪南明白了。在接下来的三天里，他把自己关在房间里，不见任何人。然后，在10月3日，他召来两个儿子——鲍里斯和西里尔（Cyril）——以及秘书们。他告诉他们，他已经决定逊位给二十四岁的鲍里斯王子。秘书们起草了一份文件，他在上面签了字。斐迪南召来首相，把文件交给了他。

"我的退位诏书！"他开门见山地宣布，"拿着！"

然后，他的目光从首相转向鲍里斯王子，说："让我们两个成为最早向新沙皇宣誓效忠的人吧。"

"从现在开始，"他向儿子宣布，"我是你的臣民，但我也是陛下的父亲。"[1]即使在这个绝望的时刻，斐迪南的表演型人格也没有缺席。

第二天晚上，在一小伙随员的陪同下，斐迪南离开了他的王国。

三十多年来，凭借狡猾、坚韧、能力和胆识的结合，斐迪南一直成功地守着王位。尽管最终失去了王位，但他还是得以拯救了君主制。保加利亚的君主制，要留待希特勒（Hitler）和斯大林（Stalin）来摧毁。

1918 年 10 月 4 日，罗马尼亚的玛丽王后兴奋地写道："今天轰动性的消息是，保加利亚的斐迪南已经退位，让位给儿子鲍里斯，鲍里斯当即在索非亚加冕。"

突然间，长期的僵局被打破了，一切又变得不稳定起来。斐迪南沙皇的退位标志着东南欧局势彻底转变的开始。玛丽王后写道："这是第一次，我们真正看到了前方的光。"自德国征服罗马尼亚以来，她一直被视为一种尴尬的存在，但现在突然发现自己受到了赞誉。她抵抗的星火正在发展为熊熊的胜利之火。

几天后，她写道："各条战线上都进行着猛烈而骇人的战事。法国军队已经进入索非亚，协约国正在向塞尔维亚和阿尔巴尼亚推进。土耳其正在走向崩溃，在巴勒斯坦的土耳其军队几乎被完全摧毁。德国各处的战线终于都开始崩溃了。"

一天下午，一架从塞萨洛尼基飞来的法国飞机给兴奋的玛丽王后送来了一封信。这封信是她的堂兄乔治五世写在一张小纸片上的，他在信中向玛丽王后保证："罗马尼亚不会被遗忘。""对我们来说，所有这一切都是极好的消息，让我们兴奋不已，充满期待，忍不住战栗。"她高兴地说。因为英国国王的消息意味着，两年前罗马尼亚加入协约国时得到的领土承诺，到了胜利之日不会被忘记。

事实上，伟大的民族梦想已经在成为现实。这一年早些时候，位于罗马尼亚东北边境、先前由俄国控制的比萨拉比亚地区被罗马尼亚纳入版图。现在，随着哈布斯堡帝国的逐渐瓦解，生活在特兰西瓦尼亚和布科维纳的罗马尼亚人都大声疾呼要加入他们的祖国。"大罗马尼亚的梦想似乎正在成为现实。"玛丽王后满意地写道，"这一切是如此不可思议，我简直不敢相信。"

塞尔维亚的摄政亚历山大王储虽然感情没有这么外露，但也在为这一突然的转变而喜悦。他多年的失败和等待同样得到了回报。由于他的父亲彼得一世国王已经年迈，且性格越来越古怪，现在在希腊过着隐居生活，所以夺回王国的任务落在了亚历山大肩上。而且，和玛丽王后一样，这位身材矮小、朴素、纪律严明的塞尔维亚摄政也在期待着实现王国的扩张。

早在一年前，流亡的塞尔维亚王室政府就会见了来自奥匈帝国的南斯拉夫代表团，并共同发表了一份宣言，宣布建立一个"塞尔维亚人、克罗地亚人和斯洛文尼亚人的王国，一个在卡拉乔尔杰维奇王朝治下的民主和议会制君主制国家"。这实际上是一个宣言，宣告在哈布斯堡帝国的废墟中将诞生一个新的南斯拉夫人国家，它最终将被称为南斯拉夫王国。现在，在1918年10月初，塞尔维亚人在亚历山大王储的带领下胜利地回到贝尔格莱德，大塞尔维亚的古老梦想确实正在实现。

意大利的维克托·伊曼纽尔三世也在品尝着胜利的果实和野心

实现的滋味。1918 年 10 月 24 日，他满意地看到他的军队与法国和英国盟友终于从皮亚韦河向前推进。奥匈帝国的军队坚决抵抗了两天后开始泄气。首先，匈牙利各师宣布他们将只保卫匈牙利的土地后，便出发回国。他们的叛逃严重削弱了剩余军队的士气。留下的人继续战斗，但心已经不在这里了。

10 月 29 日，卡尔皇帝迫于绝望的总参谋部的压力要求停战。11 月 4 日，奥地利投降。那时，胜利的意大利人已经控制了他们渴望已久的"未收复领土"：陆军控制了特伦托，海军控制了的里雅斯特。另一个民族梦想正在实现：维克托·伊曼纽尔三世终于实现了意大利复兴运动的理想。

对于奥匈帝国的卡尔皇帝来说，没有什么梦想可以实现，只有一场噩梦要经历。他的君主朋友们——罗马尼亚国王、塞尔维亚国王和意大利国王——正是以他为代价，才看到各自的领土野心得到实现的。卡尔皇帝身处维也纳郊外美泉宫巨大的以白金二色为主色调的房间里，望着一个正在迅速瓦解的帝国。协约国冷酷无情地进军，已经通过了南部的巴尔干半岛，西部的意大利也派遣了军队前来，大大恶化了已经在他的国家中肆虐的麻烦。除了普遍的饥饿和厌战情绪外，现在又增加了失败主义。这反过来又鼓励了奥匈帝国特有的分离主义运动：威尔逊总统的"十四点计划"也给了这些运动极大的推动力。现在，所有少数民族的自决权不仅变得可敬，而且几乎成了势必要实现的。

卡尔皇帝拼命努力，想要渡过这场风暴，绝望之中，他发表了一份宣言。除了一向难以治理的匈牙利之外，哈布斯堡帝国将被改造成一个联邦制国家，各民族完全自治。但这一善意的姿态来得太晚了。卡尔皇帝的宣言在帝国各地都受到了冷遇。威尔逊总统坚持由各少数民族自己来决定命运，而非由卡尔皇帝，在这一支持下，各少数民族都迅速脱离帝国。捷克斯洛伐克宣布自己为共和国。南斯拉夫人宣布与塞尔维亚联合，成为南斯拉夫王国。波兰少数民族加入了新独立的波兰。特兰西瓦尼亚和布科维纳要求罗马尼亚兼并它们。的里雅斯特和特伦蒂诺归了意大利。匈牙利决定它也是一个少数民族，于是脱离帝国独立。

没用几个星期，庞大的哈布斯堡帝国就缩减得只剩下讲德语的奥地利了。卡尔皇帝还统治着帝国，但版图已经缩减到不足原来的五分之一。而他也没有统治太久。奥地利人也被威尔逊的自由和民主理论打动，与迅速解体的国家中的其他所有民族一样，想获得自决权。卡尔只能无助地坐观不同政党为这个新国家要采用的政体形式争论不休。有些人赞成君主立宪制，有些人赞成共和制。一位社会党议员甚至建议，成立一个共和国，但由卡尔担任总统，这将同时满足共和主义者和君主主义者。

卡尔哀叹："我唯一的愿望，就是一切都要和平地实现。"最后建立共和国的决定通过。然而，即使是现在，政客们也无法决定他们是应该建议皇帝立即退位，还是等待皇帝被正式废黜。

最终，可能发生暴乱的威胁替他们拿定了主意。人们担心越来越难控制的工人和士兵可能会冲击美泉宫。这个国家不可能承受得起一场内战。1918年11月11日，星期一，一个大臣代表团极为忧心忡忡地来到美泉宫。他们带来一份文件让皇帝签署。签了这份文件，他将放弃"对国家事务的所有参与"。

卡尔认为这是退位诏书，拒绝签字。他称："这顶皇冠是上帝赋予我的责任，我不能放弃它。"齐塔皇后也同样坚决，而且一如既往地比卡尔更加情绪激烈。"君主永远不能退位！"她喊道，"他可以被废黜，他的主权权力可以被宣布丧失。没问题。那是武力。但退位——永远不行，永远不行，永远不行！我宁愿与你一起倒下……"[2]

齐塔皇后的激情爆发引发了一个谣言：卡尔准备退位，而她不允许他如此。她一直否认这一点。卡尔也同样决心抵制退位。事实上，齐塔皇后所拥有的能真正影响事件的力量并不比俄国的亚历山德拉皇后、罗马尼亚的玛丽王后、希腊的索菲王后，甚至德国的多娜皇后这些激情澎湃、直言无忌的皇室配偶多。

代表团的焦虑不断增加，他们向卡尔解释说，这份文件确切地说并不是退位诏书：它只是表明放弃政治权力。而且，无论如何，确实也没有其他选择。卡尔很不情愿地签了字。但他明确表示，他既不是在退位，也不是在放弃他的王朝权力。就在当晚离开皇宫之前，他发布了一份公告。

"我一如既往地对我的所有人民充满了坚定不移的奉献精神，我不希望因我个人而阻碍他们的自由发展。我在此提前认可德语奥地利地区对其未来的政体形式可能做出的任何决定。人民，通过其代表，已经接管了政府。我放弃对国家事务的一切参与。"[3]

没有什么可做的了。在离开皇宫之前，皇帝、皇后和他们的五个孩子去宫内的小教堂祈祷。那些不会跟随皇室进入退休状态的工作人员在墙面镀金、点缀着挂毯的奢华礼堂里集合。年轻的卡尔皇帝以他不卑不亢的有魅力的方式慢慢地绕着圈子，依次与每个人握手并说了几句话。然后，由于被警告乘坐皇家车辆不安全，卡尔勉强同意一家人乘坐私人车辆离开。对于这个盛极一时、有六百年历史的帝国的最后一位君主来说，这是一次特别不引人注目的退场。

1918 年 11 月 11 日黄昏，坐满人的汽车驶出美泉宫的大门，驶向 15 英里外的埃卡尔曹城堡的临时避难所。

两天后，一个匈牙利新政府的代表团来到埃卡尔曹。卡尔的匈牙利王位一直是与他的奥地利王位分开的，所以他又被要求放弃这个王位。在同样的条件下——他只放弃对政府管理的参与，而不是他的王朝权力——卡尔同意了。

曾经是战前欧洲一大特色的国王之间的兄弟情谊，此时在卡尔皇帝身上又一次发挥了作用。在他下台后的几个月，一家人仍住在埃卡尔曹，其间有传言说有一个由布尔什维克煽动的针对他们的阴谋。齐塔皇后的哥哥西克斯图斯王子一直都深深记着俄罗斯皇室的命运，所以恳求法国总统为他们提供保护。普安卡雷总统对此很同情，但爱莫能助。于是西克斯图斯王子去见了乔治五世。乔治国王和玛丽王后都因王子带来的消息感到非常不安。

"西克斯图斯告诉我们的事情非常严重。"玛丽王后说。

乔治国王表示同意。"我们将立即采取必要的措施。"[4] 他向王子保证。

因此，乔治五世安排了一名英国军官到皇帝和皇后身边提供保护。几周后，他们离开奥地利，流亡瑞士，此时，这名军官还陪在他们身边。

社会党出身的奥地利总理库尔特·冯·舒施尼格（Kurt von Schuschnigg）在晚年写道："没有一个统治者的命运像卡尔皇帝那样糟糕。他是否是一个伟大的君主，是否在任何时候都有明智的建议，是否总是做正确的事情，都不是这里的问题。承认他是彻底的好人，勇敢、诚实，是一个真正的奥地利人，他希望做到最好，他在不幸中的表现比许多其他人更可敬，这一切都是实话实说——而这些实话被压抑得太久了。"[5]

奥匈帝国皇帝统治时期的最后一幕已经在壮美的美泉宫中演出完毕；而德国皇帝则在斯帕的拉弗莱恩纳兹城堡这个完全称不上豪华的环境中演出了他的最后一幕。

德皇在波茨坦短暂停留后，于 1918 年 10 月 29 日返回斯帕。他是在多娜皇后和兴登堡的敦促下这样做的。他们两人都认为，德皇在总部的将军们中间比在柏林的大臣们中间更有可能挽救他的王位。因为正如帝国议会中独立社会党人的领导者所言，随着王冠"纷纷滚落到地上"，德皇能够继续戴着自己的王冠的可能性越来越渺茫。

危机恰好在一个月前开始。9 月 29 日，兴登堡和鲁登道夫向威廉二世承认，德军已经坚持不了多久了。各地的协约国军队都取得了突破。在威尔逊"十四点计划"的基础上达成停战协议是不得不为之的事情了。与此同时，政府系统必须进行重组，以使其在美国总统眼中更容易被接受。这项工作已经完成。德皇的一个亲戚，广受尊敬并相对自由开明的巴登的马克斯亲王（Prince Max of Baden）被任命为首相；长期以来承诺的民主改革被引入；皇帝被转变得更像一个真正的立宪制君主。

但这一切为时已晚。威尔逊总统并未被打动。他认为，只要威廉二世还在，就不能保证这些仓促制定的变革会是永久性的或有效的。德皇花了太多年的时间吹嘘他的个人权力，任何人都不会相信他现在准备放弃。威尔逊想要的是德皇的退位。

在最终了解到这一点后，威廉二世和多娜皇后都被激怒了。"虚伪的威尔逊终于摘掉了面具，"德皇声如惊雷，"他这样做的目的是搞垮我的家族，击倒君主制。"多娜皇后抨击："大洋彼岸的无赖胆大包天，竟敢羞辱一个几个世纪以来都在为人民和国家献身的君主家族。"

然而，他们也意识到了，他们所拥有的能力，即使不能挽救自己的皇位，至少还有可能挽救他们引以为豪的"君主家族"。威廉二世本可以牺牲自己保全君主制。这正是精明的保加利亚沙皇斐迪南刚刚成功做到的事情。到了这个阶段，急于摆脱德皇的并非只有威尔逊总统。德国政府和人民也越来越深信，德皇的退位将确保更好的和平。拯救君主制的唯一希望是德皇和他那无能的继承人都放弃他们的权力，让位给皇储十二岁的儿子威廉。甚至帝国议会中的多数派社会党也准备支持这一举措。

但威廉二世不愿意听到关于退位的讨论。他曾向新首相马克斯亲王保证："腓特烈大帝的继承者不会退位。"现在，为了防止马克斯亲王施加压力，多娜皇后敦促丈夫离开柏林。首相已经说服德皇罢免了鲁登道夫，但皇后认为威廉二世不该再同意马克斯亲王或他的政府提出的这种要求。

因此，10月29日晚上，德皇出发前往斯帕。在兴登堡和其他将军们中间，在充满敬意的军队的怀抱中，威廉二世会是安全的。

这个判断是一个严重错误。虽然德皇留在首都也不一定会被说服及时退位从而挽救君主制（甚至不能肯定这样做能挽救君主制），但他逃到斯帕之后，这种情况发生的可能性就完全消失了。三天后，首相的一名使者来到德皇居住的城堡，恳求他退位，威廉二世对此不屑一顾。

"我不打算因为几百个犹太人和一千个工人就放弃皇位。"他倨傲地宣布。

在接下来的十天里——从 11 月 1 日至 10 日——德皇威廉二世曾经拥有的组织有序的世界分崩离析。在基尔的舰队叛变；工业城市爆发革命；前线的军队不再准备作战；士兵和工人纷纷组建委员会。土耳其已于 10 月 30 日投降；11 月 4 日，德国的另一个盟友奥地利签署了停战协议。德意志帝国属国当政的国王、大公和公爵相继被革命推翻，他们的王国和公国被改制为共和国。库尔特·艾斯纳（Kurt Eisner）在废黜路德维希三世（Ludwig Ⅲ）时吹嘘道："维特尔斯巴赫家族统治了巴伐利亚七百年，我用七个人在七个小时内就赶走了他们。"

面对革命的混乱局面，尽管停战谈判已经在贡比涅展开，但德皇和他的顾问们仍在努力寻找在他不退位的情况下挽救君主制的办法。他应该到前线去，冲在军队最前面，然后光荣地死去；他应该放弃德意志皇帝的身份，但保留普鲁士国王的王位；他应该带领军队返回德国，镇压"布尔什维克革命"。然而威廉二世大吃一惊地发现军队不准备继续跟随至高无上的战争领主征战，这个特别的计划被推翻了。

威廉二世甚至一度提出了一个非同寻常的建议，即德国人应该与君主制的英国人和日本人联合起来，把共和制的美国人"赶出"欧洲。

　　11月9日，星期六，是做决定的日子。这天天气阴冷潮湿，厚厚的雾气笼罩着拉弗莱恩纳兹城堡。整个上午，德皇有时在潮湿的花园里，有时在几乎同样寒冷的房子里，一直都在思考权衡。马克斯亲王不断从柏林打来电话，敦促他退位以避免内战，在这个过程中，威廉二世一直在与刚刚赶来斯帕的皇储和诸多将军商议。

　　午饭后不久，他的主意由别人替他拿好了。他从那部响个不停的电话中得知，马克斯亲王自作主张，已经宣布了德皇和皇储的退位。不久之后，在帝国议会的台阶上，共和国宣告成立。

　　威廉二世勃然大怒。"叛国，先生们！赤裸裸的、无耻的叛国！"他喊道，"我是普鲁士的国王，我将继续当国王。因此，我将与我的军队在一起！"然后，他向柏林发了一连串的电报，每一封都比上一封更激烈。然而这一切都是徒劳的。冯·舍尔海军上将（Admiral von Scheer）来访，于是威廉二世发现他不能再依靠海军了，到现在，甚至连热心的君主主义者兴登堡也劝他离开。由于担心德皇会遭受与俄国沙皇相同的命运，兴登堡恳求君主到荷兰避难。据说有一支叛变的军队正在向斯帕进军。又经过几个小时的犹豫不决之后，威廉二世终于同意离开。他将在第二天早上五点出发去荷兰。不过，直到两周后，他才签署了一份正式的退位诏书。

　　有说法称，乔治五世在早些时候曾要求荷兰女王威廉明娜给予德皇庇护。如果这是真的，那么这个请求必然是以高度机密的形式发送的。在英国反对德皇的情绪如此高涨的情况下，乔治国王绝不会冒险公开表示出其对这个兄弟君主兼表兄的态度；俄国沙皇的未来问题已经给他带来了足够多的麻烦。但是，乔治五世与威廉明娜女王接触也并非不可能。

在边境等待了六个小时后，威廉二世得到了进入荷兰的许可。他被告知，他将客居本廷克伯爵（Count Bentinck）在阿默龙恩的城堡。

1918 年 11 月 11 日下午，即此后被称为停战日的那一天，威廉二世抵达阿默龙恩。这位君主被视为嗜血残忍、双手染满鲜血、应该被绞死的怪物（在英国这样的看法尤其流行），然而此时他所说的第一句话非常典型，既体现了他矛盾的本性，也体现了他的皇家国际主义。

"现在，"当乘坐的汽车穿过城堡大门时，他轻快地对主人说，"来一杯真正上好的英国茶吧。"[6]

失去王冠的君主们四处逃亡寻找安全之所，而那些设法保住自己王冠的君主正沐浴在胜利的阳光下。这么多年来，他们的光芒一直被将军们、政客们掩盖，因军队的失败或国家被占领而受到羞辱，但他们再次光荣而胜利地实现了独立。这些君主被誉为胜利的代言人；他们再次成为国家忠诚的焦点。对战败的君主的支持几乎在一夜之间就消失了，而与此同时，那些国家取得胜利的君主获得的支持和崇拜在暴涨。

1918 年 10 月，隶属于比利时国王阿尔贝所指挥的军队的一个美国师突破德军防线，解救了一伙佛兰德斯地区的平民，解救者因获救者问出的第一个问题而大吃一惊。"国王！"兴奋的平民们喊道，"国王怎么样了？"

矛盾的是，唯一不受这种突然涌现的公众赞誉影响的君主，是引发了这场大冲突的国民的国王——塞尔维亚的老国王彼得一世。尽管他在 1918 年 12 月 4 日被宣布为塞尔维亚人、克罗地亚人和斯洛文尼亚人的国王，但他没有参与正式进入贝尔格莱德的入城仪式。事实上，直到 1919 年年底，他才回到他那值得夸耀的王国。他佝偻着身子，拄着拐杖，留着长长的白胡子，他的臣民都没有认出他来。当他的儿子，如今的摄政，恳请他居住在以前的宫殿里时，他拒绝了。他和另一个儿子——精神错乱、一无所有的乔治王子——一起住在托普奇德的一座简陋的别墅里。彼得国王于 1921 年去世，享年七十七岁。

对于乔治五世和玛丽王后来说，战争的结束为他们带来了巨大的公众赞誉。战时那些关于国王的德国血统和所谓的德国同情心的批评全都被遗忘了。停战之夜，欢呼的人群涌向白金汉宫；君主们不得不现身于宫殿的阳台上，一次又一次，直到深夜。连续五天，乔治国王和玛丽王后乘坐一辆敞篷马车在首都的各条街道游街。国王在日记中写道："九英里的路程，沿路都是欢呼的人群，人民的表现确实令人感动。"

同样在停战日，维克托·伊曼纽尔三世回到了他的首都，罗马也回荡着激昂的欢呼声。英国大使记载说："我看着他从车站与王宫之间的凯旋之路上经过，他走在民族大街上，旗帜招摇如火如荼，鲜花如雨从空中飘落，我感到一种幸福的兴奋。对于维克托·伊曼纽尔国王，我对他个人始终都有着深刻的敬意，他的判断自始至终都是正确的、合理的，即使在那些黑暗的岁月中最让人沮丧的时刻，他也从未失去信心和勇气。现在他可能自豪地意识到了，在他的指引下，王国的统一和意大利的古老梦想已经实现。"[7]

　　但是，可能任何一个头戴王冠的人感受到的欣喜都不及罗马尼亚的玛丽王后深刻。斐迪南国王和玛丽王后直到 1918 年 11 月底才从雅西回来。他们正式进入布加勒斯特的仪式时间定在 1918 年 12 月 1 日。对于害羞内向的斐迪南国王来说，这是一次特别的凯旋。他的身后跟随的不仅仅是胜利，罗马尼亚的面积即将扩大一倍以上。玛丽王后写道："当时陶醉在成功中的威廉皇帝曾大声叫嚣，说斐迪南国王将是最后一个坐在罗马尼亚王位上的霍亨索伦家族的人。斐迪南国王什么也没说，但他安静地、谦卑地走着他的荆棘之路。今天，德皇和他的儿子没有了国家，忠诚而谦逊的斐迪南国王被誉为救世主，是所有罗马尼亚人的国王！面对从眼前经过的一切，我怎么可能不惊奇地低下头呢？"

　　但低头是玛丽王后在进驻布加勒斯特的那天最不想做的事情。这是一个令人终身难忘的场合，一个"狂热亢奋、充满热情"的日子。鼓乐齐奏，军队在行进；旗帜飘扬，人群在欢呼。斐迪南国王和玛丽王后骑马穿过首都的街道，两人都穿着军装。玛丽王后头上戴着灰色的卷毛羔羊皮高帽，在她的军装上衣外面，是一件带毛皮领子的军用长斗篷。在某个地方，他们停下来亲吻由一群衣着华丽、诵着经的牧师举着的一个大十字架；在另一个地方，他们收到了市长敬献的传统礼物——面包和盐。

　　游行结束后，他们在大教堂举行了感恩仪式。两年多来，这位最爱花哨的王后很少穿红十字会制服或罗马尼亚民族服装以外的衣服。现在，在感恩仪式上，她换上了一件轻盈浮动、闪闪发光的礼服，在"由一千根蜡烛照亮的昏暗的教堂"中，跪在斐迪南身边，为他们的伟大胜利感恩。

然而，最令人感慨的归家，是比利时的阿尔贝国王和伊丽莎白王后。他们的回程是缓慢的，因为国王指挥着比利时、英国、法国和美国的联合军队，不得不一路作战，慢慢靠近布鲁塞尔。战斗又持续了一个月，王室成员一直住在布鲁日南面的洛佩姆城堡。直到11月11日停战协议签署后，阿尔贝国王才来得及思考正式进入首都的仪式。

至少，知道局势已经转向，他是十分满意的；在伊瑟河畔那漫长的四年并没有白费。甚至在搬到洛佩姆之前，阿尔贝就听说保加利亚的抵抗已经崩溃，科堡家族的族叔斐迪南沙皇已经失去了王位。局势如此转变，让他感到一种夹杂着讽刺意味的满足。他记得在战争开始时，斐迪南曾因他不允许德国军队自由通过比利时说他是傻瓜。阿尔贝想："今天，他一定改变了看法；他一定明白了，保持诚实正直，总是符合一个人的最佳利益的。"

就在阿尔贝国王在洛佩姆期间，他与大臣们协商，开始了几项激进的政治变革。在战争的最后几周，一部分比利时人急于让国王利用他的巨大威望来行使独裁的权力。四年来，他一直都在实施专制统治，所以有人问，为什么他不应该继续这样做？即便他不至于发动政变，至少也应该利用这个机会来加强行政权力。他们认为，如果国王能够不受政党政治争论的妨碍，战后重建的艰巨任务就会简单很多。

对于这些强烈要求，阿尔贝甚至不屑于回答。他曾经宣过誓，因此受到宪法的约束。由于这一点，以及他对专制统治的厌恶，所以他必然会拒绝任何此类计划。与罗马尼亚的斐迪南等国王一样，阿尔贝意识到，君主掌权的日子已经过去了。事实上，他不仅没有为自己谋取更多的权力，反而决心给予臣民更多的权力。在洛佩姆期间，阿尔贝同意立即实行普选制，并逐步对弗拉芒人进行各种改革。这些举措将伴随着全面的社会立法。

当时有传言说，阿尔贝国王进行这些改革是因为受到了恐吓。在战争的最后几天，一场由不满的德国士兵煽动并得到一些比利时革命者支持的暴乱在布鲁塞尔的街头爆发。三色帽章、红旗和《马赛曲》的旋律吓坏了一些民众，令他们相信革命迫在眉睫。暴乱被平息了，但据说革命威胁的消息被故意夸大，以恐吓不情愿的阿尔贝国王同意改革。

这个传言是无稽之谈。说阿尔贝是在压力下做出这些让步的，几乎是最令他恼火的事情了。"我想让你们知道，我在洛佩姆所做的一切，都是我自愿的，除了我自己，没有任何人在推动。"他事后宣称。

阿尔贝的这些改革扩大了政治生活的民众基础，从而将自己一劳永逸地置于政党政治之上。越来越强大的社会主义者不再能够将他与特权阶级联系起来。采取普选制，极大地提高了他的威望；他作为政治人物的形象越来越淡化，但作为国家象征的身份增强了——他是天主教党、自由党和社会党之间受人尊敬的公正的仲裁者。

伟大的比利时社会党领袖埃米尔·范德维尔德（Emile Vandervelde）在晚年时称：阿尔贝国王"是我们宪法的作者在 1831 年制定宪法时希望建立的'共和君主制'的理想化身"。

1918 年 11 月 22 日，阿尔贝国王终于回到首都。他身穿卡其色军装，钢盔下面是有皱纹的、饱经风霜的脸，骑着马缓缓穿过装饰华丽的街道。在他身边，安坐在一匹高大的白色战马上的，是穿着褪色的灰色骑马装的伊丽莎白王后。在他们身后，是他们的儿子利奥波德王子（Prince Leopold）和查理王子（Prince Charles），再后面随行的骑手中包括英国的阿尔伯特王子——也就是未来的乔治六世（George Ⅵ），以及玛丽王后的弟弟阿斯隆伯爵。

他们说，那天在布鲁塞尔的人都会终身铭记这次凯旋。此后多年，人们谈起这次凯旋，往往都带着一种类似敬畏的态度，它构成了第一次世界大战中重要的皇家场景之一。每个屋顶上，每扇窗口中，每一寸人行道上，都挤满了人。队伍经过时，旗帜飘扬，手帕挥舞，欢呼声此起彼伏。人们喉咙嘶哑，手臂酸软，脸庞被泪水打湿。即使是平时很严肃的阿尔贝国王，在这种由衷的欢迎中也露出了幸福的笑容。

不过，最令人感动的，还是伊丽莎白王后的身影。一位目击者回忆说："她显然因他们受到的欢迎而无法自控，她坐在白马上，身子笔挺，一动不动，在喧嚣的欢呼声中，她脸色苍白，目光呆滞地盯着前方的道路，仿佛她不敢向左右看，生怕摔倒。"[8]

再多的公众赞誉也无法令凯旋的欧洲君主们忽视他们的世界已经结束的事实。随着和平的到来，旧欧洲——君主们的欧洲——消失了。霍亨索伦、哈布斯堡和罗曼诺夫，三个伟大王朝衰落了，这意味着欧洲仍然屹立不倒的重要王位仅剩下英国。维克托·伊曼纽尔三世作为国家元首的地位很快就被墨索里尼完全掩盖了；希腊将在 1924 年成为共和国；西班牙的王位将在几年后倒下。其余的君主制国家将被限制在欧洲大陆的角落遥遥相望：一部分在巴尔干地区（它们将被第二次世界大战扫平），一部分是北海沿岸的国家。

　　君主们像神一样雄踞欧洲大陆之上的日子已经一去不复返了。尽管欧洲日益减少的君主之间仍会有王室互访，但其规模和意义不复从前。他们的政治重要性被弱化到最小；他们影响国际事务的权力可以忽略不计；他们的功能也纯粹是仪式性的。世界的命运被一个君主家族控制的神话将不再有丝毫的现实基础。君主们将变成有名无实的首脑而已。

　　这些历史悠久的欧洲王室在第一次世界大战结束时纷纷倒台，其原因因国而异。军事上的失败、无法适应当下时代的民主精神、威尔逊总统的反君主主义态度以及他对民族主义的鼓励——所有这些都是促成旧君主制秩序被推翻的因素。大体上说，那些没有个人权力的君主保住了王位，而那些肆意行使过多权力的君主则失去了王位。这些君主类似专制者一样的行为，已被认为是其政权的缺陷。尼古拉二世沙皇被视为其帝国的暴政和低效的象征；弗兰茨·约瑟夫皇帝被认为对镇压其境内的少数民族负有责任；德皇威廉二世被视为德意志第二帝国的军国主义、精英主义和侵略主义的人格化身。

　　幸存下来的君主并没有忽视这些教训。和过去任何时候相比，他们此时都更要确保将王室保持在政治和派别之上；确保王室与全体人民相联系，而非仅仅与贵族阶层相联系。如罗马尼亚的斐迪南和比利时的阿尔贝这样的国王，他们仍然有能力塑造和影响国家事务，利用他们剩余的权力来敦促政治和社会改革。维克托·伊曼纽尔三世将他的几座宫殿和大部分财富都交给了国家。即使是在政治上没有权力的乔治五世也感到有必要保护他的王位。伊舍勋爵警告说："将来，需要向饱受战争蹂躏的饥饿的无产阶级证明王室的存在及其开销是否合理，因为他们被赋予了投票权，人数占有巨大优势。"

三大帝国覆灭后发生的革命和民族主义动乱所带来的尘埃落定了，凡尔赛的和平缔造者们各自回家，欧洲大陆开始了新的进程，人们可以乐观地称之为"新秩序"。旧秩序——王朝的、君主制的秩序——被认为应该对降临在欧洲大陆上的所有灾难负责。战争是君主们专制、野心和侵略的结果。旧世界中的恭敬和规范、压迫和剥削、军国主义和专制主义，将被威尔逊的民主和民族主义的梦想取代。

取而代之的还有另一个威尔逊式的构想——国际联盟。美国总统称："欧洲正在做清算，国际联盟必须成为这一重要遗产的继承者。"另一位有远见的国家领导人 J. C. 史末资将军（General J. C. Smuts）[1] 写道，国际联盟"将必然占据因许多旧有欧洲帝国的解体和欧洲旧秩序的消失而空出的巨大位置"。

当然，旧的君主制秩序确实要对很多事情负责，它犯了很多它被指控的过错。君主们——尤其是中欧地区的君主们——用他们不朽的宫殿、辉煌的宫廷和严格的仪式，构成了金字塔的顶端；用这

---

[1]　即扬·克里斯蒂安·史末资（Jan Christian Smuts，1870—1950），南非著名政治家和将军。1919—1924 年、1939—1948 年任南非总理。1941 年被授予英国陆军元帅军衔。他是英联邦这一概念的创始者，对国际联盟和联合国的成立做出了很大贡献。

样的方式延续了一个等级森严的不平等体系。他们的政治地位太强大了；他们的政府太缺乏国民代表性了。

埃德蒙·泰勒写道："君主的时代结束了，不是因为专制主义已经过时，而是因为更严厉、更有效的专制主义模式开始出现。最重要的是，旧的王朝在它们以前的臣民眼中受到质疑是它们太过国际化，即使没有像哈布斯堡家族那样明确的超国家——统治着多个王国。威尔逊主义作为民主政党的信条的影响可能正在消退，但在欧洲，'十四点计划'所促成的民族主义浪潮却比以往任何时候都更加强劲……"

随着这种民族主义的壮大，新的专制制度逐渐取代了旧的专制制度。几乎在每个曾经由君主统治过的国家中都建立了这样或那样的独裁政权；在极少数国家中，这些曾经的王室臣民的个人自由确实得到了加强。在尼古拉二世、弗兰茨·约瑟夫和威廉二世等人的位置上，现在站着的是更加危险的斯大林、希特勒、墨索里尼等人。几乎可以说，欧洲人民出于对已经成为过去式的君主制的怀念，推举出了一个新的权力更大的君主群体。

第一次世界大战砍掉了欧洲君主制的最后一次繁花盛开，这片土地已经为独裁者和第二次世界大战做好了准备。

尾声

胜利者与战败者

直到第一次世界大战结束三十年后，卷入战争的君主们才终于全部从历史舞台上消失。那两位头戴王冠的巴尔干酋长，黑山的尼古拉和塞尔维亚的彼得，都死于 1921 年。尼古拉流亡于法国南部，他在昔日属于他的山地王国即将被并入新成立的南斯拉夫时去世，享年七十九岁。彼得便是这个新王国的君主，他实际上是一个几乎被彻底遗忘的隐士，死于托普奇德的别墅里。他的儿子继位，成为南斯拉夫的国王亚历山大一世。

亚历山大一世的一个任务便是掌控多民族的王国，在这方面他做得并不比弗兰茨·约瑟夫在管理多民族帝国时成功。塞尔维亚的梦想很快变成一场噩梦。九个不同的民族集团想要统一的决心引发了第一次世界大战，但很快又开始互相攻击。没有一个合作；没有一个妥协。议会只是一群争吵不休的少数派的集合。亚历山大一世在开始执政时本计划让议会民主制度发挥作用，但最后不得不行使独裁权力。1934 年，他被一个克罗地亚组织暗杀。

　　在亚历山大登基的那一年，即 1921 年，奥匈帝国的前皇帝卡尔为了至少恢复自己曾经的两个王冠中的一个，做了两次尝试。1920 年，匈牙利短暂的共产主义政权垮台，再次被宣布为君主制国家，由霍尔蒂海军上将（Admiral Horthy）摄政。由于霍尔蒂没有表现出要遵守承诺让流亡的前皇帝复位的迹象，卡尔两次来到匈牙利，对王位提出主张。这两次举动都是堂吉诃德式的，均以失败告终。第二次非常接近成功，卡尔和齐塔乘一架小型私人飞机前来，霍尔蒂不得不使用武力将他们驱逐。随后，在英国人的坚持下，这个皇室家庭被放逐到马德拉岛。1922 年 4 月 1 日，在岛上一栋潮湿而凄凉的小屋里，哈布斯堡家族的最后一位皇帝因肺炎去世。他当时几乎身无分文，年仅三十五岁。1986 年，齐塔皇后仍然活着，已经九十四岁高龄。①

　　希腊国王康斯坦丁回到自己王国的景象堪称凯旋。1920 年 10 月，康斯坦丁的次子，在他被废黜后登上王位的亚历山大国王，被猴子咬伤后突然死于血液中毒。为了解决继承问题，希腊首相韦尼泽洛斯组织了一次选举。在这次选举中，他自己的政党被彻底击败。韦尼泽洛斯气愤之下离开了希腊。公民投票以近 100 比 1 的结果决定了康斯坦丁国王的回归。因此，在 1920 年 12 月 19 日，康斯坦丁和索菲回国，受到了热烈欢迎。民众感情流露得热忱肆意，康斯坦丁为之深深感动，而更愤世嫉俗的索菲则认为"狂喜太过，难以持久"。

---

　　①　本书第一版出版于 1986 年，所以作者的信息只到 1986 年。齐塔皇后死于 1989 年。

　　她是对的。韦尼泽洛斯顽固地追求希腊扩张的"伟大理想"，发动了对土耳其人的征战，此时，情势所迫，康斯坦丁违背了自己的良好判断，继续进行这场战争。1922 年 9 月，希腊人被重创，士麦那市大部分希腊人口被野蛮屠杀。希腊军队暴动，并毫无道理地将失败的责任归咎于国王，要求他退位。康斯坦丁同意了。他和索菲第二次离开雅典。这一次，没有疯狂的人群来阻止他们离开。

　　三个月后，即 1923 年 1 月 11 日，在西西里岛巴勒莫的一家酒店的房间里，康斯坦丁死于脑出血。临终时，他的手中紧握着一个装有希腊土壤的小皮袋。他和卡尔皇帝一样，生活都因战争而崩溃。

　　康斯坦丁的继任者是他的长子乔治二世。但在康斯坦丁去世后仅一年多，乔治二世也走上了流亡之路。1924 年 3 月，希腊国民议会通过一项决议，废除君主制，宣布希腊为共和国。

　　大约十年后，反复无常的希腊人恢复了君主制。又过了四十年，在 1974 年，他们再次废除了君主制。

　　罗马尼亚的斐迪南国王的战后满足感也变味了。他的暮年因长子卡罗尔王储不负责任的行为而笼上阴霾。卡罗尔的私生活丑闻不断且广为人知，变本加厉的他最终抛弃了第二任妻子希腊的海伦公主 (Princess Helen of Greece)①，而选择了更性感有魅力的埃琳

---

　　①　海伦公主是康斯坦丁和索菲的女儿。

娜·卢佩斯库（Elena Lupescu）。二人逃离罗马尼亚，卡罗尔放弃了对王位的继承权。王储之位落到了他唯一的儿子四岁的米哈伊王子（Prince Michael）手中。（在第二次世界大战后，罗马尼亚王室垮台，米哈伊国王流亡他乡。）

对于儿子卡罗尔的过失，斐迪南国王和玛丽王后都十分关注，他们的关系变得亲密了起来。在他们看来，他们在战时忍受牺牲和苦难，战后罗马尼亚梦成为现实，但此时居然出现了这种情况，简直是无法想象的。斐迪南国王在这场王朝危机中精神崩溃，于1927年7月27日死于癌症。玛丽王后于1938年去世，直到最后都是一个极有吸引力的人。

比利时的阿尔贝国王是下一个死去的君主。尽管"神圣联盟"——战时所有比利时人的合作——在和平到来后没能长期持续下去，但阿尔贝国王至少可以因为看到他的国家变得相对繁荣而心满意足。尽管阿尔贝曾有过幻灭的时期，但他仍然是一位兢兢业业、尽职尽责的君主。他也仍然是一个极其谦虚的人。提及他在战时的英雄角色，几乎是最让他难堪的事情。"我猜我会又一次被当作战士国王而受到欢迎，"他曾在出席一个招待会前嘟囔道，"我真是烦透这个了。"德皇威廉二世可绝不会这么说。

1934年2月17日，五十八岁的阿尔贝国王在一次攀岩事故中丧生于阿登山。他的长子利奥波德三世继位。可敬、杰出而又极具争议的伊丽莎白王后（因为访问过多个共产主义国家而被称作"红色王后"）比他多活了三十余年。1965年，她于九十岁高龄去世。

乔治五世国王于1936年1月20日去世，他是一个受人尊敬、喜爱的父亲。至去世之时，他已经成为一个典型的英国君主，是国家的象征。他的德国血统和大陆关系几乎都已经被遗忘。乔治五世

和他的王朝已经成为一个真正的国家机构，据说是英国生活中一切
美好事物的化身。

和他的王朝已经成为一个真正的国家机构，据说是英国生活中一切

奇怪的是，随着岁月的流逝，乔治五世的表哥、敌人威廉二
世，越来越像一个英国乡村绅士。德皇曾说这是他最想成为的人。
威廉二世在位时以生活动荡不安而闻名，而他在荷兰多恩长达二十
二年的流亡生活则因平静而引人注目。摆脱了皇位带来的压力，他
的性格也变得温和起来。他即使没有变得更聪明，也肯定变得更轻
松、更和善了。他留着白胡子，身着斜纹软呢套装，对狗、园艺和
砍柴充满热情，完全就是一个完美的乡村绅士。

但他忍不住要为自己辩解。当然，有很多事情是可以辩解和推
脱的，特别是关于战争的爆发。对此，威廉二世坚持责任应该归咎
于除他自己之外的所有人。他列出的一众恶人，包括他的顾问们、
将军们、敌对的外交官们、外国的统治者们，其中最重要的是他的
舅舅英国国王爱德华七世，"包围师"。威廉二世认为："当英国国
王关心和维护欧洲的和平时，便是欧洲的和平最危险的时候。"

然而，在凡尔赛的和平缔造者决定德皇需要因"严重违反国际
道德和条约神圣性"被审判时，德意志帝国被废黜的各国君主们向
爱德华七世的儿子乔治五世递交了一份请愿书。"德意志的君主们"
不怎么讲究技巧地提醒英国国王他的家族起源于德国，以审判这种
方式危害一位君主就等于危害所有君主的神圣性，包括他自己在
内，他们恳求乔治国王阻止这次审判。

他们的要求使乔治国王陷入了两难境地。幸运的是，荷兰政府坚决拒绝交出前德皇，因而他不必采取任何行动。

随着时间的推移，德皇对英国的态度开始缓和。与德国不同，英国仍然是一个君主制国家，仅仅因为这个原因，威廉二世就对它有了好感。与 20 世纪 20—30 年代的德国相比，英国仿佛是一个稳定的天堂。不过，直到乔治五世去世两年后，德皇才开始与英国的亲戚们进行直接接触。1938 年，在内维尔·张伯伦（Neville Chamberlain）与希特勒在慕尼黑会面后，威廉二世给寡居的玛丽王后写了一封信。他们二人上一次见面还是 1913 年在柏林德皇女儿的婚礼上。这封信的语气充满了书写者的典型特征。

狂热的措辞滔滔不绝："愿我怀着一颗感激的心，通过上天的代祷，从令人难受的焦虑中解脱出来，与你和德国及英国人民一起最热烈、最真诚地感谢主，感谢他帮助负责任的政治家们维护和平，使我们免于一场最可怕的灾难！我丝毫不怀疑张伯伦先生是受到了上天的启示和上帝的指引，上帝怜悯他在人间的孩子，以如此令人宽慰的成功为他的使者加冕。上帝保佑他。我一如既往地恭敬地吻你的手。"[1]

联系再次被建立起来，几个月后，德皇八十岁生日时，他收到了英国王室的数封祝贺电报。1940 年，在温斯顿·丘吉尔的建议下，乔治六世向德皇提供在英国的庇护，以躲避希特勒军队的入侵。威廉二世拒绝了这个提议。即使是一个被废黜的君主，也不能从他的国家的敌人那里寻求保护。

尽管威廉二世对德国的新主人阿道夫·希特勒的态度一直模棱两可，但他还是忍不住在巴黎被德国攻陷时给元首发了一封贺电。"德国的战旗飘荡在凡尔赛上空！"他兴高采烈地给女儿写信，"爱德华七世舅舅那险恶的协约终成泡影。"[2]

一年后，1941 年 6 月 4 日，威廉二世去世。

意大利的维克托·伊曼纽尔三世国王并没有长期享受在战争年代赢得的声誉。到 1922 年年底，意大利战后的社会和政治动荡促使墨索里尼上台；自由主义的国王发现自己完全被法西斯独裁者掩住了光芒。虽然元首令维克托·伊曼纽尔成为埃塞俄比亚皇帝和阿尔巴尼亚国王，但这位小个子的君主在国家事务中从来都无足轻重。希特勒和墨索里尼对待他的态度甚至比威廉二世和弗兰茨·约瑟夫对待他的态度还要草率。

他在 1915 年时因转变阵营赢得了胜利，但这一次不同，他没能因为改变立场获得任何好处。他的转变来得太晚了。他在 1943 年罢免了墨索里尼，但这并不能使他摆脱法西斯主义的污名；他后来未能与希特勒彻底决裂，这使他失去了王位。1944 年，他退出公共事务；两年后，逊位给他的儿子翁贝托王储。翁贝托二世的统治只持续了一个月。在一次竞争激烈的公民投票中，意大利人民选择了共和制。

维克托·伊曼纽尔三世在埃及亚历山大的一幢简陋的乡村住宅中度过了流亡生涯，这幢住宅是埃及国王法鲁克（King Farouk of Egypt）借给他的。1947 年 12 月 28 日，他在那里去世，享年七十八岁。

参与了第一次世界大战的君主中最长寿的，是其中经历最丰富多彩的那一个——保加利亚的斐迪南沙皇。与维克托·伊曼纽尔三世一样，斐迪南活着看到了他为之献出一生的一切彻底崩溃的过程。不过他在流亡的最初几年并没有什么不愉快。他去了科堡，他的家族的发源地；由于斐迪南十分精明地设法挽救了大部分财产，所以日子过得相当豪华。不过斐迪南一直是个演员，他坚持有尊严而克制地扮演他所谓的"贫穷的流亡者"的角色。虽然他允许自己不时地有一点哀怨的抱怨，但对自己的命运变化，他从未含恨或想报复。流亡仅仅是身居王位可能的危险之一。他把时间投入自然史、园艺、艺术、旅行和神秘学上。凭借着白胡子和戏剧性的服装，他仍然能够用外表令访客印象深刻；他离经叛道的谈话仍然可以令人震惊。

斐迪南有时会去拜访欧洲王室家族，流亡他乡的或在位的都有，在这个过程中，他不可避免地会遇到一些提醒他战争已经将他们中的许多人残酷地撕碎了的人。他一本正经地对西班牙的欧拉利娅公主（Infanta Eulalia of Spain）① 说法国人一直指控他叛国，因为他的母亲是波旁-奥尔良家族的人，而他拿起武器对抗法国。他说："这让我觉得有些好笑，因为是法国自己让路易·菲力浦（他的外祖父）下台休息的，这就和他或他的家人没什么关系了。"

---

① 欧拉利娅公主（1864—1958）是前文提及的阿方索十三世的姑妈。

1930 年，在他的长子，即此时的保加利亚沙皇鲍里斯三世与维克托·伊曼纽尔三世的女儿的婚礼上，斐迪南与他的甥孙女奥尔良的弗朗索瓦丝公主（Princess Françoise of Orleans）① 正面碰上了。当斐迪南亲切地向她保证，他觉得"自己更像是奥尔良人而非科堡人"时，她不以为然。"那么，舅公，你已经忘记了战争吗？"她尖锐地回答。

另一位婚礼宾客是如今寡居的希腊前王后索菲。大约十七年前，在第二次巴尔干战争期间，索菲的丈夫康斯坦丁与塞尔维亚的彼得一起，狠狠地重创了他们不久之前的盟友保加利亚的斐迪南。但斐迪南并不记恨。在午餐会上，他和索菲形影不离。"你们找到了什么话题？"索菲的小叔子希腊的克里斯托弗亲王问。这个问题让她感到惊讶。"唉，当然是旧日时光啦。"索菲回答。

克里斯托弗亲王能够理解，对索菲和斐迪南那一代人来说，皇室之间的惺惺相惜能超越所有狭隘的民族主义。

在流亡的大部分时间里，斐迪南的一个长久的安慰便是他成功地挽救了他国家的君主制，所有在战争中战败的君主中只有他做到了这一点。但是，他将活着看到这个制度消亡。第一次世界大战之前的几年中，斐迪南一边被俄国沙皇钳制，一边被德国及奥匈帝国的皇帝掣肘，他的儿子鲍里斯和他一样，在第二次世界大战之前的几年中，也被夹在这两方的继承人——斯大林和希特勒之间。

这一次，君主制已经无法挽救。鲍里斯被迫投靠德国，之后被杀，据说是希特勒下的令，因为他不够合作。他的弟弟西里尔被

---

① 弗朗索瓦丝公主是前文提及的吉斯公爵的女儿。她是希腊的克里斯托弗亲王的第二任妻子。

1945 年掌权的共产主义政权杀死。一年后，一场不可避免的公民投票决定支持共和国，鲍里斯九岁的儿子西美昂沙皇（Tsar Simeon）走上了流亡之路。

斐迪南目睹了第一次世界大战结束时王位的全面垮台，又在第二次世界大战后经历了第二次王室浩劫——南斯拉夫、意大利、罗马尼亚，当然还有保加利亚，各国王位纷纷垮台。1948 年 9 月 10 日，他在科堡去世，享年八十七岁，已经是几乎无人记得的另一个时代的遗迹了。

斐迪南的传记作者斯蒂芬·康斯坦特说，斐迪南在听到儿子西里尔被枪杀时所说的话，正好能够在他自己生命结束时成为一个恰当的墓志铭。

这位年迈的君主叹息道：“我周围的一切都在崩塌。”

注释

序幕

[1]　Mayer, *The Persistence*, p 13.

[2]　Rose, *George V*, p 154.

[3]　Gerard, *My Four Years*, p 78.

[4]　Gore, *George V*, pp 263 - 264.

[5]　Hamilton, *Vanished Pomps*, p 316.

第一章

[1]　Haller, *Kaiser's Friend*, pp 200 - 201.

[2]　Hamilton, *Vanished Pomps*, p 334.

[3]　Balfour, *The Kaiser*, p 175.

[4]　Palmer, *Gardeners*, p 34.

第二章

[1]　Cammaerts, *Albert*, p 80.

[2]　Cunliffe-Owen, *Elisabeth*, p 71.

[3]　Cammaerts, *Albert*, p 130.

第三章

[1] Gore, *George V*, pp 247 - 248.

[2] Marie of Romania, *Life*, Vol II, p 211.

[3] Christopher of Greece, *Memoirs*, p 16.

[4] Rose, *George V*, p 106.

[5] Nicolson, *George V*, p 248.

第四章

[1] Waddington, *Italian Letters*, p 243.

[2] Bagot, *Italian Year*, p 113.

[3] Griscom, *Diplomatically*, p 282.

[4] Muller, *Kaiser and his court*, 25/5/1915.

第五章

[1] Vyrubova, *Memories*, p 101.

[2] Newton, *Lord Lansdowne*, p 199.

[3] Kokovtsov, *Out of my Past*, p 167 - 204.

[4] Botkin, *Real Romanovs*, p 61.

[5] Kokovtsov, *Out of my Past*, p 223.

[6] Moorehead, *Russian Revolution*, p 72.

第六章

[1] Constant, *Foxy Ferdinand*, p 53.

［2］ Fox, *Lenin*, p 186.

［3］ Massie, *Nicholas and Alexandra*, p ix.

［4］ Rose, *George V*, p 166.

［5］ Bülow, *Memoirs*, Vol Ⅱ, p 355.

第七章

［1］ Festetics, *Diary*, 28/11/1873.

［2］ Thomson, *Europe*, p 452.

第八章

［1］ West, *Black Lamb*, Vol Ⅱ, p 444.

［2］ *The Times*, 18/6/1903.

［3］ West, *Black Lamb*, Vol Ⅰ, p 594.

［4］ Balfour, *The Kaiser*, p 336.

［5］ Buchanan, *Victoria's Relations*, p 156.

第九章

［1］ Constant, *Foxy Ferdinand*, p 45.

［2］ Palmer, *The Kaiser*, p 153.

［3］ Paléologue, *Journal*, p 255.

［4］ Constant, *Foxy Ferdinand*, p 288.

［5］ Seton-Watson, *Roumanians*, p 469.

第十章

[1] Mansergh, *The Coming*, p 219.

[2] Blücher, *An English Wife*, p 14.

[3] Marek, *The Eagles Die*, p 441.

第十一章

[1] *New York Times*, 11/9/1914.

[2] Muller, *Kaiser and his court*, 4/9/1914.

[3] *Ibid.*, 6/11/1914.

[4] Cammaerts, *Albert*, p 283.

[5] Paléologue, *Memoirs*, Vol Ⅰ, p 147.

第十二章

[1] West, *Black Lamb*, Vol Ⅰ, p 602.

[2] Katz, *House of Savoy*, p 199.

[3] Bülow, *Memoirs*, Vol Ⅲ, p 264.

[4] Robertson, *Victor Emmanuel*, p 134.

[5] Muller, *Kaiser and his court*, 16/5/1915.

[6] Constant, *Foxy Ferdinand*, p 305.

[7] Graham, *Alexander*, p 90.

[8] Marie of Romania, *Life*, Vol Ⅲ, p 25.

[9] Conv. with Queen Mother.

[10]   Elsberry, *Marie*, p 118.

[11]   Nicolson, *George V*, p 372.

[12]   *Ibid.*

第十三章

[1]   Fischer, *Germany's Aims*, p 301.

[2]   Manteyer, *Austria's Peace Offer*, p 74.

[3]   Brook-Shepherd, *Last Habsburg*, p 74.

[4]   Viktoria Luise, *Kaiser's Daughter*, pp 102 – 103.

[5]   Paléologue, *Memoirs*, Vol Ⅲ, p 157.

[6]   Bulygin, *Murder*, pp 94 – 95.

第十四章

[1]   Balfour, *The Kaiser*, p 375.

[2]   Boothroyd, *Philip*, p 50.

[3]   Nicolson, *George V*, p 403.

[4]   Rose, *George V*, p 174.

[5]   Bocca, *Uneasy Heads*, p 170.

[6]   Cammaerts, *Albert*, p 227.

[7]   Viktoria Luise, *Kaiser's Daughter*, p 104.

[8]   Lloyd-George, *Memoirs*, p 514.

第十五章

[1]   Katz, *House of Savoy*, p 210.

［2］　Artieri，*Il Diario*，p 67.

［3］　*Daily Mail*，18/1/1916.

［4］　*The Times*，15/12/1916.

第十六章

［1］　Brook-Shepherd，*Last Habsburg*，p xi.

［2］　Taylor，*Fall of the Dynasties*，p 343.

［3］　ffoulkes，*All This*，p 80.

［4］　Rose，*George V*，p 216.

［5］　Cammaerts，*Albert*，p 287.

［6］　*Ibid.*，229.

［7］　Palmer，*The Kaiser*，p 204.

［8］　Muller，*Kaiser and his court*，11/8/1918.

第十七章

［1］　Madol，*Ferdinand*，pp 254 – 259.

［2］　Brook-Shepherd，*Last Habsburg*，p 213.

［3］　*Ibid.*，p 214.

［4］　*Ibid.*，p 224.

［5］　Taylor，*Fall of the Dynasties*，pp 355 – 356.

［6］　Bentinck，*Ex-Kaiser*，p 15.

［7］　Rodd，*Memories*，p 372.

［8］　Oglander，*Keyes*，p 259.

尾声

[1]　Pope-Hennessy, *Queen Mary*, p 592.

[2]　Viktoria Luise, *Im Strom*, p 286.

参考文献

Albert I, King of the Belgians, *The War Diaries of Albert I* (ed. by Gen. R. Van Overstraeten), William Kimber, London, 1954

Albertini, I. , *The Origins of the War of* 1914, 3 vols, Oxford University Press, 1952 – 7

Alexander, Grand Duke, *Once a Grand Duke*, Cassell, London, 1932

—— *Always a Grand Duke*, Cassell, London, 1933

Alexandra, Tsaritsa, *Letters of the Tsaritsa to the Tsar 1914 –1916* (ed. by Sir Bernard Pares), Duckworth, London, 1923

Alice, Countess of Athlone, Princess, *For My Grandchildren*, Evans, London, 1966

Almedingen, E. M. , *The Empress Alexandra 1872 – 1918*, Hutchinson, London, 1961

Anon, *The Royal Family of Greece*, Warwick and Rutter, Toronto, 1914

Anon, *Ferdinand of Bulgaria : The Amazing Career of a Shoddy Czar*, An-
drew Melrose, London, 1916

Anon, *Ex-King Nicholas of Montenegro and His Court*, Glas Naroda, Saraje-
vo, 1919

Anon, *Recollections of Three Kaisers*, Herbert Jenkins, London, 1929

Armstrong, H. C. , *Grey Steel*, Arthur Barker, London, 1937

Artieri, Giovanni, *Il Re, i Soldati et il Generale che Vinse*, Cappelli, Rocca San
Cassiano, 1952

—— *Il diario di Vittorio Emmanuele Ⅲ*, published in *Epoca*, 14 January-3
March, 1968

Asquith, Margot, *Places and Persons*, Thornton Butterworth, London, 1925

Bagehot, Walter, *The English Constitution*, Kegan, Paul, London, 1898

Bagot, Richard, *My Italian Year*, Tauchnitz, Leipzig, 1912

Balfour, Michael, *The Kaiser and His Times*, Pelican, London, 1975

Barker, Elizabeth, *Macedonia : Its Place in Balkan Power Politics*, Royal Insti-
tute of International Affairs, London, 1950

Barnett, Correlli, *The Swordbearers*, Eyre and Spottiswoode, London, 1963

Batcheller, Tryphosa Bates, *Glimpses of Italian Court Life*, Doubleday, New
York, 1906

Baumont, M. , *The Fall of the Kaiser*, Allen and Unwin, London, 1931

Benson, E. F. , *The Kaiser and English Relations*, Longmans, Green,
London 1936

Bentinck, Lady Norah, *The Ex-Kaiser in Exile*, Hodder and Stoughton, Lon-
don, 1921

Bertoldi, S. , *Vittorio Emanuele Ⅲ*, Utet, Turin, 1970

Bibesco, Princess, *Ferdinand de Roumania : Une Victime Royale*, Les Amis
d'Edouard, Paris, N. D.

Bierme, Maria, *La Famille Royale de Belgique 1900 – 1930*, Libraire Albert Denuit, Bruxelles, 1930

Bing, Edward (editor), *The Letters of Tsar Nicholas and Empress Marie*, Ivor Nicholson and Watson, London, 1937

Blücher, Evelyn, Princess, *An English Wife in Berlin*, Constable, London, 1920

Blücher, Prince, *Memoirs*, John Murray, London, 1932

Bocca, Geoffrey, *The Uneasy Heads*, Weidenfeld and Nicolson, London, 1959

Boothroyd, Basil, *Philip: An Informal Biography*, Longman, London, 1971

Borgo, Vittorio Solaro del, *Giornate di Guerra del Re Soldato*, Mondadori, Milan, 1918.

Bosworth, Richard, *Italy, the Least of the Great Powers: Italian Foreign Policy before the First World War*, Cambridge University Press, 1979.

—— *Italy and the Approach of the First World War*, Macmillan, London, 1983

Botkin, Glyeb, *The Real Romanovs*, Putnam, London, 1932

Bracalini, Romano, *Il Re 'Vittorioso'*, Feltrinelli, Milan, 1980

Brook-Shepherd, Gordon, *The Last Habsburg*, Weidenfeld and Nicolson, London, 1968

—— Uncle of Europe, Collins, London, 1975

—— *November* 1918: *The Last Act of the First World War*, Collins, London, 1981

—— *Victims at Sarajevo*, Harvill Press, London, 1984

Bruce-Lockhart, R. H. , *British Agent*, Putman, London, 1933

Buchanan, Sir George, *My Mission to Russia*, 2 vols, Cassell, London, 1923

Buchanan, Meriel, *Recollections of Imperial Russia*, Hutchinson, London, 1923

—— *Diplomacy and Foreign Courts*, Hutchinson, London, 1928

—— *The Dissolution of an Empire*, John Murray, London, 1932

—— *Queen Victoria's Relations*, Cassell, London, 1958

—— *Ambassador's Daughter*, Cassell, London, 1958

Bülow, Prince Bernhard von, *Imperial Germany*, Cassell, London, 1914

—— *Memoirs*, 4 vols, Putman, London, 1931

Bulygin, Paul, and Kerensky, Alexander, *The Murder of the Romanovs*, Hutchinson, London, 1935

Bunsen, Marie von, *The World I Used to Know 1860 –1912*, Thornton Butterworth, London, 1933

Burrows, Ronald M. , *The Abdication of King Constantine*, Anglo-Hellenic League, London, 1917

Buxhoevden, Baroness Sophie, *The Life and Tragedy of Alexandra Feodorovna, Empress of Russia*, Longman, London, 1928

Cammaerts, Emile, *Albert of Belgium*, Ivor Nicholson and Watson, London, 1935

Carol I, King of Romania, *Reminiscences* (ed. by Sidney Whitman), Harper and Brothers, London, 1899

Carr, William, *A History of Germany 1815 –1945*, Edward Arnold, London, 1969

Cecil, Lamar, *Albert Ballin*, Princeton University Press, 1967

Chirol, Sir Valentine, *Fifty Years in a Changing World*, Jonathan Cape, London, 1927

Christmas, Walter, *The Life of King George of Greece*, Eveleigh Nash, London, 1914

Christopher of Greece, Prince, *Memoirs*, The Right Book Club, London, 1938

Churchill, Winston, *The World Crisis*, 6 vols, Butterworth, London, 1929 – 31

—— *Great Contemporaries*, Macmillan, London, 1937

Constant, Stephen, *Foxy Ferdinand, Tsar of Bulgaria*, Sidgwick and Jackson, London, 1979

Constantine I, King of the Hellenes, *A King's Private Letters*, Eveleigh Nash and Grayson, London, 1925

Cooper, Lady Diana, *The Rainbow Comes and Goes*, Rupert Hart-Davis, London, 1958

Corti, Egon Caesar, *The Downfall of Three Dynasties*, Methuen, London, 1934

Cowles, Virginia, *The Kaiser*, Collins, London, 1963

—— *1913: The Defiant Swansong*, Weidenfeld and Nicolson, London, 1967

—— *The Russian Dagger*, Collins, London, 1969

Crankshaw, Edward, *The Fall of the House of Habsburg*, Longman, London, 1963

Cruttwell, C. R. M. F. , *A History of the Great War 1914 - 1918*, Clarendon Press, Oxford, 1934

Cust, Sir Lionel, *King Edward Ⅶ and his Court*, John Murray, London, 1930

Czernin, Count Ottokar, *In the World War*, Cassell, London, 1919

Daggett, Mabel Potter, *Marie of Roumania*, Brentano's, London, 1926

Davis, A. N. , *The Kaiser I Knew*, Hodder and Stoughton, London, 1918

Dedijer, Vladimir, *The Beloved Land*, MacGibbon and Kee, London, 1961

—— *The Road to Sarajevo*, MacGibbon and Kee, London, 1967

De Flemalle, Gabriel de Liebert, *Fighting with King Albert*, Hodder and Stoughton, London, 1915

Dehn, Lili, *The Real Tsaritsa*, Thornton Butterworth, London, 1922

De Lichtervelde, Louis, le Comte, *La Monarchie en Belgique*, G. van Oest et Cie, Bruxelles, 1921

De Meeus, Adrien, *History of the Belgians*, Thames and Hudson, London, 1962

Devine, A. , *Montenegro in History*, *Politics and War*, Fisher Unwin, London, 1918

De Weindel, Henri, and Sargeant, Philip, *Behind the Scenes at the Court of Vi-*

enna, John Long, London, N. D.

Djilas, Milovan, *Land without Justice*, Methuen, London, 1958

Dugdale, Edgar T. S. , *German Diplomatic Documents 1871 – 1914* , Methuen, London, 1928

—— *Maurice de Bunsen*, John Murray, London, 1934

Elsberry, Terence, *Marie of Romania*, Cassell, London, 1973

Erbach-Schönberg, Princess Marie zu, *Reminiscences*, Allen and Unwin, London, 1925

Esher, Reginald, Viscount, *Journals and letters*, 4 vols, Ivor Nicolson and Watson, London, 1934 – 8

Eulalia, H. R. H. the Infanta, *Court Life from Within*, Cassell, London, 1915

—— *Courts and Countries after the War*, Hutchinson, London, 1925

—— *Memoirs*, Hutchinson, London, 1936

Eyck, Erich, *Wilhelm II* , Eugen Rentsch Verlag, Zurich, 1948

Falls, Cyril, *Caporetto 1917*, Weidenfeld and Nicolson, London, 1966

Fay, Sidney B. , *The Origins of the World War*, 2 vols, Macmillan, London, 1967

Ferro, Marc, *La Grande Guerre 1914 – 1918*, Gallimard, Paris, 1969

ffoulkes, Maud, *All This Happened to Me*, Grayson and Grayson, London, 1937

Fischer, Fritz, *The War of Illusions*, Chatto and Windus, London, 1975

—— *Germany's War Aims in the First World War*, Chatto and Windus, London, 1972

Fischer, H. W. , *The Private Lives of William II and His Consort*, Heinemann, London, 1909

Forbes, Rosita, *Gypsy in the Sun*, Cassell, London, 1944

Fox, Ralph, *Lenin*, Gollancz, London, 1933

Fulöp-Miller, René, *Rasputin, the Holy Devil*, Putman, New York, 1928

Galet, E. M. , *Albert, King of the Belgians in the Great War*, Putnam, London, 1931

Geiss, *I.*, *July* 1914: *The Outbreak of the First World War*: *Selected Documents*, Batsford, London, 1967

Gerard, James E., *My Four Years in Germany*, Hodder and Stoughton, London, 1917

Gerlache, Commandant De Gomery de, *Belgium in Wartime*, G. H. Doran, New York, 1917

Geshev, I. E., *The Balkan League*, John Murray, London, 1915

Gilliard, Pierre, *Thirteen Years at the Russian Court*, Hutchinson, London, 1921

Giolitti, G., *Memoirs of My Life*, Chapman and Dodd, London, 1923

Gooch, G. P., *Recent Revelations of European Diplomacy*, Longman, London, 1940

Gore, John, *King George V*, John Murray, London, 1941

Gottlieb, W. W., *Studies in Secret Diplomacy during the First World War*, Allen and Unwin, London, 1957

Gould-Lee, Arthur S., *The Royal House of Greece*, Ward Lock, London, 1956

—— *Helen, Queen Mother of Rumania*, Faber and Faber, London, 1956

Graham, Stephen, *Alexander of Jugoslavia*, Cassell, London, 1938

Gregory, J., *On the Edge of Diplomacy*, Hutchinson, London, 1929

Grey of Fallodon, Lord, *Twenty-five Years*, 2 vols, Hodder and Stoughton, London, 1925

Griscom, Lloyd C., *Diplomatically Speaking*, John Murray, London, 1941

Haller, Johannes Philipp, *The Kaiser's Friend*, 2 vols, Martin Seeker, London, 1930

Hamilton, Lord Frederic, *The Vanished Pomps of Yesterday*, Hodder and Stoughton, London, 1920

Hanbury-Williams, Major General Sir John, *The Emperor Nicholas as I Knew Him*, Arthur L. Humphreys, London, 1922

Harden, Maximilian, *Word Portraits*, Blackwoods, London, 1912

Hardinge, Sir Arthur, *A Diplomatist in Europe*, Jonathan Cape, London, 1927

Hardinge of Penshurst, Lord, *Old Diplomacy*, John Murray, London, 1947

Hart, Liddell, *History of the First World War*, Cassell, London, 1970

Helmreich, Ernst, *The Diplomacy of the Balkan Wars*, Harvard University Press, Cambridge, Mass. , 1938

Hepp, Alexandre, *Ferdinand de Bulgarie Intime*, Plon, Paris, 1910

Hibben, Paxton, *Constantine I and the Greek People*, Century, New York, 1920

Hindley, Geoffrey, *The Royal Families of Europe*, Lyric Books, London, 1979

Holstein, Friedrich von, *The Holstein Papers*, 4 vols, Cambridge University Press, 1958

Hourmouzios, Stelio, *No Ordinary Crown*, Weidenfeld and Nicolson, London, 1972

Jászi, Oscar, *The Dissolution of the Habsburg Monarchy*, University of Chicago Press, 1961

Joll, James, *Europe since 1870: An International History*, Penguin Books, London, 1980

—— *The Origins of the First World War*, Longman, London, 1984

Judd, Denis, *Eclipse of Kings*, Macdonald and Jane, London, 1975

Jullian, Philippe, *Edward and the Edwardians*, Sidgwick and Jackson, London, 1967

—— *Dreamers of Decadence*, Pall Mall Press, London, 1971

Katz, Robert, *The Fall of the House of Savoy*, Allen and Unwin, London, 1971

Kennan, George F. , *The Fateful Alliance*, Manchester University Press, 1985

Kerensky, Alexander, *The Crucifixion of Liberty*, Day, New York, 1934

—— *The Kerensky Memoirs*, Cassell, London, 1966

Knox, Sir Alfred, *With the Russian Army 1914 - 1917*, Hutchinson, London, 1921

Kokovtsov, Count, *Out of my Past*, Stanford University Press, 1935

Kürenberg, Joachim von, *The Kaiser*, Cassell, London, 1954

Kurth, Peter, *Anastasia: The Life of Anna Anderson*, Jonathan Cape, London, 1983

Kurtz, Harold, *The Second Reich*, Macdonald, London, 1970

Lafore, L. , *The Long Fuse*, Weidenfeld and Nicolson, London, 1966

Larish von Moennich, Marie Louise, Countess, *Secrets of a Royal House*, John Long, London, 1935

Laski, Harold J. , *Parliamentary Government in England*, Allen and Unwin, London, 1938

Lazarovitch Hrbelianovitch, Prince and Princess, *The Serbian People*, Scribners, New York, 1910

Lee, Sir Sydney, *King Edward Ⅶ*, 2 vols, Macmillan, London, 1927

Legge, Edward, *The Public and Private Life of Kaiser Wilhelm Ⅱ*, Eveleigh Nash, London, 1915

Lister, Roma, *Reminiscences*, Hutchinson, London, N. D.

Lloyd-George, David, *War Memoirs*, Ivor Nicholson and Watson, London, 1933 - 6

Louise, Princess of Schleswig-Holstein, *Behind the Scenes at the Prussian Court*, John Murray, London, 1939

Longford, Elizabeth, *The Royal House of Windsor*, Weidenfeld and Nicolson, London, 1974

Ludendorff, General Erich, *My War Memoirs 1914 -1918*, 2 vols, Hutchinson, London, 1919

Ludwig, Emil, *Kaiser Wilhelm II*, Allen and Unwin, London, 1926

—— *July 1914*, Putman, London, 1929

Macartney, C. A. , and Palmer, A. W. , *Independent Eastern Europe*, Macmillan, London, 1962

—— *The Habsburg Empire*, Weidenfeld and Nicolson, London, 1968

MacDonald, John, *Czar Ferdinand and His People*, T. C. and E. C. Jack, London, 1913

Mack Smith, D. , *Italy: A Modern History*, University of Michigan Press, 1960

Madol, H. R. , *Ferdinand of Bulgaria*, Hurst and Blackett, London, 1933

Magnus, Philip, *King Edward the Seventh*, John Murray, London, 1964

Mann, Golo, *The History of Germany since 1789*, Chatto and Windus, London, 1968

Mansergh, Nicholas, *The Coming of the First World War*, Longman, New York, 1949

Manteyer, G. de, *Austria's Peace Offer 1916 - 1917*, Constable, London, 1921

Marek, George R. , *The Eagles Die*, Hart-Davis, MacGibbon, London, 1975

Marie of Romania, Queen, *The Story of My Life*, 3 vols, Cassell, London, 1934

Marie, Grand Duchess of Russia, *Things I Remember*, Cassell, London, 1930

Marie-Louise, Princess, *My Memories of Six Reigns*, Evans Brothers, London, 1956

Martineau, Mrs Philip, *Roumania and Her Rulers*, Stanley Paul, London, 1927

Massie, Robert, *Nicholas and Alexandra*, Gollancz, London, 1968

May, A. J. , *The Habsburg Monarchy 1867 - 1914*, Oxford University Press, 1961

—— *The Passing of the Habsburg Monarchy 1914 - 1918*, University of Pennsylvania Press, 1966

Mayer, Arno J. , *The Persistence of the Old Regime*, Croom Helm, London, 1981

Maximilian, Prince of Baden, *The Memoirs of Prince Max of Baden*, 2 vols, Constable, London, 1928 Melas, George M. , *Ex-King Constantine and the War*, Hutchinson, London, 1920

Miller, W. , *The Ottoman Empire and Its Successors 1801 - 1927*, Cambridge University Press, 1927

Miyatovitch, Cheddo, *Serbia of the Serbians*, Pitman, London, 1915

Monroe, Will S. , *Bulgaria and Her People*, Page, Boston, 1914

Moorehead, Alan, *The Russian Revolution*, Collins and Hamish Hamilton, London, 1958

Mossolov, A. A. , *At the Court of the Last Tsar*, Methuen, London, 1935

Muller, G. A. von, *The Kaiser and His Court: the Diaries, Note Books and Letters of Admiral G. v. M. Chief of the Naval Secretariat 1914 - 1918*, MacDonald, London, 1961

Napier, H. D. , *Experiences of a Military Attache in the Balkans*, Drane's London, 1924

Nelson, W. H. , *The Soldier Kings: The House of Hohenzollern*, Putnam, New York, 1970

Newton, Thomas, Lord, *Lord Lansdowne*, Macmillan, London, 1929

Nicholas Ⅱ, Tsar, *Journal Intime de Nicholas Ⅱ*, Payot, Paris, 1925

—— *The Letters of the Tsar to the Tsaritsa 1914 - 1917*, Bodley Head, London, 1929

—— *The Secret Letters of the last Tsar*, Longman Green, London, 1938

Nicholas of Greece, Prince, *My Fifty Years*, Hutchinson, London, 1927

—— *Political Memoirs 1914 - 1917*, Hutchinson, London, 1928

Nicolson, Harold, *Sir Arthur Nicolson, Bart, First Lord Carnock*, Constable,

London, 1930

—— King *George V*, Constable, London, 1952

Nowak, Karl Friedrich, *Kaiser and Chancellor*, Putman, London, 1930

Oglander, Cecil Aspinall, *Roger Keyes*, Hogarth Press, London, 1951

Owen, Sidney Cunliffe, *Elisabeth of the Belgians*, Herbert Jenkins, London, 1954

Paget, Walburga, Lady, *Embassies of Other Days*, 2 vols, Hutchinson, London, 1923

—— *The Linings of Life*, 2 vols., Hurst and Blackett, London, 1928

Paléologue, Maurice, *An Ambassador's Memoirs*, 3 vols, Hutchinson, London, 1923 – 5

—— *Journal 1913 – 1914*, Plon, Paris, 1947

Palmer, Alan, *The Gardeners of Salonika*, Deutsch, London, 1965

—— *The Kaiser*, Weidenfeld and Nicolson, London, 1978

Paoli, Xavier, *My Royal Clients*, Hodder and Stoughton, London, N. D.

Pares, Sir Bernard, *The Fall of the Russian Monarchy*, Jonathan Cape, London, 1939

Pauli, Hertha, *The Secret of Sarajevo*, Collins, London, 1966

Petrovich, M. B. , *The Emergence of Russian Panslavism*, Columbia University Press, 1956

Pitt, Barrie, *1918: The Last Act*, Cassell, London, 1962

Pless, Daisy, Princess of, *Princess Daisy of Pless* by Herself, John Murray, London, 1928

—— *From My Private Diary*, John Murray, London, 1931

—— *What I Left Unsaid*, Cassell, London, 1936

Poincaré, Raymond, *Au Service de la France*, Librarie Plon, Paris, 1932

Ponsonby, Frederick, *Recollections of Three Reigns*, Eyre and Spottiswoode,

London, 1951

Pope-Hennessy, James, *Queen Mary*, George Allen and Unwin, London, 1959

Radziwill, Princess Catherine, *Germany under Three Emperors*, Cassell, London, 1917

—— *The Intimate Life of the Last Tsarina*, Cassell, London, 1929

—— *Nicholas Ⅱ : The Last of the Tsars*, Cassell, London, 1931

Ramm, Agatha, *Germany 1789 - 1919*, Methuen, London, 1967

Rasputin, Maria, *My Father*, Cassell, London, 1934

Redlich, Joseph, *Emperor Francis Joseph of Austria*, Macmillan, London, 1929

Reed. J. , *Ten Days that Shook the World*, Lawrence and Wishart, London, 1962

Reischach, Baron Hugo von, *Under Three Emperors*, Constable, London, 1927

Remak, Joachim, *Sarajevo*, Weidenfeld and Nicolson, London, 1959

Renzi, W. A. , *Italy's Neutrality and Entrance into the Great War : A Reexamination*, The American Historical Review, June 1968

Ritter, Gerhard, *The Sword and the Sceptre*, 4 vols, Allen Lane, London, 1972

Roberts, J. M. , *Europe 1880 - 1945*, Longman, London, 1967

Robertson, A. , *Victor Emmanuel Ⅲ, King of Italy*, George Allen and Unwin, London, 1925

Rodd, Sir James Rennell, *Social and Diplomatic Memories 1902 - 1919*, Edward Arnold, London, 1925

Rodzianko, M. V. , *The Reign of Rasputin*, A. M. Philpot, London, 1927

Röhl, John C. G. , *Germany without Bismarck*, Batsford, London, 1967

—— *From Bismarck to Hitler*, Longman, London, 1970

Rose. Kenneth, *King George V*, Weidenfeld and Nicolson, London, 1983

Roosevelt, Theodore, *Letters* (ed. by E. E. Morison), Harvard University Press, 1951 - 1954

—— *Cowboys and Kings*, Harvard University Press, 1954

Ryder, A. J. , *The German Revolution of 1918*, Cambridge University Press, 1967

Salandra, A. , *Italy and the Great War*, Arnold, London, 1932

Savinsky, A. , *Recollections of a Russian Diplomat*, Hutchinson, London, 1927

Savolea, Charles, *How Belgium Saved Europe*, Heinemann, London, 1915

Sazonov, Serge, *Fateful Years*, Stokes, New York, 1928

Scaroni, S. , *Con Vittorio Emanuele III*, Montadori, Milan, 1954

Schepens, Luc, and Vandewoude, Emile, *Albert et Elisabeth 1914 –1918 ; Albums de la Reine*, *Notes du Roi*, Credit Communal, Bruxelles, 1984

Schmitt, B. , *Triple Alliance and Triple Entente*, Holt, Rinehart and Winston, New York, 1934

Schwering, Axel von, *The Berlin Court under William II*, Cassell, London, 1915

Seth, Ronald, *Caporetto*, Macdonald, London, 1965

Seton-Watson, R. W. , *The Southern Slav Question and the Habsburg Monarchy*, Constable, London, 1911

—— *Sarajevo*, Hutchinson, London, 1926

—— *A History of the Roumanians*, Cambridge University Press, 1934

—— *The Russian Empire 1801 –1917*, Oxford University Press, 1967

Shumway, Harry Irving, *Albert the Soldier-King*, Page, New York, 1934

Sixte de Bourbon, Prince, *l'Offre de Paix Séparée de l'Autriche*, Librarie Plon, Paris, 1920

Stancioff, Anna, *Recollections of a Bulgarian Diplomat's Wife*, Hutchinson, London, 1930

Steed, H. W. , *The Habsburg Monarchy*, Constable, London, 1919

Stevenson, F. S. , *A History of Montenegro*, Jarrold and Sons, London, 1914

Stone, Norman, *Europe Transformed 1878 –1919*, Fontana, London, 1983

Summers, Anthony, and Mangold, Tom, *The Fall of the Tsar*, Gollancz, London, 1976

Taylor, A. J. P. , *The Course of German History*, Hamish Hamilton, London, 1945

—— *The Habsburg Monarchy*, Hamish Hamilton, London, 1948

—— *The Struggle for Mastery in Europe 1848 – 1918*, Oxford University Press, 1979

—— *The First World War*, Oxford University Press, 1979

Taylor, Edmond, *The Fall of the Dynasties*, Doubleday, New York, 1963

Temperley, H. W. , *History of Serbia*, G. Bell, London, 1917

Thomson, David, *Europe since Napoleon*, Longman, London, 1957

Tirpitz, Admiral von, *My Memoirs*, 2 vols, Hurst and Backett, London, 1919

Trevelyan, G. M. , *Grey of Fallodon*, Longman, London, 1937

Tschuppik, Karl, *The Reign of the Emperor Franz Joseph*, Bell and Sons, London, 1930

T'Serclaes, Baroness Elsie de, *Flanders and Other Fields*, Harrap, London, 1964

Tuchman, Barbara W. , *August 1914*, Constable, London, 1962

Vaka, Demetra, *Constantine, King and Traitor*, John Lane, The Bodley Head, London, 1918

Valiani, Leo. *The End of Austria-Hungary*, Secker and Warburg, London, 1973

Varé, Daniele, *Twilight of the Kings*, John Murray, London, 1948

Victoria, Empress of Germany, *Letters of the Empress Frederick*, Macmillan, London, 1928

Viktoria Luise, Duchess of Brunswick and Lüneburg, *Im Strom der Zeit*, Göttingnen, Hanover, 1975

—— *The Kaiser's Daughter*, W. H. Allen, London, 1977

Vorres, Ian, *The Last Grand Duchess*, Hutchinson, London, 1964

Vyrubova, Anna, *Memories of the Russian Court*, Macmillan, London, 1923

Waddington, Mary King, *Italian Letters of a Diplomat's Wife*, Smith, Elder and Company, London, 1905

Wallersee-Wittelsbach, Countess Larisch, *Her Majesty Elizabeth*, John Long, London, 1934

Waring, L. F. , *Serbia*, Home University Library, 1917

West, Rebecca, *Black Lamb and Grey Falcon*, 2 vols, Macmillan, London, 1967

Wheeler-Bennett, John W. , *Hindenburg, The Wooden Titan*, Macmillan, London, 1967

—— *King George Ⅵ*, Macmillan, London, 1958

Whitlock, Brand, *Belgium under the German Occupation*, Heinemann, London, 1919

Whittle, Tyler, *The Last Kaiser*, Heinemann, London, 1977

Wilhelm II, Kaiser, *The German Emperor's Speeches*, Longman, London, 1904

—— *The Kaiser's Letters to the Tsar* (ed. by N. F. Grant), Hodder and Stoughton, London, 1920

—— *My Memoirs 1878 - 1918*, Cassell, London, 1922

Wilhelm, Crown Prince of Germany, *Memoirs*, Thornton Butterworth, London, 1922

Witte, Count Serge, *Memoirs*, Heinemann, London, 1921

Wolff, Robert Lee, *The Balkans in Our Time*, Harvard University Press, 1956

Wolff, T. , *The Eve of 1914*, Gollancz, London, 1935

Youssoupov, Prince Felix, *Rasputin*, Cape, London, 1927

Zeman, Z. A. B. , *The Break-up of the Habsburg Empire 1914 - 1918*, Oxford University Press, 1961

报纸、杂志以及其他参考

Daily Mail，*Daily Telegraph*，*New York Times*，*The Times*，*Illustrated London News*，*The Graphic*，*Burke's Royal Families of the World*，*History of the First World War*（BPC Publishing Ltd，Purnell，London），*The Times History of the War 1914–1918*（The Times，London）.

译后记

　　阅读翻译作品时经常遭遇的一个困惑是概念的似是而非：有许多外语中的概念和中文中的概念早已经形成了固定的翻译对应，粗看两个概念一样，仔细辨别却存在着很多差别，而且即便是在一种语言中，概念本身也是在不断变化发展的。所以，如果读者对相关的背景知识了解不够，就很容易按照自己的文化背景中现有的含义来理解某一概念，从而使概念背离原本的语境。

　　在本书的翻译过程中，就遭遇了很多这方面的问题。为了便于读者更加完整地理解本书的背景，在此对一些概念做些解释。对欧洲的历史、政体等背景较为熟悉的读者可以忽略这个部分。

　　本书可以说是一本君主们的传记，所以，书中出现了大量"国"的名称以及很多的称号和封号。

　　首先，按照政体分，欧洲的国家可以简单分成两类，君主制国家和共和制国家。顾名思义，共和制国家中，国家代表机关或国家元首由选举产生，固定周期改选，国家代表机关的成员和国家元首都不是终身的或世袭的，等于国家由人民共同治理，而君主制国家的国家元首是世袭的。欧洲的很多国家都经历过各种革命和政体的变革反复，最具代表性的就是法国，自法国大革命后，共和制和君主制反复了数次，以至于有第一共和国、第二共和国、第三共和国之称。

国家分类还有很多其他维度，如根据权力的集中程度来说，国家可以分为单一制国家和联邦制国家，单一制国家采取中央集权，联邦制国家则是联邦性质的国家，下辖的加盟国有自己的宪法、法律和外交。

君主制国家根据国家元首的等级，可以分为帝国、王国、大公国、公国等，这是根据其君主的称呼来命名的，君主为皇帝的便是帝国，为国王的便是王国，为大公的便是大公国，为公爵的便是公国。

英文中表示皇帝的 emperor 一词起源于古罗马时代的拉丁语 imperator，这是对最高统治者的称呼。古罗马时代对最高统治者还有一个称呼，那便是众所周知的恺撒（Caesar），很多语种中表示皇帝的词语都是从 Caesar 演变而来的，如德语中的 Kaiser，俄语中的 Tsar（通常中文译作沙皇），以这些称呼作为君主称呼的都表示皇帝。

在中国古代，皇帝是最高统治者，但又没有那么严格的限制，有些朝代假模假样地让前朝皇帝做出禅让的仪式，或是追溯自己的祖先到某个前代的帝王，以表示自己出身正统，但很多是单纯地靠实力说话，国家足够强，就敢称帝，甚至像十六国、十国等割据政权的君主称帝，也是被历史承认的。

　　而在欧洲，皇帝一称对传承格外看重，通常只有拥有罗马帝国血统或传承的君主才可以称帝。奥斯曼帝国是因为继承了拜占庭帝国（即东罗马帝国）的国土，神圣罗马帝国，即西罗马帝国，自认是更正统的罗马。

　　按照最初的传统，只能有一个皇帝，但欧洲各大家族势力崛起，都对皇帝位置心存觊觎，于是出现了选帝侯制度，皇帝不是世袭的，而是由教会和各大家族推出七个候选人，从中选择，皇帝的位置由各大家族轮流把持。这一制度延续了五百多年，直至神圣罗马帝国被拿破仑解散。之后拿破仑称帝，他与罗马的关系就是他灭了罗马，但因为他的实力太过强悍，所以也得到了教皇的认可。在拿破仑之后，奥地利、德国先后称帝国，而它们的家族在神圣罗马时代都出过皇帝。远离欧洲中心的俄国的君主自称沙皇，是因为娶了来自拜占庭的公主，俄国的皇族中有了罗马的血脉。

　　在漫长的历史中，除了拿破仑，几乎没有与罗马无关的皇帝。保加利亚因为和拜占庭帝国及奥斯曼帝国存在长期战争，所以战胜时君主就自称沙皇，认为自己能和对方平起平坐，被征服后只能沦为附属的公国。但保加利亚并没有罗马的传承，所以，如本书中所述，在保加利亚复国，斐迪南又自称为沙皇时，俄国的尼古拉二世认为其胆大包天，而保加利亚也普遍不被认为是个帝国。

　　随着殖民主义的发展，"帝国"的概念在不断变化。一些国家继承了被它们殖民的国家的概念，如英国因为殖民印度，认为自己继承了原来统治印度的莫卧儿帝国，所以英国君主称自己为印度皇帝，但并没有英国皇帝的概念，英国君主仅仅是印度皇帝。而大英帝国之说，更多是因为帝国主义的扩张。"帝国主义"一词已经完全超越了原有的帝国的含义，指资本主义国家依靠资本输出，瓜分势力范围，使用其他国家劳动力为本国赚取利润的垄断资本主义，拥有殖民地、有恣意扩张欲望的国家，都可能被称为帝国。

王国相对于帝国而言规模一般较小，可以是独立的王国，也可以是帝国的附属王国或联邦制国家的加盟国，独立王国的君主一般称国王，男性为 king，女性为 queen（女王），附属王国的统治者既有如此称呼的，也有称低一级的 prince 的。中国人较为熟悉的 prince 的一个意思是王子，但实际上 prince 本意是小国的君主，马基雅弗利的名著《君主论》原书名为 *Il Principe*，英译名为 *The Prince*，便是这个意思，王子的意思是在此基础上衍生出来的。

再小规模的国家为公国，君主为公爵（duke），独立的公国很少，更多是帝国或联邦制国家的属国，公爵需要受到上级君主的加封，但基本上不会受到他们的左右，政治也基本上是独立的。通常在公国和王国之间还存在大公国，君主为大公（grand duke），简单来说就是势力比一般的公国强大，君主地位更高。公国再向下，还有侯国，君主为侯爵（marquis），规模更小一些，但不常见。

需要注意的是，中文翻译中的大公、公爵、侯爵，并不都是国的君主，在单一制国家中也有大公、公爵、侯爵等位阶，他们有采邑，可以享受一定的税收，需要担任采邑的一些管理工作，但采邑内的制度要遵从国家的制度，并不是独立的。其实，公爵、侯爵、伯爵这些爵位的译法，只是图方便选用了中文中已经有的词语，它们本身的意义，以及相互之间的关系，都与中国历史中的公侯伯是不同的。这种概念的借用，是翻译的一种捷径，但也是无奈。

在翻译过程中，还存在很多容易混淆的信息。欧洲国家对一些功绩卓著或个性突出的君主会有习惯性的尊称，这有些类似于中国古代的帝王庙号，其中 the great 是一个比较常见的说法，中文一般习惯将有这个称号的人翻译为"大帝"，但并不是所有有 the great 之称的人都是皇帝，如腓特烈大帝，在他的时代，德国还不是帝国，他只是普鲁士国王，并不是皇帝。Royal 一词，是专门对应国王（或女王）的，中文翻译经常把这个词译成"皇家的"，如英国皇家海军、皇家警察。英国并没有皇帝，严格来说是不能使用"皇"这个概念的，但这些说法早已经固定，如今只能沿袭。

另外还有一个问题是非常常见，却令所有译者都非常头疼的。

一方面，由于继承制度和对家族结构理解的不同，有些概念在中文中有严格区分，但在英文中并没有区分。在中国，父系家族和母系家族有完全独立的两套称呼：父亲的父母为祖父母（爷爷奶奶），母亲的父母则是外祖父母（外公外婆或姥爷姥姥）；父亲的兄弟称作伯伯叔叔，母亲的兄弟则称作舅舅；父亲的姐妹称作姑，母亲的姐妹则称为姨；兄弟家的孩子称作侄，姐妹家的孩子称作甥。这些在英文中被通称为 grandfather/grandmother，uncle，aunt，nephew/niece。在中文中属于父系家族的，都是家人、族人，而属于母系的和家族中出嫁的女性的，都是婚姻关系形成的亲戚。父系的族人称作"堂"，婚姻关系的亲戚则称作"表"，但英文中也没有区别，通称为 cousin，甚至都看不出性别和年龄的区别，它可以指表兄弟，也可以指堂兄弟，可以指表姐妹，也可以指堂姐妹。

本书涉及格外复杂的亲戚关系，在翻译过程中，要理清人物关系，搞清楚 a 是 b 的 cousin 到底对应着中文的什么关系，基本上要把家谱画出来才行。而且有些时候，英文中的一个词是要对应到不同的中文的，如本书中乔治五世、威廉二世、尼古拉二世都是罗马尼亚的玛丽王后的 cousin，但乔治五世是她的堂兄，威廉二世和尼古拉二世是她的表兄，当英文中使用 her cousins 这样的集合性称呼时，翻译起来就格外啰唆。

另一方面，由于欧洲女性也有一定的继承权，因此女性的称号实际上只表示等级，并不能说明她们获得称号的方式。一个女性可以通过继承王位成为 queen，也可以通过与 king 的婚姻关系成为 queen，虽然在正式文件中有 queen regnant（执政的 queen，即女王）和 queen consort（作为配偶的 queen，即王后）的区别，但在一般情况下都只是称作 queen，这个词就只表示与 king 对应的一个女性位阶。（当然，因为男尊女卑的关系，默认 king 比 queen 高级，所以执政女王的配偶不能被称作 king，只能被称作低一级的prince。）同样，princess 是和 prince 对应的女性身份。一个女性可以因为是君主的女儿而被称作 princess（公主），也可以因为与 prince 的婚姻关系成为 princess（王妃）。同样，duchess 既可能是通过继承而成为的女公爵，也可能是通过婚姻而成为的公爵夫人。

以上这些概念问题，是在翻译本书过程中始终贯穿的，在翻译过程中，笔者为了搞清楚人物的确切身份和人物之间的确切关系，查找了许多资料，但可能还是存在错漏之处，如有读者发现，还请不吝赐教。

王秀莉

图书在版编目（CIP）数据

坠落的王冠：欧洲君主制的黄昏 1910－1918 /（英）
西奥·阿伦森（Theo Aronson）著；王秀莉译 . -- 北京：
中国人民大学出版社，2023.10
书名原文：Crowns in Conflict：The Triumph and
the Tragedy of European
ISBN 978-7-300-32191-2

Ⅰ.①坠…　Ⅱ.①西…　②王…　Ⅲ.①君主制-研究
-欧洲-1910－1918　Ⅳ.①D750.21

中国国家版本馆 CIP 数据核字（2023）第 172448 号

坠落的王冠
欧洲君主制的黄昏 1910—1918
［英］西奥·阿伦森（Theo Aronson）　著
王秀莉　译
Zhuiluo de Wangguan

出版发行	中国人民大学出版社				
社　　址	北京中关村大街 31 号		**邮政编码**	100080	
电　　话	010 - 62511242（总编室）		010 - 62511770（质管部）		
	010 - 82501766（邮购部）		010 - 62514148（门市部）		
	010 - 62515195（发行公司）		010 - 62515275（盗版举报）		
网　　址	http://www.crup.com.cn				
经　　销	新华书店				
印　　刷	北京联兴盛业印刷股份有限公司				
开　　本	890 mm×1240 mm　1/32		**版　次**	2023 年 10 月第 1 版	
印　　张	10.5 插页 4		**印　次**	2023 年 10 月第 1 次印刷	
字　　数	239 000		**定　价**	89.00 元	